幼兒教育
政策與課程革新

盧美貴　總主編

陳伯璋　盧美貴　孫良誠　黃月美　著

五南圖書出版公司 印行

總主編序

　　「五南」文化事業機構創立於民國64年（1975），歷經風華絕代的半個世紀，以出版人文、社會、學術著作和大專教材爲主體，是全方位的卓越出版機構，堅持傳播文化和弘揚學術爲其宗旨。楊榮川董事長和楊士清總經理更於民國106年（2017）時成立經典永恆、名著常在的「經典名著文庫」，我不禁被這對父子及團隊勇於梳理與出版經典名著的「智慧」與「理想」所震懾，在平面媒體出版逐漸式微的年代，他們成爲「中流砥柱」的王者先鋒，與出版界的風骨典範。

　　「幼兒教育」總扮演著叫好不叫座的角色，楊秀麗總編輯和黃文瓊副總編輯邀約我擔任教保系列專書的「總主編」，於是抱持著一生懸命的幼教專業與熱忱，邀約臺灣幼教與幼保界理論與實務俱佳的重磅泰斗名師，他們在日理萬機之餘，願意沉澱與精鍊他們在幼教殿堂耕耘多年的心血結晶，將其公諸於世分享給幼教界的夥伴。除了感謝五南圖書出版公司全力的支持外，近20位菁英學者專家們，不遺餘力的從爽快答應到孜孜矻矻埋首專書的撰寫，很感謝這些夥伴們協助我完成「專業」到「志業」的幼教大夢，特別在此聊表我的敬意與謝忱：

- **幼兒園課程設計**

   盧美貴（亞洲大學幼教系榮譽講座教授、人文社會學院前院長）
   黃月美（臺北城市科技大學助理教授）
   黃秋華（屏東大學幼教系助理教授）

- **高瞻課程——理論與實踐**

   郭李宗文（臺東大學幼教系教授）
   吳茉莉（臺東高瞻及多多璐幼兒園園長）

- **幼兒認知與學習──歷程導向的幼兒課程與教學**

  黃秋華（屏東大學幼教系助理教授）

- **幼托專業倫理**

  沈繻淯（台南應用科技大學幼保系副教授兼系主任）

  高家斌（南臺科大幼保系教授）

  林以凱（朝陽科大師培中心助理教授）

- **幼兒教育──政策與課程革新**

  陳伯璋（花蓮師範學院前校長、臺南大學教育系講座教授）

  盧美貴（亞洲大學幼教系榮譽講座教授、人文社會學院前院長）

  孫良誠（清華大學幼教系副教授兼系主任）

  黃月美（臺北城市科技大學助理教授）

- **幼兒語言發展**

  卓美秀（亞洲大學幼教系助理教授）

- **幼兒園行政**

  蕭美華（臺北市立大學幼教系副教授）

- **幼兒園融合教育──課程調整與實踐**

  宣崇慧（嘉義大學幼教系教授兼系主任）

- **幼兒園教材教法**

  陳昇飛（亞洲大學幼教系副教授兼系主任）

- **教育哲學──幼兒園教室理論與實踐**

- 郭木山（臺中教育大學、暨大、亞大等兼任助理教授）

- **兒童氣質發展**

  王珮玲（臺北市立大學幼教系教授兼進修推廣處處長）

- **幼兒園課室經營**

  蔡佳燕（東華大學幼教系副教授）

  潘瑩芳（花蓮大進國小附幼教師兼主任）

  陳淑美（花蓮明恥國小附幼教師）

　　臺灣的幼兒教育多年來一直存在著「多個」一元共存，而非真正立基於幼兒園本位課程的「多元」。期待這套教保系列專書的出版，引領臺灣幼保夥伴們的思想模式不再是被「綁架」的「獨白」，而是在深度「理解」課程意義的蘊涵後，回歸教育本質——練就「自慢」絕活的功夫，成就一名海闊天空的專業「創客」……

盧美貴

亞洲大學人文社會學院

幼兒教育學系

2021年元月20日

作者序

　　昨夜西風凋碧樹　獨上高樓　望盡天涯路
　　衣帶漸寬終不悔　爲伊消得　人憔悴
　　眾裡尋他千百度　驀然回首　那人卻在　燈火闌珊處
　　　　　　　　　　　　　　　　——王國維・人間詞話

　　從「立志」、「追尋」到「終得」——王國維說明做學問的三個境界，本書作者群是很好的寫照：由碩士、博士到助理教授、副教授、教授，以至於講座教授的歷程，無一不是在「一邊擁有、一邊失去」、「一邊選擇、一邊放棄」中成長與成熟；眼界—跨界—世界—境界，我們這一群好友與師徒，在天天改變，無所不變的「學界」與「業界」教己所不會，做己所不能；這是個「奇妙」而「豐盈」的探險「生旅」。有人說：貓喜歡吃魚，卻不能下水，魚喜歡吃蚯蚓，卻不能上岸；而我們這群好朋友因喜好相同而結爲幼教好夥伴，因爲彼此欣賞悅納而成爲師徒，結伴之旅有拍案叫絕的時候，也有爭論不休的「鵝湖」之辯。

　　這本書：《幼兒教育——政策與課程革新》，便在智慧淬鍊下忽而會心理解地莞爾一笑，忽而卻在脣槍舌戰不休中「暫時」畫下句點。有這樣可以「三人行」，必有我師，不用感喟「獨學」而無友，孤陋而寡聞的學思之旅是彌足珍貴的。

　　《幼兒教育——政策與課程革新》雖然不是一本「典型」的教科書，卻是一本比教科書更前衛、更超前部署與指點臺灣「幼兒教育」昨日、今日的迷失，與規劃未來發展方向的「寶典」。全書共分十二章，具體而言其邏輯順序包括三部分：第一部分是臺灣教育改革的再脈絡化，從教育改革向「左」走或向「右」走的抉擇，教育政策的斷裂、延續、配套的有

無、內容的多少，以及改革速度「快」與「慢」的美學向度論述。第二部分闡述具體落實計畫及其執行，包括：臺灣另類理念學校課程美學的實踐、建構「慢」與「美」雙螺旋共舞的課室美學、部落文化回應校本課程、多元智能理論在臺灣幼教組織文化的應用、費德勒權變理論在園長領導上的應用，以及有關各種幼教專業指標之建構如：幼兒教育公平指標、幼教師專業核心素養指標、幼教師教學檔案指標，以及幼兒園教保人員情緒管理能力量表建構；至於總其成的第三部分，則表達了本書，以及作者對臺灣幼兒教育的期望：幼兒教育義務化主要問題及其解決對策，這也是本書《幼兒教育——政策與課程革新》，在望盡天涯路－衣帶漸寬終不悔－眾裡尋它千百度的目標與渴望達成的使命。

本書的完成除了感謝五南文化事業機構楊榮川董事長、楊士清總經理和楊秀麗總編輯的給予機會外，黃文瓊副總編輯在Covid-19疫情蔓延時的探問，並寄贈提升免疫力的飲品，以及辛苦的李敏華執行編輯都是讓我感謝不已的。我的恩師黃昆輝教授自學生時代至今，總是我「愛」與「榜樣」的楷模，他力推幼兒教育義務化，並大力給予團隊研究經費，是讓我感念與感動的。科技部歷年來的獎助，以及共同主持人和研究助理們的潛心投入是我要致意的。我生涯中最後任教長達12年的亞洲大學蔡長海創辦人和蔡進發校長，始終是我學思歷程中力爭上游的精進典範；幼教系陳昇飛主任和夥伴們總是給我最大的支持；我的好朋友和部分指導的研究生，分享了他們精彩的研究與專論是我要鞠躬與致意的：

・林佳儒（大仁科技大學前數位多媒體設計系副教授）
・張孝筠（國立護理健康大學嬰幼兒保育系副教授）
・許明珠（東莞台商子弟學校幼兒園園長）
・許月梅（臺北市長安國小附設幼兒園前園長）
・陳玉芳（吳鳳科技大學幼保系助理教授）
・陳盈詩（嶺東科技大學幼保系助理教授）
・黃淑嫆（臺南市麻豆國小附設幼兒園教師）

・楊淑朱（國立嘉義大學幼教系教授及前系主任）

・劉慶中（國立屏東教育大學前校長）

　　索忍尼辛（Solzhenitsyn）是諾貝爾文學獎與終身成就獎的「偶像」，就像他的名言：「尋找聖杯的意義，在尋找的過程中。」教育改革從「速戰速決」到「慢慢品嚐」的歷程，霍諾爾（Honore）在《慢教育》一書中，鼓勵大家放下繁忙時刻的規劃表，參加一年一度「各就各位，預備－放鬆！」的運動。臺灣何時能有這樣的「無活動日」，全家重新調整生活步調，慢下來品嚐眞實生活，與生命成長的眞滋味？教育改革並非被「事務」占去所有的「行事曆」，期待課程改革的「減法」與生活世界中「美感」教育的提升，來完成「生命」的另類成就。

　　我的教育觀並非排除分數，但我更認爲教育也不應止於「分數」：因爲我們需要給每個孩子保留一點做「夢」與「幻想」的天空來成就自己……。

盧美貴

亞洲大學人社院幼教系・M652研究室

2021年6月30日

目錄　**Contents**

教育改革的另類省思

CHAPTER 1

🙂第一節　教育改革的背景與內涵

　　臺灣這一波教育改革運動，自1994年的「四一○」遊行展開後，至今已有20多年。就相關學術研究、政策推動、民間運動與報章評論等內容來看，對前波教育改革的成效進行討論者為數不少，在此前提下，本文的撰寫將避免重複既有之教改論述，而是透過思考教育改革的現有內涵上，提出另一種向度的轉換——美學觀點的教改思考，以供相關討論，以及未來教改政策落實的參考。

　　無論何種改革，均與社會結構的轉變有極為密切的關係，即便是教育改革，也與社會特定時空所展現的內涵緊密相連。Carr（2003）指出，其實教育改革的概念是一種多元的社會文化，以及相關利害團體互動組成的過程。這些改革如幼托整合、多元入學、九年一貫課程、廣設高中、大學、師資培育多元化、落實小班小校，以及通過實驗教育法等相關革新工程，都是在臺灣解嚴過後在一連串社會運動的推波助瀾下，所展現對教育結構改變的期待。因此，社會結構與教育改革本身，即成為一種互為辯證的關係。因此本文在提出美學觀點的教改分析之前，先針對教改所展現的結構改變與互動做一概括式的分析，再提出相關的看法。

　　臺灣近20多年來的教育改革，雖已有若干成效，但若說教改是成功的，恐亦言過其實。我們之所以有此保留的看法，關鍵處乃在於面對教育改革之後，仍必須回答是否已達到促成社會公平理想之目的。以近來在各項國際測驗中均名列前茅的芬蘭來說，當其在1980年代啟動教育改革時，即是以擬定長期策略、堅持核心價值和改革師資等三大核心，作為其改革的原則（蕭富元，2011），儘管芬蘭的鄉鎮遍布於廣大國土的各角落，但是學生學習成就的表現，卻不若其他國家有著極為顯著的城鄉差異，學生學習成就的相關統計變異差距之小，著實令人稱羨，這不僅是教育成就的突出，亦是一種社會公平正義的展現。

另一值得關注的結構性焦點,是衍生自日本學者大前研一所提出M型社會的概念(江裕眞譯,2007),大前研一指出目前日本及全球普遍的發展趨勢,已因爲經濟結構的改變,以往代表富裕與安定的中產階級,目前正快速消失中。其中大部分向下沉淪的爲中、下階級,導致各國人口的生活方式,從倒U型轉變爲M型社會。若以此特性來看教育的實施,無論就學習成就或是教育資源的投入與分布,已漸漸的符應M型社會的特質。教育實施呈現M型化的結果,雖然不是教改推動人士所預期,但在諸多因素影響下,已成爲不得不去面對的事實。尤有甚者,教育實施呈現M型化,其實是跟著外在社會結構一起連動的結果,這意味著未來教育改革的內涵,將涵蓋更多的教育外部因素,也因爲複雜性的增加,未來更有其難度。

諸多的社會結構性變化,皆直指國家所扮演角色的重要,但是重要性高是否即代表討論機會多?恐怕不然,陳榮政(2010)的研究指出國家的角色在諸多教育研究中嚴重的缺席,究其原因,無非是國家的複雜性高,且國家角色在不同政黨與時代皆有其不同的面向,很難以特定的運作模式一以概之。但是在教育邁入市場化的同時,「國家」與「自由市場」這看似矛盾的兩個運作機制,在教育改革的面向上產生何種意義,是本文認爲應該要釐清的部分,此舉有助於理解本文後續對於另類向度思考教改的敘述。此外,在全球化與區域結盟風潮的影響下,國家的運作和角色扮演已不單純僅限於國內之相關結構因素,區域的目標、世界經濟發展的趨向、人力資源的無國界化,又使關於國家的討論呈現一種與時俱進的特質,未來所進行的教改討論,也應奠基在此機制體之下方有其意義。

🙂第二節 教育改革的再脈絡化

面對社會結構與教育改革的緊密連動關係,我們有必要就現今社會結構的改變做一分析,才能對教育改革的發展內涵提出相對應的看

法。綜合各項發展與趨勢，本文認為可從以下幾點論述，以便再次將教育改革置於合適討論的脈絡中。

一、「千禧年」教育大夢的沉澱

邁入新的二十一世紀，是上世紀末教育改革規劃過程中，重要考慮的一個時間分水嶺。其次，千禧年所揭示的文明意涵，是社會如何在後工業社會尋求多層次的滿足，包括科技的創新與精神層面的提升，這兩項滿足的需求，都與教育實施有密切的聯繫。因此，教育實施在第二個千禧年所代表的，是數個世代共同美好的想像與期待，而在二十一世紀邁入第20個年頭的今日，我們亦應回頭檢視這千禧年的教育大夢，是否合乎我們當時在邁入千禧年的教育想像？

世界銀行（World Bank）早在1990年即勾勒出2000年時全球教育目標的想像，訂出「全民教育」（Education for All）的理想，但至2000年為止，仍有1億400萬的學齡兒童失學中，使其不得不將其目標年限延至2015年（World Bank, 2004）。回到臺灣的發展脈絡，2001年開始實施九年一貫的課程，期待進入二十一世紀後能有嶄新的課程面貌，但實施至今亦面臨若干個瓶頸，並已著手進行細部的修正。由此看來，無論中西發展的經驗，皆將千禧年視為教育推動的重要分水嶺，而成為重要政策宣布的標的點，但經過20多年的發展，我們有必要在此處沉澱思考，當初賦予這個分水嶺的重要教育想像，而今景況又如何？

二、知識經濟「推動力」的「馬太效應」（Matthew Effect）

對於許多決策者來說，教育被視為可造成社會流動，與兼具改善社會與經濟狀態的良方，因為教育過程所創發的是技術與人才，皆是經濟發展不可或缺之要素。Avis（2009）認為培養具備競爭力與高

技能之人才，是教育與經濟最直接之結合，因此政府才有大力投入教育的動力。但他也指出政府對教育的投資，已經從過去在福特主義（Fordism）精神下一視同仁的大量補助，轉變爲後福特主義（post-Fordism）所強調的個別化差異原則，但差別對待即意味著資源分配的多寡，這卻也導致一種「強者恆強，弱者恆弱」的負面結果。

　　本文認爲，來自公部門對於知識生產機構的差別補助，已經產生一種「馬太效應」（Matthew Effect），亦即原本已具備優勢條件的機構，將在獎勵的原則上繼續獲得獎勵，而先天條件即處於劣勢的機構，將在諸多不利的競爭條件中被摒除於獎勵之外，臺灣教育部近年來對高等教育經營所提倡的5年500億獎勵辦法，將資源集中在幾個特定大學即是一例。

三、少子女化的衝擊

　　「人口」的因素在以往的教育研究經常不被重視，比較常見的是對於面對階級、性別與種族等人口多元問題的教育因應。但是，自從上世紀末全球性的生育率下降影響人口結構後，促使教育決策者不得不面對此一嚴峻議題。據黃嘉莉（2009：139）的整理，少子女化所帶來的教育衝擊，包括：(1)學齡人口數的減少；(2)教育資源閒置；(3)師資人才過剩；(4)學校招生不足；(5)教育資源分配不均；(6)學校與社區關係的解構；(7)教育經費短少等問題。在上一波教育改革推動之際，尚未察覺到少子女化社會的影響，但如今我們已經面臨教育資源必須重新分配的需求，以及師資培育政策的全盤檢討，人口結構的問題，實有擴大研究內涵的必要。

　　另外的衝擊層面，即是在已經成形的市場運作邏輯下，逐漸減少學生人數的學校，勢必成爲被檢討是否有繼續營運必要的焦點，學校經營的規模究竟該以「市場」競爭爲導向，還是以「服務」提供爲依歸，將決定後續的資源投入。若回歸理性考量，或許可以在統計上獲得學生人數多寡的最適規模經營模式，但是教育改革係以工具理性的

思考，或以人文觀點出發，乃是面臨少子女化之社會結構變遷時，必須正視的課題。

四、生態危機的挑戰

英國於2006年公布關於全球生態環境變化對於經濟影響評估的「史騰報告書」（the Stern Review）（Cabinet Office, 2006），針對全球性的氣候變遷，提出其影響層面之評估，並於公布後加強後續的經濟與教育因應。該報告書指出全球暖化已不只是自然生態的議題，它所影響的範圍包括因氣候所導致的人文景觀改變、某些工作型態將變得不具確定性、經濟狀態亦將面臨倒退的風險。上述針對生態危機隨之而來的永續經營觀念，近來也因著各種全球性高峰會的召開，逐漸將環保的概念植入民心。例如：1997年的「京都議定書」（Kyoto Protocol to the United Nations Framework Convention on Climate Change）、2007年「峇里島氣候變遷會議」（Bali Climate Change Conference）所制訂的全球因應氣候變遷路線圖（roadmap），或是2009年底的「哥本哈根協議」（Copenhagen Accord）等，均是近年來對於生態危機所產生的全球性因應策略。

針對這種全球性的生態改變，Ben-Peretz（2009）從教育決策的觀點分析指出，之前以環境教育出發的生態觀點是不夠健全的，因為生態的改變牽涉幾個方面，包括倫理、區域政治、經濟，與社會變遷等議題，因此需要有更宏觀的教育視野來面對此自然環境變化所造成的影響。國內學者楊洲松（2009）亦指出，我們應從培育具備生態公民素養（ecological citizenship）的教育著手，以因應未來氣候變遷所帶來的人文多元環境，並將生態危機與環境永續經營帶入學校教育的體系之內。

五、NPO與NGO的參與

教育事務參與已隨著社會分工的細緻而更趨多元，近年來因為許多非營利組織（NPO: Non-Profit Organizations）與非政府組織（NGO: Non-Governmental Organizations）如雨後春筍般的興起，藉著對公共議題的投入，以及市民社會風氣的漸盛，使得相關的NPO與NGO等民間團體或跨國機構（INGO: International Non-Governmental Organizations），對於教育的實施進行直接或間接的參與。諸如相關的社福組織、不同的宗教團體、各式的家長協會，以及企業所贊助的基金會等，對於教育議題投注的心力有漸強之趨勢，並逐漸與公部門的政策制訂過程形成互動。就全球發展而言，國際上亦漸有跨國型的非政府組織，對國際共同關注的教育議題持續發聲，Spring（2009）即認為教育議題已經有跳脫國界的趨勢，許多教育的問題應該是區域內國家應合力解決的，他認為未來INGO對於教育議題的關注，將對各國教育實施形成一種國際比較的壓力。

在臺灣，無論是NPO或是NGO組織，已逐漸以議題式的參與方式，進行教育實施的社會參與，透過議題的遊說、弱勢學童的輔導、法令的催生，以及對教育專業人員的監督等方式，為其設定的教育目標進行努力。儘管此種參與方式本為公民社會成熟運作後之必然現象，但民間與政府之間的關係，究竟該如何界定？以及公私部門將呈現何種分工方式，值得進一步討論與後續的磨合。

六、「非」學校教育的「清流」

近來社會風氣的開放，體制內學校有朝向創新經營與特色發展的「特色學校」，體制外則有「另類學校」的萌發興起。就其發展過程，皆為跳脫一般制式學校學習方式的框架，朝向以創新及彈性的教育方式，逐漸發展出獨特的教育經驗。臺灣近年在教育部大力推動的「在地遊學—Discover Formosa」全國100條遊學路線宣導下，已逐漸為臺灣的教育注入一股新的活力與開啟更多的想像空間。學習促進

會理事長馮朝霖教授亦強調另類的教育體驗觀念，認爲「另類」乃演化的催化，「差異」爲創新的資產，「體驗」則是教育的基本條件。另類教育（alternative education）的價值，乃在於提供體制教育一個典範，亦是給孩子和家長們一個選擇的機會，是教育多元化的眞正體現，也是教育進步的重要動力來源（馮朝霖，2006）。

「四一〇」教改遊行後，以往被視爲另類教育方式的學校，打開進入體制內同享教育資源的空間，這類學校也逐漸發揮其影響力，自中央到地方的教育行政體系，已對此類學校的特色經營與多元發展持有正面的看法，不啻爲教育的主流思想注入一道清流。這股清流在臺灣的發展雖僅僅只有二、三十年的時間，但相對於政治上、文化上、經濟上、國際潮流上都傾向開放、民主、自由化的態度，另類學校教育方式在民間團體、政府、家長、教育從業人員相互配合下，加上《實驗教育法》在2014年的公布施行，體制內課程也已逐步融入開放教育精神，發展出屬於臺灣本土的特色學校。

第三節　教育改革的迷思與省思

改革須有確定的方向與性質，亦須對改革內容的多寡與速度有所規劃，在這些原則上，臺灣上一波的教改，似可從改革方向的「左」與「右」、改革性質的「實」與「虛」、改革內容的「多」與「少」，和改革速度的「快」與「慢」來做進一步的檢討。

一、教育改革方向的向「左」走？與向「右」走？

(一) 新自由主義的迷思

傳統在政治學上的左、右派觀點，其實到了1980年代爲了解決全球性的經濟危機而興起的新自由主義想法後，左右派的疆界已顯得模糊。爲了解決政府因爲支付龐大福利支出所產生的失靈，市場精神

的經營理念頓時成為萬靈丹。此種市場化的價值，亦開始影響教育經營與改革的想法，咸認為透過競爭的機制，才能有效的創造人才，以促成經濟的發展，這股論述隨著全球化的風潮散布至全世界。隨之而來的績效責任（accountability）、教育治理（governance）、品質保證（quality assurance）、稽核觀念（auditing）等概念，都隨著新自由主義的傳遞而進入教育改革的脈絡中（陳榮政，2008），但值得思考的是，若教育仍舊帶著對全人教育（whole person education）的崇高理想，那麼制訂許多目標與檢視標準的教育改革，是否將陷入以工具理性衡量人文發展的窘境？

對於左派與右派對教育的影響，英國學者Power與Whitty（1999）曾對新工黨1997年執政以來，為區分舊左派與新右派所提出的第三條路，究竟在教育政策的制訂上會有何改變，而對英國學術社群之相關教育政策討論進行分析與整理，二人研究結果發現：在教育領域其實還無法看到所謂第三條路精神的出現，並引用Novak（1998: 545）：「Tony Blair的成功，其實在某些程度上可以視為是Margaret Thatcher觀點的成功。」作為其研究後的結論，據此指出新工黨在教育政策上的實施，多數還是延續保守黨新自由主義觀點下，所提出自由市場的想法。甚至經過幾年後的發展，Paterson（2003）也持有類似的評斷，認為即便是換了政黨，但教育市場化的現象仍只是有增無減。

(二) 「卓越」與「平等」的擺盪

追求卓越可說是強調市場競爭力的主要論述，也是近年來臺灣高等教育改革高舉的論調，但在獎勵卓越的同時，如何兼顧資源分配的平等性，成為連帶引發討論的課題。最早將「卓越」當作目標的教育改革，則要從美國談起，美國於1983年國家卓越教育推動委員會（National Commission on Excellence in Education）中，提出「面臨危機的國家」（A Nation at Risk）報告書後，即接續不同階段教育改革的推動。1989年於Virginia召開的全美教育高峰會（Education

Summit），即提出「美國2000年教育策略」（America 2000: An Education Strategy），其中的重點多集中於學校的改革（U.S. Department of Education, 1989），及至2002年Bush總統為提升美國學童競爭能力而大力推動的「沒有孩子落後」（No Child Left Behind）教育法（U.S. Department of Education, 2002），亦將公立學校組織再造與學校經營型態的改革，列為必要之重點，其核心價值即是「卓越」。

Demeuse、Crahay與Monseur（2002）指出，現代化教育之實施在社會意義上的改變，就是將教育從「權利」的層次提升到「義務」的層次，他們認為這種層次的改變其實就是一種將平等的概念落實於教育體系的過程，其中包括教育資源分配的平等、就學機會的均等、獲得學習表現以及學習環境的平等，若從此脈絡來理解市場化一再對卓越強調的意義，兩者產生非常大的矛盾。但其中饒富趣味的是無論是強調「卓越」還是「平等」的概念，均表示其概念才是現代化教育下價值的體現。由此看來，兩者需要有更多的對話空間，才能解決現有的「價值」衝突。

(三) 國家（政治）與市場（經濟）的統合或零合

在教育經營思維逐漸邁向市場化的同時，國家的管控角色與自由市場的機制如何協調，雖尚待進一步討論，但Jessop（2002）曾對國家失靈（state failure）與市場失靈（market failure）做出了深入的分析，他認為上述兩個角色雖然看似相互對立——不論就理論或是意識型態上，但兩者應該共享某些核心的假設。清楚的來說，就是兩者都預設一種絕對二分的概念——公與私，並預設國家與市場就是個零合的關係。一方面，持國家失靈看法觀點的人，認為國家是建立在無端干擾人民自由的基礎上，並有害經濟的自由發展；另一方面，持市場失靈觀點的人，通常將國家視為一種主權的展示，它被賦予全力去追求公共利益，對抗各種追求私利的不公平作法。在這兩種狀況下，偏向國家的成分愈多，則偏向市場的成分就愈少，反之亦然。

　　但是不是國家與市場在教育經營運作的關係一定是個零合的觀念？延續Jessop（2002: 228）對失靈觀點分析後所提的「複合治理」（heterarchy）概念，複合治理是一種水平網絡建構的概念，有別於傳統垂直式的階層體制（hierarchy）的直線管控，強調的是體系內各種次級運作的複合式互惠與互賴。他認為國家的統治目標是政策的「有效性」，而市場目標是以經濟的「利潤最大化」，複合治理的概念就是希望在結構內雙方創造出一個長期性的共識。以英國的教育改革為例，近10年來的教育改革措施即漸往Jessop所提的複合治理方向前進（陳榮政，2008）。但對臺灣來說，要將傳統垂直式的教育行政階層體制顛覆，納入民間其他資源進入決策與執行，進入複合治理的階段恐言之過早，但避免國家與市場進行零合的兩極發展，則是可以思考的方向。

二、教育改革性質的「實」與「虛」

(一) 教育機會均等的「美麗」與「哀愁」

　　教育機會均等的意涵，常隨著時代背景的轉變而有不同的討論內涵，但卻也在諸多教育改革進行中，成為眾人期待的焦點。所以有此現象乃因為教育機會均等所隱含的是不論所處地區或階級為何，人人皆有機會透過教育的過程，達到社會的流動，創造教育的「美麗新世界」。楊瑩（1995）對於教育機會均等的意義演變與相關社會結構因素做過深入的分析，強調機會均等從入學、就學過程到結果等，各自有其影響的面向，也應考慮教育資源投入與產出之間的平衡關係等，以此精神來檢視我國上一波的教改實施，無論是多元入學方案、師資培育多元、教育優先區、攜手計畫、小班小校等，即不難理解我國教育改革的理想，其實與落實教育機會均等的美麗新世界，有著極大的關聯。

　　教育機會均等固然有其美麗的夢想，但「均等」一詞無論從性別、階級、地區、種族等，皆有其一定的獨特性，難以一言以蔽之；換言之，若想以單一之政策涵蓋所有的層面，恐有其力有未逮之處。況且，一如本文上述，教育均等本來就是一個與時俱進的概念，這一點已經可以從Coleman自1960到1980年代不斷地對教育機會均等的定義做出修正，而看出其複雜性，也因這個概念所具備的複雜性高，儘管有其道德上的高說服性，但還是無法面面俱到。臺灣近年來對於高等教育的大幅開放，卻明顯看到教育標準於實施過程中的降低。在達到美麗的理想過程中，恐怕已感受許多難言的哀愁。

(二) 教育政策的斷裂或延續

　　周祝瑛（2008）研究臺灣近來推動的教改後指出，許多西方民主國家在擬定教育政策時，通常需要經過審慎的研究與後果評估，她認為臺灣過去20餘年來教育改革相關政策所遭遇的問題，多數皆因為事先規劃不周、事後缺乏追蹤與評估所致。由此看來，教育改革空有理想還不夠，在事先的評估與執行追蹤上，都必須有完善的規劃。西方國家在這一點即做得較為成熟，觀其原因，在於其教育研究智庫所產生的機制發生作用。臺灣目前在教育部下也擁有四個政策研究的正式單位，分別為：教育研究會、顧問室、學術審議委員會、國家教育研究院，理所當然這四個單位都是相關政策在研擬說帖時的強力後盾；但殊為可惜的是，最後實際進行政策研究的，多以委託方式委由大學教授進行研究。這種沒有專責機構的政策制訂與研考過程，在政策的延續性上，實有其難為之處。

　　此外，教育部首長更替之頻繁，亦是舉世少見。因為每一位部長的專長與背景皆不相同，對於教育重點的解讀亦各有看法，加上每一次首長調動隨之而來的人事調整，教改政策推動的延續性自然大打折扣。以2004年之前的10年教改期間來看，部長任期皆不足2年，對於政策理想的捍衛與推動，自然因人事的更迭產生斷裂，甚至顯見「人存政舉、人去政息」的窘境。

(三) 教育改革配套措施的「有」與「無」

教育改革的內涵與過程千頭萬緒，但新法有無新配套即影響後續的改革效果，以師資培育改革為例：1994年可謂是臺灣師資培育工作的分水嶺，在此之前，中小學的師資來源皆由各師範院校畢業生擔任，且政府依據每年全國師資的需求量來核定各師範院校的招生名額。但教育改革後將師資培育的管道大幅擴充了，1994年《師資培育法》頒布後，開放師資培育多元，讓一般的大學也能培育幼兒園與中小學師資。此項改革的訴求無非是希望建立師資就業市場的競爭淘汰機制，以及豐富師資培育的多元性，並且依鬆綁的精神降低政府對於師資培養的管控。但開放師資培育後，全臺多數的大專院校均開設教育學程，大量的增加儲備教師的數量，加上面臨後來的少子女化、政府財源的不足使教師無法順利退休等因素，教師供過於求的情況漸為嚴重，甚至演變為今日眾所皆知的「流浪教師」問題，可看出配套措施在政策形成過程中的重要性。

2010年8月28-29日「第八次全國教育會議」，會中細分十大相關教育領域進行議題式的討論，這次攸關未來10年內教育走向之重大會議，勢必成為將來政策研究教育改革的重點。一如本文上述，創新政策與法案終有其理想引領原則與方向，但相關的政策配套研究，其受到關注的程度即不若新政策的創擬。為使政策有可長可久之基，教育改革對於相關配套措施的研究必須適度提升。從臺灣教改尚待努力的許多環節來看，必須審慎考慮社會時空環境有其動態的特性，亦不可能僅是一味的移植國外制度，否則必導致更多的執行盲點。師資培育改革前車之鑑猶在，不得不慎。

三、教育改革內容的「多」與「少」

中國人文化中重要的價值觀都是愈多愈好，愈快愈好。在教育方面，也常常運用這樣的價值觀在課程、在教學、在教育的改革上面呈現。在這一部分，將先討論近年來臺灣教育數量的擴充，以及在教

育品質的落實方面的落差；在教學內容上面「加法」或「減法」；以及在課程改革上亦常被論及的「留白課程」在實踐上的「多」或「少」。

(一) 教育數量的擴充或品質的落實

教育改革的方向應著重各個益於教育主體全面發展的面向。然而在教育改革的實況中，教育的目的如何落實？教育的主體該如何定位？教育的價值何在？這些基本的問題卻往往不是教育改革的第一考量。在政治力的介入、社會呼聲的導引下，而使教育改革過程與落實失去基本的研究基礎，而流於求速效的結果。

教育改革的趨勢在於「儘速」改善現在教育的亂象。以「廣開高等教育升學管道」為例：自1996年教改會總諮議報告書被提出，政府在輿論壓力下，臺灣高等教育進入迅速擴張階段。大學聯招錄取率幾近百分之百的情況下，高教機會的擴張帶來的是升學壓力得到「紓解」的假象，以及教育機會公平性大幅「提升」的表象。當每個人都可以沒有困難的進入高等學府就讀時，品質管控的議題成為社會所關注的重點。社會大眾發現新一批的大學畢業生「不堪使用」，產業界要的不是「一般大學生」，社會大眾仍然期待從大學產出的是「社會菁英」。

即如Lin與Vogt（1996）所指出的：高等教育的擴充，有可能確實是增進了每個人上大學的機會，但是卻同時降低教育的公平性，並加劇社會階層化。在臺灣的脈絡裡，這是強逼著要以前的高職生在「每個人都是大學畢業」的社會中繼續升學，他們被剝奪的是應當屬於他們的教育選擇權，更甚的是很多家裡環境不佳的子女在大學唸書過程中就已背負沉重的學貸，而加劇其經濟負擔。

(二) 教學內容的「加」或「減」

在教材與課程內容的改革上，從「一綱多本」的爭議論起，其主要理念是：(1)發展多元與生活的課程內容；(2)提升學生多元創新能

力；(3)促進教師專業發展的能力；(4)符合開放的多元世界觀；(5)達成課程改革的目標。這些理念都是在提倡「多本」的呈現是可以給孩子更多選擇，以及更多元的學習空間。

「一綱多本」理念落實的關鍵在於教師身上。「學生一本；教師多本」，在改革重點是要「增能」教師的專業判斷，教師需要將多元的參考書融為教學的題材，使學生易於透過教師的專業解說，而能夠不受限於所選的單本教科書，了解更多元的知識架構與內容。

此外，臺灣的課程改革常因政黨因素介入，而使課程領域「淪為意識形態和政治角力運作」，不論來自部會或民間社團等建議，多以「加法」、不曾以「減法」解決課程問題，造成教材愈多，授課時間愈少。課程改革的發展不應落入「新的一定比舊的好」的迷思中，內容不要一直增加，無限上綱，永無止境，而使學生的負擔過大。

(三) 留白課程的「多」或「少」

「留白」是主客體保持一美感的距離，而在欣賞與創造之間產生一種對話的機制，最後共創一美感的世界或成品的過程（陳伯璋，2001）。「留白」是展現無限的可能、期待和希望，從中充滿著主動學習的契機，或許這就是所謂的「靈性旅程」（astral journey）的學習。

臺灣教育的實施中，原先企圖將課程「空白」的理想──學生自主的學習或真正的「留白」，卻因授課節數的不足，已經變相為「英語」、「國語」、「電腦」等學科的補充時間，反而增加學生的負擔，這與原先的「留白」或是補救教學的精神大相逕庭。未來的課程，不能只停留在「實有課程」的學習，它更應擴展到「留白課程」的內涵中，並與之產生「有」與「無」的對話。

四、教育改革速度的「快」與「慢」

(一) 學習成果的比「快」與「慢」

「四一○」教改遊行的發起人黃武雄（2003）在其談論學校教育理想之著作《學校在窗外》中，提及他對於學校學習的諸多看法，他認為近代人都把學校學習當成是最佳的教育方式，因為學校教育使得國民知識水準大幅提升；但在他看來，學校教育不過是人類學習知識、認識世界的一種方式。事實上，有學校教育至今不過百餘年，是西方國家主義抬頭後為掌控工業競爭力與人力素質提升所做的籌備。但是學校教育演變至今，已成為我們對於所有知識倚賴的主要來源，黃武雄認為這種標準化的套裝性課程，將知識的傳遞化約成若干時間的排序，一味強調快又有效的結果，對於學生未來的發展並無太大的助益。在「快」又有「效率」的教學方式，忽略知識學習的本質。

以引起爭議的「建構式數學」為例，儘管建構式數學的立意良善，但是卻在基層教學界引起一陣撻伐。建構式的精神，是期望引導學生可以個別的去建構不同的數學運算過程，而非一致性的求標準化步驟。但前者勢必會加深運算的時間，與教學現場的主流價值相較下，必然引來不夠效率與經濟的批評。

(二) 教育改革推動的「快」與「慢」

進入二十一世紀後的教育改革，由於全球環境與經濟結構的交互影響，使得教育的實施已經不再僅囿於教學的專業考量而已，更多要考慮的因素是與外在結構相互影響後所產生的各種面向。另一方面，傳統教育體制與方式已累積太多的沉痾，教育改革在某種層面的意涵上也是一項重大的社會工程，要完成這項工程需要的不只是熱情，還有對改革過程的耐心。黃武雄（2003）認為，教改的對象可以分底層與上層兩大部分來看，他所指的底層指的是教育的大環境，上層指的是教育觀念、教材、教學態度與技巧等，並認為全面的教改應該是著重於底層的部分，由底層循序漸進向上滲透。這種將教育改革區分

開來的不同討論層次，其實就是本文一再強調對結構的注重，面對牽一髮而動全身的結構性因素，我們所持的態度應是嚴謹與審慎的。

「快」與「慢」其實是個相對的概念，相對於何種為「快」？反之，「慢」的界定又是如何？社會所期待的是一種大刀闊斧的政策，但是教育改革卻常是「慢郎中」似的步伐，兩者間明顯產生落差。面對此種政策現象，本文認為應在決策的科學性上再深入研究，因為未來的教育改革與決策，所面臨的問題已經從單一到多重、由局部到宏觀、由簡單到複雜的本質性改變，這種改變意味著改革的過程充滿著許多無法預料的挑戰，教育改革應有具科學性的評估過程，設定時程與目標，而非以傳統的快或慢來決定政策的形成。

第四節　教育改革的再出發 —— 美學向度的思考

一、教育改革「慢」的論述

(一) 從「速戰速決」到「慢慢品嚐」

教育改革是否一定要求速效？要快速見到成果？要馬上見到成績提升？當社會凡事均要求「快速見效」、「立竿見影」時，教育是否可以「慢慢來」？「慢」在這裡所指的不是消極的意思，而是靜下心慢慢品嚐生活中的意義。近年在臺灣興起的志工運動，鼓勵青年學子前往偏遠地方服務，甚至到物資貧乏國家「體驗貧窮」，慢慢用心體會而產生的「心」價值，往往是比追逐時間、計較分數的教育競爭要更為寶貴的。

(二) 「預備，放鬆！」

Carl Honore在《慢的教育》一書中，提及一個在美國瑞吉伍德的地方，自2002年起，有上百戶人家放下他們繁忙的時程規劃表，參加一年一度的「各就各位！預備，放鬆！」這項運動，這是為了

17

讓這個每件事跑在最前面的城市在一年中的這一天全體放鬆：學校教師不給家庭作業，小孩子的課餘活動取消，家長提早下班回家。這是為了擺脫時程表的箝制；為了讓孩子們休息或遊戲或做白日夢發呆；為了讓一家人有共處的時間（薛詢譯，2008）。這個「各就各位！預備，放鬆！」運動之後傳到北美各地的市鎮，很多城鎮都以瑞吉伍德「各就各位！預備，放鬆！」運動為榜樣，希望透過這個「無活動日」的時間，重新調整生活步調，放空、放鬆，慢下來品嚐真實生活的滋味。

二、教育改革的「減法」策略

現在學生的課業壓力，加上課後還要培養「多元才能」的壓力，已經把他們壓到沒有辦法享受學習的樂趣。一再的添加更多對下一代的期待，可能反而更早讓他們因著逃避壓力而放棄學習。教育改革的新趨向，應當在課程內容的設計與時間的安排上以「減法」取代「加法」，讓學生真正樂在學習，珍惜每一個吸收知識的時刻，而不再被沉重的考試壓到喘不過氣，而犧牲了學習的樂趣。

陳倬民（2009）在《慢‧學──打開潘朵拉的教育魔法盒》一書中，舉過一個他以前在美國大學進行考試的例子，教師在考試前二週就會讓學生知道考試的時間與考試的範圍，在考前一週，教師會允許學生進到一個教室，其中放的是明確將會考出的考古題目內容，學生們被允許在教室中待5分鐘以檢視考題。這樣的方式，是為了讓學生確實在考前有所預備，而在那5分鐘看到考題內容與範圍，是為了察看是否有沒有預備到的題型，回去再繼續加強預備過程。這樣考試的預備與過程背後的預設立場是：「考試是為了確定學生在這個範圍中都學會了」，而非如一般現行考試方式所預定的：「考試是為了要分出高下」的競爭心態。

　　教育改革的「減法」取向，應當從教授的課程內容，直至課程的評鑑方式，都要「減」，而不再「加」，讓學生們在「減法」的公式上，活出「加法」的生活趣味。

三、生活世界中美感教育的轉化與提升（A→A+的可能）

　　哈佛大學前大學部教務長哈利・路易斯在學校官網上，發表一封公開信──「放慢你的腳步：事半功倍度過哈佛生涯」。他提醒學生，要從大學生涯，以及人生得到更多收穫，應當減少課外活動，多專注在自己真正熱愛的學門上：「如果能給自己一些閒暇、一些娛樂調劑、一些獨處時間，不讓太多無謂的活動占據所有時間，抽空想一想自己此時此刻為什麼做這些事情？你就比較可能有持續投注在一個領域的心力，而有出色的表現。」（薛詢譯，2008）

　　在生活中的美感經驗是需要「花時間」細細體驗與慢慢品嚐的。即如同「各就各位，預備，放鬆！」這項運動的內涵所傳達的，放下手上所忙碌的一切，去抓住那生活中美好的片刻，真實珍惜與「人」相處的時間，而非被「事物」占去所有的行事曆。生命的價值與生活的美好，往往即在我們駐足停留的時候更能體會，活出A+的生活在於平靜的內心，而非急促的腳步。

臺灣另類學校課程
美學建構與實踐

CHAPTER 2

⌣第一節　另類教育的意涵與發展

　　臺灣自上世紀末以來的教育改革，雖承載著眾多的期待，然而由於實踐的成果卻使人充滿失望，並引起一連串的批判與反省，這一路走來有些人開始重新檢視教育的本質與學習的意義為何不斷失落，學校教育是否能承擔教育改革的重責大任？其實，上一波教育改革是由體制外的「另類教育」（alternative education）或「理念學校」（ideal school）所點燃的火種，然而由於改革的重點仍是放在「學校教育」（schooling），而並未掌握整體教育的全貌及核心，所以顯得力不從心，而且窘態時現。

　　另類教育的產生，其實就是對傳統學校教育的不滿所提出的另一出路，就其地位而言，是一種「邊陲」或「邊緣」角色，但它對主流思潮及學校教育危機的振聾發聵之聲是不能聽而不聞的。在這一波教育改革所批判反省的聲浪中，更可看出它的可貴。

　　這一波教育改革中最重要的核心議題顯然就是課程改革，然而自1996年起臺灣九年一貫課程的實施，卻遭到嚴厲的批評。大多數人仍肯定其理念，但對實踐過程中所產生的問題，尤其是配套措施的不足，卻有許多的指責。若深入探究其重要問題，仍然是偏重「知識」為主的學習內容，以及考試掛帥的結果。在正式課程之外的潛在課程雖已注意，但對「懸缺課程」（null curriculum）長期的忽略，如此才導致學習本質及核心價值失落。然而，隨著課程探究典範的轉移，懸缺課程中如「美學」觀照所形成的課程美學研究，正逐漸指引出課程理論與實踐的新方向。

　　研究者多年來參與「另類學校」創建及提供建言，深刻了解從「邊陲」發聲的重要，這或許可喚醒主流教育的反省，它可作為正式學校教育的「一面鏡子」；而課程理論建構與課程改革實踐，對於課程美學的「忽略」，這也是在生態典範研究提出後，必須注意的焦點

（Riley-Tayor, E., 2010）。

　　在臺灣另類學校的理論建構及實踐的過程中，可發現這些學校所實施的教育內容，確實有不同型態美感經驗的教與學。其中最值得注意的學校之一，是在臺中與竹東的道禾實驗學校，它強調以中西文化美學觀融合美感經驗於書道、茶道、劍道及一般課程中。

　　另類學校課程與教學中所展現的美學特色，確實令人驚豔，但它卻未受主流教育的注意。因此，本文乃希望將這些實施的過程及成果，從道禾實驗學校以課程美學的理論建構來加以檢視，藉以梳理可以作爲主流學校及未來教育改革的參考。

　　另類教育（alternative education）是一種有別於主流的、非體制的、強調自主、創新與多元的教育思潮與運動。另類學校（alternative education）是屬於一種在非體制內學校所建立的環境。在中央的政策與法制的規範下，其教育目標、全體教職員及資源皆是以學生需求來設計，它是提供一種與社區教育理念相近的綜合性教育，提供學生學習的選擇權（Laudan, 2003）。

　　關於另類教育的理念，馮朝霖（2004：38）指出另類學校可歸納爲以下五種：(1)解放的、激進民主主義的與社會主義的理念；(2)反權威的自由主義教育立場；(3)心理分析與人本主義心理學的影響；(4)Ivan Illich「去學校化教育」；(5)團體動力學者夥伴合作解決衝突模式。

　　在特色方面，Korn（1991）指出另類學校具有以下七大特色：學生主動參與決策、家長主動參與教育、師生關係充滿信任與尊重、鼓勵創造與好奇、強調學習的方法、自我負責與獨立學習爲教育目標、經由選擇入學。Young（1990）觀察另類學校包含：較回應家長的要求、課程與教學爲聚焦、較以學生爲中心、非競爭的環境、較大的自主性、較少的學生數，以及較人性化的師生關係等特色（楊巧玲，2000：194-195）。

　　與傳統學校教育理念不同，因此表現在教育實際作爲亦有所差異。意味著非學校型態教育必須擁有一個不同於傳統的詮釋方式及定位，一旦定位明確，其發展才不至於偏差。吳清山（2003）將其定

位歸納為以下三項：

一、另類學校教育

傳統的學校型態教育，受到了多元價值觀的影響，形成了多元化的社會，而教育的多元亦成為時代的趨勢。非學校教育型態因而興起，亦即所謂的「另類學校教育」，遂成為另一種教育的選擇。這種另類學校教育，本身除了在實施教育外，也幫助學生學習，它有別於傳統學校，走在教育的另一端。

二、彈性化的教育

非學校型態實驗教育機構，顧名思義，它具有嘗試的性質，不被傳統學校的教育與規範所束縛，不必依循既定的作息時間及運作方式，它具有較大的教學彈性與學習彈性，可說是一種彈性化教育。實施場所可採機構式教育方式，亦可採在家式教育方式，不拘泥傳統方法，提供學生自主學習的空間。

三、自主性的教育

非學校型態實驗教育機構的教育經費，並非來自政府部門，而是由辦理機構及家長自行負擔、共同籌措教育經費。基本上，它是屬於一個自給自足式的教育。理想式的非學校教育型態，是在行政與組織、課程與教學、學生輔導、人事與經費等方面的自主性，才算真正的符合非學校教育型態的精神。

綜理文獻獲悉有關理念學校一詞的界定與釋義，近年來雖然已有許多學者對其展開探討，但有關其命名的適切性及內涵的詮釋，仍存在諸多不確定性與多方爭辯。就以當前最廣為人知且被使用的「另類學校」一詞而言，也因使用「另類」兩字，囿於大眾主流價值觀的定勢思維，以及流於傳統意識形態的窠臼，而對「另類」一詞有著負面

的解讀；而持正向思維與支持者，則認爲另類在多元價值的社會中，有其重要的意義。「另類」除了被視爲是演化的催化外，它更表徵著一個地區的文明進步與自由民主程度（馮朝霖，2006）。

第二節　臺灣另類教育的發展

二十世紀以來，歐美各國所發起的教育改革，開啟了另類教育的先河，這些國家的教育思想，對全球理念學校的發展，有相當大的影響力。在臺灣，另類教育在1987年解嚴以後，與人民教育權思想的改變、教育改革力量的推動，以及對臺灣過去威權政體下的威權教育的反動有關。

另外，於1987年解嚴以後，1994年的四一〇教改運動，更使臺灣的教育改革一度掀起巨浪，再隨著相關教育法規的修訂與頒布，在法律的保障下，臺灣的教育生態起了重大的變革。這些革新除了遏止體制外的學校可能遭遇面臨停辦的危機外，也降低其辦學過程所遇到的相關困境，同時更促使臺灣的教育型態與辦學模式展現了多元化的面貌（曾國俊、張維倩，2009）。其發展階段如下：

一、醞釀期：1996年以前

(一) 1989年，人本教育基金會提出森林小學設校計畫，以實驗計畫名義招生，雖遭到法律上的種種限制，但卻也開啟了「非學校型態」實驗教育機構的先鋒。

(二) 1993年，由20多名家長和教育工作者，在苗栗卓蘭山區創辦全人教育實驗學校（當地人稱爲全人中學），提供學生一個自由發展的環境與空間。

(三) 1996年，臺北市有一批家長表達實施在家自行教育的意願，但當時政府除對特殊兒童特許其在家自學外，一般兒童申請在家自學，並不在法律授權的範圍之內。

二、試辦期：1997至1999年

(一) 1997年以後，政府無允許非學校型態設立的相關法令，但也不嚴格取締體制外學校，部分原本存在的森林學校或理念學校仍繼續經營。

(二) 由於在家自行教育的呼聲愈來愈高，臺北市政府在經由家長的訴求及舉辦公聽會、座談會之後，教育局擬定「臺北市八十六學年度國民小學學童申請在家自行教育試辦要點」，希望透過試辦方式實施（方慧琴，2002）。當時參與試辦的五位學童，就是國內首批經由教育局核准的在家自學生。

(三) 1998年，試辦效果經評估後良好，得繼續試辦。

(四) 1999年，增加了五位學生的加入。因媒體的報導，後來陸續在新北、新竹、桃園、花蓮都有家長提出要求試辦。

三、法制期：1999至2000年

(一) 由於體制外學校的成立，在家自行教育的人數增多，教育行政機關改採積極性的輔導，為使這類教育合法化，舉凡體制外學校、理念學校、在家自行教育、自主學習實驗等名詞，就用「非學校型態的實驗教育」一詞涵蓋。

(二) 1999年的《國民教育法》第4條第4項，以及各縣市於9、10月訂定的「國民教育階段得辦理非學校型態之實驗教育實施辦法」的通過及訂定，讓非學校型態實驗教育機構開始有了法源的依據。

四、推廣期：2000年以後

(一) 隨著非學校型態實驗教育法制化後，參與實驗教育的學生人數增多，不僅是在北部縣市，也擴及其他縣市。

(二) 臺中市就是目前全臺灣依「非學校型態教育實驗辦法」設立最多實驗教育機構的地方政府，計有4所：包括2003年許可設立的

磊川華德福實驗機構，所收的學生包括國小至國中的學生，共計約150名。2005年設立的豐樂華德福實驗機構，招收國中小學生。2003年成立的弘明學園實驗教育機構，招收國中小學生，重視經典教育與傳統文化，涵養純善溫厚的胸襟。2005年成立的道禾實驗機構，招收的學生從幼兒園到國中，以東方哲思、教育美學、教學創新的新文化思源，來發展全人教育的視野。另有善美眞華德福教育學校東海園，目前僅收國小部及幼兒園學生（楊文貴、游琇雯，2009）。

(三) 在彰化縣的苗圃蒙特梭利中小學，1999年成立，招收的學生從幼兒園到國中，採蒙特梭利的「混齡教學」，強調自學能力（楊文貴、游琇雯，2009）。

回顧臺灣理念學校的發展，自1990年至往後的10幾年間，可謂是臺灣理念學校崛起及其相關議題論述逐漸趨於多元的重要階段。於此10幾年，臺灣社會逐漸醞積一股反傳統教育的勢力，一些理念學校、公立的理念學校或公辦民營學校（private management of public management schools）陸續成立，且這些理念學校所根植的教育理念極爲多元。

第三節　課程美學的研究取徑

一、臺灣「課程美學」研究分析

從臺灣目前的研究來看，「課程美學」主要是來自課程探究典範轉移下的一種研究取徑，並在美學再概念學派與後現代主義影響下開展課程美學之探究。主要採取兩種途徑：一是課程爲美學探究的對象；二是以美學理論應用於課程研究。在美學探究中，課程視爲藝術創作歷程與作品，強調美感經驗，並運用如文學與藝術批評方法於課程鑑賞中，美學探究重視理解與詮釋課程現象顯現的獨特性與意義，和傳統社會科學研究方法差異之處，在於運用許多藝術探究方法如藝術爲本教育研究（art-based research）觀點，以詩歌、戲劇、音樂、

視覺藝術等藝術形式創作與探究課程，特別強調表現、美感、多元表徵、偶發、創意等特質。其次，應用美學理論研究課程，主要從不同美學理論出發，例如：杜威實用美學、批判美學、生存美學等觀點分析、理解、詮釋，並建構課程理論與實踐。

在相關博碩士論文的發表來看，課程美學的用法與英譯包括「課程美學」（curriculum aesthetics）、「課程的美學形式」（aesthetic form of curriculum）、「課程美學探究」（curriculum aesthetic inquiry）、「課程探究的美學形式」（aesthetic form of curriculum inquiry），對一門正在成形的學術領域，研究者從不同取徑試圖建構理論時，難免會產生概念意義理解詮釋上的問題。然而多數論文仍採取美學探究觀點研究課程，例如：以教育評述、敘說等方法研究課程議題與教師圖像，英譯上雖不一致，但從研究取徑分析，較適當的譯法為aesthetic inquiry of curriculum。

除此之外，美學作為一門學科，進入現代社會以後，隨著哲學的分化和自然科學、社會科學不斷地發展呈現多元的理論樣貌。然而，有別於科學（science）包括自然科學和受自然科學支配的部分社會科學，美學不應該是一門科學，而是一種人文屬性的學科，因此，現代美學研究應該是在哲學美學的範圍內的人文科學，包括：現象學美學、詮釋學美學、批判美學、分析美學、實用美學等等理論，換言之，美學不只是狹義地理解為只研究美和藝術的理論，而是一般人文科學的基礎（王子銘，2005：2-5）。在此基礎上，課程美學可視為課程的美學研究，它並非建構另一美學體系，而是從課程問題意識出發，從不同的學理出發，研究共同的美學問題，並提出不同的理念，例如：從課程與常民生活經驗關聯中的提問，以批判美學觀點，提出課程美學的理念與實踐。採此取向探究課程者亦有人在，通常直譯為「課程美學」（curriculum aesthetics），採複合名詞之譯法。

綜上分析發現，欲為「課程美學」下一定義，首先需要釐清究竟是「美學探究取向的課程」，亦或是「課程的美學研究」。進一步對於「課程」與「美學」的定義與範疇的理解，以釐清課程的問題意

識，究竟與美學有何共同關係。如此一來，才能夠更聚焦在美學探究認識論與方法論上應用，以及從美學理論的辯證關係入手。

二、課程美學的意涵與研究取徑

時至今日，「美學」這個屬於近250年左右才逐漸發展成形的研究領域，雖歷經古希臘羅馬時期至今數千年已經產生許多論述，隨著歷史與許多哲學家、心理學家、社會學家的充實，美學範疇與定義仍然莫衷一是，普遍認同美學的探究範疇是：「美學是對於美、藝術與美感經驗進行哲學探究的學科。」（尤煌傑、潘小雪，1998：19）由此看來，美學並不等同於藝術，以藝術理論替代美學並應用於課程研究將限制了課程美學的發展。當代美學家李澤厚（2002：8-13）追溯「美學」一詞中譯是二十世紀初由日本中江肇民所譯沿用至今。然而，細究1750年的Baumgarten首先提出美學（Aesthetics）代表感性認識的學科，指人們認識美、感知美的學科；中國美學家李澤厚從哲學角度提出美學是以美感經驗為中心研究美和藝術的學科，並從哲學美學、馬克思主義美學（批判美學），以及人類學論的美學三方面回答關於美的本質、藝術與社會及人類如何可能的問題。王子銘（2005）將美學澈底脫離科學，從人文學科領域提出審美現象學、審美詮釋學、審美批判學，與審美分析學等四個美學理論，顯然，美學關心人自身與所處之社會，美學不純粹是研究美的學問，更重要的是關心審美的主體如何感知、認識其所處之世界，以及其與自己及世界的關係。課程何嘗不是如此，課程因「人」而存在、因人與環境之作用關係而開展。傳統課程工具理性的觀點，看不見人的存有，以及其對於改變世界的能動力。因此，課程自美學視角得以跨越傳統課程觀，從「課程」的拉丁文以「跑」、「跑馬道」表徵課程，到關心跑的人、跑的經驗、跑的方式，以及跑的場域等等更揭櫫了教育本質性的問題。

為了理解課程的豐富性，美學探究提供了一條可能的路。李雅婷

（2002）認為課程美學探究源自對於課程多元典範下的課程研究脈絡，將課程美學探究取向定義為尋求意義的闡釋美學，特別強調課程的動態、不確定與開放性下的生成觀。Vallance從藝術批評觀點談美學探究，並定義美學探究為對於潛在隱默的課程情境進行的系統性探究，以區辨經驗的品質，並透過表達協助他人看見並深入地理解課程問題（Vallance, 1991）。除此之外，如Flinders與Eisner（1994）亦將教育評述視為一種質性探究形式。因此從質性闡釋美學取向，美學探究確實在理解課程現象諸多方法中找到一個獨特的位置。然而，美學探究牽涉到對認識論與美學是否為一認知方式的質疑，在理性邏輯的思維下，美學探究往往被認為過度依賴直觀而引發質疑。近20年來，在教育領域中跨領域文本隨著再概念學派的論述而漸漸聚集更多學者嘗試藝術為本的教育研究，包括：美加學者如Thomas Barone、Cynthia Chambers、Ardra Cole、Rishma Dunlop、Elliot Eisner、Susan Finley、Maxine Greene、Gary Knowles、Claudia Mitchell、Lorri Neilsen、Joe Norris、Jane Piirto、Celeste Snowber、Sandra Weber等藝術為本研究者，促使其在教育研究圈快速成長，這些創造性的藝術漸漸匯集成為一種探究形式與過程，提供教育理論、政策與實踐、決策重要的觀點（Sinner, Leggo, Irwin, Gouzouasis, & Grauer, 2006），由此看來，藝術為本的教育研究也成為美學探究重要的取徑。

　　課程的美學理解從感官知覺出發，深化豐富認知理解的能力。然而，無論是美學探究或課程美學，皆強調走出與工具理性不同的跑道，在美學的語境中將課程理論帶往新的認識論、方法論，以及更具有意識覺醒、社會轉型的批判之力量（Becker, 1997; McDermott, Daspit, & Dodd, 2004）。

　　本研究綜合課程美學不同探究取徑後歸納為圖2-1。

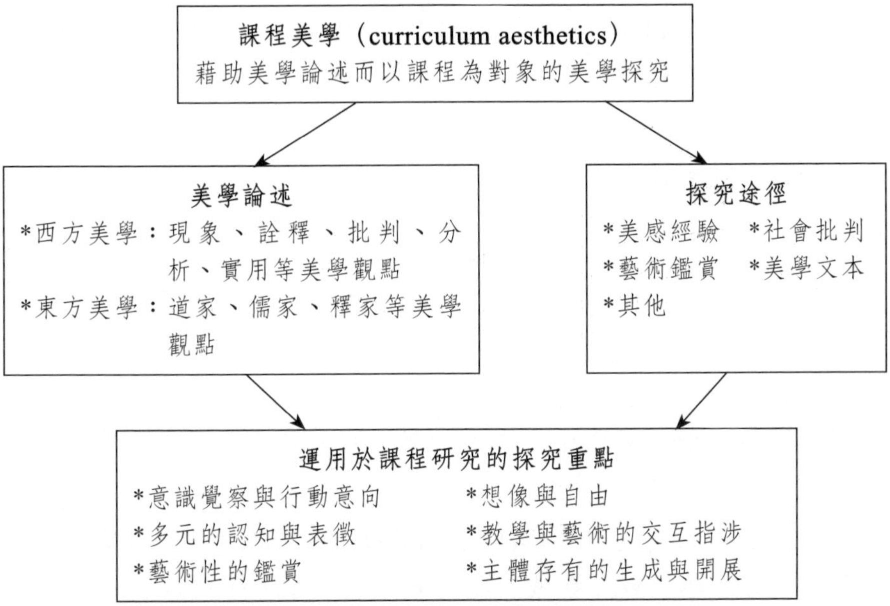

課程美學（curriculum aesthetics）
藉助美學論述而以課程為對象的美學探究

美學論述
*西方美學：現象、詮釋、批判、分析、實用等美學觀點
*東方美學：道家、儒家、釋家等美學觀點

探究途徑
*美感經驗　*社會批判
*藝術鑑賞　*美學文本
*其他

運用於課程研究的探究重點
*意識覺察與行動意向　　*想像與自由
*多元的認知與表徵　　　*教學與藝術的交互指涉
*藝術性的鑑賞　　　　　*主體存有的生成與開展

圖2-1　不同課程美學研究取徑的分析

　　美學的對象和美學的方法論問題是密切相關的。因此研究課程美學，首先要界定它的對象、研究範圍和它所要解決的問題。與科學相較美學的對象更難界定，因為美學和哲學、藝術理論、文藝史與心理學等密切相關，有些問題是交相牽涉的；此外，對於美學的一些基本問題仍未獲共識。在方法論部分，或側重直觀，或側重實踐。因此，本研究認為「課程美學」首先要界定研究對象——課程，是傳統觀、概念實徵、後再概念，甚至是後再概念觀點下的課程，以釐清研究範圍與問題，從問題出發，採取適切的方法論。本研究融通方法論與美學，先區分美學探究與美學理論兩種不同取徑，再透過課程美學的研究問題，以相互補充增益觀點進行研究。換言之，以課程為對象、美學理論為範疇，以美學探究為方法建構課程美學理論與實踐。本研究中將兩者視為交相輔助關係。例如：以批判美學的課程探究為例，運用美學探究方法，從批判美學理論探究課程中的美感經驗與社會的關係。

第四節　課程美學的個案分析——以道禾實驗學校爲例

一、道禾實驗學校

　　國內的另類教育與理念學校，幾乎皆以西方教育哲學理念爲基礎，道禾實驗學校算是特例。道禾實驗學校標榜東方哲學教育，其課程設計帶有濃厚的華人文化色彩與實踐思維。

　　延續自1997年成立的道禾幼兒園，道禾實驗中小學之小學部及中學部分別於2003年及2006年由創辦人與家長、教師共同成立之非以營利爲目的之實驗性學校。目前有臺中及新竹兩處學習村。學校以「人文、生態、教育」爲學習村規劃實踐方向，以「親子共享、四季循環、社群參與、多元藝術」爲空間核心價值，學校環境融入東方文化、美學藝術與多元創新的元素。學校以直心中觀、天然首學、知行合一爲教育理念。秉承立基天賦主體、傳承學術經典、面對人格教育、調適多元社會、創生創新並重與反省批判精神之六項教育目標（王鎭華，2006），期發展從幼兒園到高中的一貫學制，藉由深耕教育，引領學習者邁向正德、利用、厚生，以及惟和的成人之道。

二、道禾實驗學校課程理念與構思

　　有別於其他另類學校多以西方理念爲出發，道禾的教育理念是以中華文化的主體性出發，並尊崇個人修養來自自然學習，如同老子所說的：「人法地，地法天，天法自然。」再由人文素養課程的學習「由藝入道」，在追求和不同的人之互助協作中，完成了知行合一的教育實踐，並符應著自然之道的運行流轉。

(一) 依自然之道實施其教育思想

　　道禾實驗學校基於東方哲思與美學文化原典、意識進化，與文明歷程爲教育哲學的基礎。承接著「東方哲思、教育美學、教學創新」

的哲理基礎，以及同時考量文化智慧與現今多元情境的教育宗旨，道禾產生了三個教育理念：

1. 理念Ⅰ：前瞻百年。
2. 理念Ⅱ：正德、利用、厚生、惟和。
3. 理念Ⅲ：直心中觀、天然首學、知行合一。

(二) 道禾的課程理念

道禾實施的課程理念在於：直心中觀（啟發）、天然首學（大自然）、知行合一（實踐）。依據此三個主要理念發展實踐的路徑為：以心傳心、心行傳習、師法自然、知止敬虔、由藝入道、做中學。以文化主體發展的課程，強調依循大自然四季、二十四節氣的時序，並將人文、藝術、自然融入生活之中，換言之，課程即生活，生活即課程。以知行合一為主軸的課程重視實踐的身體課程，例如：山水學、茶藝、弓學等強調身體美學之實踐。除此之外，從三大層面開展培養孩子：人——「人與自己」、地——「人與群體、土地」、天——「人與自然」的合一與均衡發展天然首學、直心中觀、知行合一的全人為教育的目的。最終以引領學習者，邁向正德、利用、厚生、惟和的成人之道。

(三) 道禾的課程實踐

從課程理念到實踐，其實是一貫的思維與行動。包括：學校課程內涵，以及教師專業發展作為支持課程實踐主要途徑，最後強調潛在課程影響，重視環境美學的潛移默化。

1. 「天然首學」的人文素養課程

道禾的課程，統整「文學」、「語文」、「數學」、「自然」、「人文社會」、「六藝」與「東方體健」等七個學習領域之所學，透過體驗與省思活動，以覺知生命、建立起其個人生命之主體性，而能志於道、據於德、依於仁、游於藝，知行合一，將所學實踐於日常生活之上。此外，亦經由「究竟、如實、深耕的全人發展教育」加以實

施，更透過全校性日常生活作息的食、衣、住、行，與晴耕雨讀（晨動、晨誦、晨耕）、散步、人文茶道、劍道、弓道、思與言（導師時間）、登山學、自然體驗日等活動，以及結合自然時序的藝術與人文活動（春社慶典、夏日茶會、秋社慶典、冬日茶會、工作成果呈現日、村慶、期末藝文展演及畢業公演），達成認肯生命主體與促進全人發展的教育目標。

2.「直心中觀」的教師專業發展

道禾認為，教育首重在對「人」，因此，如何讓教師以「愛」及「智慧」生長為根基，而視「教育」為一種信仰，讓師者成為自在的人，這是重要的課題。除此之外，道禾還希望能傳承、發展現代東方教育獨特的美學價值，並將攸關師者與教育相關的身心靈課程，以及活動完整規劃於校園生活之中，真正涵養道禾師者成為具有生命智慧的全人教師。

3.「環境美學」所展現的潛在課程

重視潛在課程對學習者的深遠影響。道禾實驗學校的課程實踐中，特別重視校園之環境美學。以建立東方現代校園為理念，強調「人文、生態、教育」的環境美學。並以「親子共享、四季循環、社群參與、多元藝術」為空間核心價值，如莊子所言：「樸素而天下莫能與之爭美」、「淡然無極而眾美從之」，將校園營造為一座心靈的花園，運用簡約自然的東方元素，營造生態校園。將廣闊的校地親近社區規劃，設計融合環境、自然有機的學習路徑與材質。讓建築空間與課程模式相融合，在動與靜、可見與不可見、意與象之間，宛如文人耕讀的村落，有著自然美與人工美融為一體。道禾實驗學校的環境美學除了映現教育理念外，更體現東方哲思中對於空間的「無」，即學習者的「有」之以學習者為中心的教學情境規劃。在此教學空間定義為一個未完成的空間，提供參與者的可想像、可創作、可遊戲的完成空間。因此，讓實存環境的「實」體，成為一種隱喻的形式，「虛」的空間便有了學習與成長的生機。

三、道禾實驗學校的東方課程美學蘊義初步分析

以下分別從道禾的「直心中觀、天然首學、知行合一」課程理念中，抽繹本研究欲探究之生命存有開展、知行合一之身體美學之美學蘊義。

(一) 主體生命存有的開展

李澤厚（2001）認爲人的本質是自由，美的本質是自由的形式，眞正的存有（being）才是一切意義的家園。人生「美」之實現順乎自然之道，道家闡釋主體境界中「無」之於存有意義之衍生，異於西方的存有論概念，它植基於主體生命之修證與體察，是一種實踐性的形上學（孫中峰，2005）。換言之，主體在依循自然之道的實踐中，透過生命自身的反省與實踐，體悟出生無之智慧，它是生命美學。美深繫於主體精神生命的實踐，關於主體心靈之內在體驗《莊子‧田子方》篇中以「至美至樂」描述之。因此，體道之心境，既是一種樂的境界，也是一種美的境界。此種至極之美的體驗，來自於自由、遊、合、至樂、天樂之心靈感受，由此透過內在精神條件導向心靈深處之美的體驗，即〈田子方〉篇中的所謂的至美，是植基於主體不斷虛心去己的實踐所達到的超越境界，是超越一般相對性的審美經驗，爲一「無待」之美境。因此莊子以「天地有大美」指出透過空間自然之天地，體悟天道無私化育萬物之德。天然首學所呈現之天地之美具有由外及內的心靈審美體驗。從生命存有開展，道禾直心中觀、天然首學中蘊涵課程美學中對於審美主體，與天地萬物交流間開顯出生命美學。當主體無欲無求、順應自然，在無爲而無不爲的課程空間游移（in-between），並在生活體驗及學習中經驗美的時候，我們同時也找到了課程之美。

(二) 知行合一之身體美學

　　道禾實驗學校知行合一的實踐觀中，具有身體美之意蘊。知行合一是體證之事，舉凡「文學」、「數學」、「科學」、「美學」、「山水學」、「弓學」、「劍道學」與「農學」等，整個道禾的所有學習皆是帶領著孩子踏上知行合一的體證之路。透過全校性日常生活作息的食、衣、住、行，與晴耕雨讀（晨動、晨誦、晨耕）、心行時間、人文茶學、弓學、劍學、時習、傳習時間、山水學等活動，以及結合自然時序的藝術與人文活動（春社慶典、夏日茶會、秋社慶典、冬日茶會、工作成果呈現日、村慶等禮樂生活、常民美學、教育活動），體證身體實踐之美。身體具有文化意義，更具有認知的價值。除此之外，周與沈（2005）認為中國身體觀可簡括為德、氣、形、禮的身體。其中德、氣與形的身體在展演、實踐中體現身心境界，禮的身體強調行動性與關聯性。林安梧（2000）歸納中國文化是關乎整全身心的文化。如天人合一、身心一氣等概念強調身心之調和並互為滋養的關係。異於西方傳統哲學身心二元論觀點，中國的身心之間有氣的疏通，換言之，無論是儒家的正心、盡心，或道家的心齋、坐忘，皆體現「氣」——場域的身心觀，必須在現實可感的生活中全身心體會、體覺、體行。還必須強調所謂的身體性不是在生理肉體和物性私欲上的意義，而是在行動中，形軀身體與心靈情意之融合（周與沈，2005：429）。

　　綜言之，身體美學對於道禾實踐課程理念上，具有積極的認識論與存有論的意義。特別從實用主義身體美學大師Shusterman，以及中國身體思想詮釋之，別具課程美學之意蘊。

　　整體而言，教育是百年大業，十年樹木，百年樹人。教育應該將學習者視為有機體，而非是被動的學習工具。教育是像小樹生長，慢慢的順乎本性、成長茁壯，而非是技術性的、標準化科學程序的「揠苗助長」；更不是將人類的成就表現，簡化像數字上的財務報表，一味的追求績效責任。透過道禾實驗學校的教育理念及課程體現，我們得以不再在全球化浪潮中，隨波逐流，臣服於歐洲中心主義的知識論

指揮，而是回過頭來咀嚼中華千年優良傳統文化，反思到人與自己、人與自然、人與社會間的和諧關係的重要性，以及「學而時習之」知行合一的可能性。這就是有別於傳統的另類學校存在的價值性。我們也相信透過這種「另類」學校理念的推廣與反思，臺灣未來的教育走向，將可以從其中汲取菁華，而預告著明日課程的海闊天空。

第五節　學校課程美學的實踐展望

臺灣近60年來的課程發展，已從線性的「演進式」發展走向非線性的多元發展；從自然科學典範轉變為人文與美學的取向。學校作為課程實踐的重要平台，也因這些轉變，使得傳統學校教育在推動上顯得掣肘難行。但是從上世紀1960年代另類教育的發展，卻反映出學校課程改革的另一種可能。

在所謂「體制外」的學校，尤其顯現出課程美學實踐的希望，本研究以道禾實驗學校為例，期待尋找出課程美學理論建構及實踐的可能性，並進一步發展課程設計的模式與實踐途徑。由於目前正在進行中，僅就初步未來展望加以說明：

一、課程美學探究的多樣性及可能性

課程美學雖然至今尚未有較明確及一致性的看法，這也反映出美學探究多樣性的必要與可能。簡單歸納而言，課程美學探究應跳脫傳統意義下的「美育」或「藝術教育」，而是運用美學的原理，透過美感的作用，以促進全人的自由發展。它是相對於科學理性的另種課程研究典範，主要採取兩種途徑：一是將課程視為美學探究的對象，二是將美學理論應用於課程研究中；本研究係指藉助美學論述而以課程為對象的美學探究。

二、東方美學交互滲透的美學實踐

　　一般而言，美學（aesthetics）是指對於美、藝術與美感經驗進行哲學探究的學科。中西美學的對話，過去較少有轉化的努力，但近世紀以來，這種嘗試卻不斷增長。在課程美學探究中，如個案──道禾實驗學校，強調東西文化及美學融合的課程實踐，卻讓人驚豔不已。以其「知行合一」的身體美學課程為例，道禾學校知行合一的實踐觀中，深具身體美的意蘊。知行合一是體證之事，舉凡「文學」、「數學」、「科學」、「美學」、「山水學」、「弓學」、「劍道學」與「農學」等，整個道禾的所有學習皆是帶領著孩子踏上知行合一的體證之路。透過全校性日常生活作息的食、衣、住、行，與晴耕雨讀（晨動、晨誦、晨耕）、心行時間、人文茶學、弓學、劍學、時習、傳習時間、山水學等活動，以及結合自然時序的藝術與人文活動（春社慶典、夏日茶會、秋社慶典、冬日茶會、工作成果呈現日、村慶等禮樂生活、常民美學、教育活動），體證身體實踐之美。具體而言，透過「茶道」、「書道」和「劍道」的身體美學課程實踐，正是中西文化交流的展現。

　　綜言之，身體美學對於道禾實踐課程理念上，具有積極的認識論與存有論的意義。特別從實用主義身體美學大師Shusterman以及中國身體思想詮釋之，別具課程美學之意蘊。

三、以美為核心主體存有開展的課程美學

　　教育是百年大業，十年樹木，百年樹人，應該將學習者視為有機體，而非是被動的學習工具。教育像小樹生長，慢慢的順乎本性、成長苗壯，而非是技術性的、標準化科學程序的「揠苗助長」；更不是將人類的成就表現，簡化像數字上的財務報表，一味的追求績效責任。

　　道禾的「直心中觀」認爲，本心於生命之初始便在於懷，故生命之行即爲本心在懷而行，此亦爲生命主體之行。既認本心在懷，文化主體相伴而現，以文化主體爲拭爲照，拭亮本心之光，照亮行之方向，是則生命以本心在懷，朗然而行。生命本身即具備正向生長的生命力，教育不只是要教給孩子什麼，更重要的是讓孩子原已具備的美德顯現出來。這和老子道家思想中的「道無所不在」要用心來體會有異曲同工之妙，同樣的也尋求一種順乎本性、順勢而爲的價值觀。「天道無親，常與善人。」當我們靜下心來，回歸天之道的自然運行中時，我們就能夠在從「無」到「有」的生成作用中，體現我們的存在。透過和這種自然脈動產生的共鳴，我們將會發現生命之美。當主體無欲無求、順應自然的在無爲而無不爲的課程空間游移，並在生活體驗及學習中經驗美的時候，我們同時也找到了課程之美。

　　由上述課程美學的理論建構以及實踐的多樣性觀之，課程美學的學術造型仍有發展的空間，無論是概念架構或探究方法都有待充實與提升。在實踐上如何面對主流課程「文化霸權」的挑戰，如何殺出重圍，仍待有識之士共同努力。

幼兒園「慢」與「美」
雙螺旋共舞的課程

CHAPTER 3

第一節　蝴蝶蛹與自慢絕活

　　Naisbitt與Aburdence在《2000年大趨勢》（*Megatrends 2000*）一書中提出了在工業科技發展下，藝術在二十世紀可稱為「黑暗時代」。但隨著美國、歐洲與太平洋邊緣地區，逐漸的進入了資訊社會的時代，大家都想藉著藝術，重新審視生活的意義，藝術將逐漸取代運動，成為人們主要的休閒方式。強調「美感」的生活將使人們重新認識自己，二度的文藝復興也即將產生（尹萍譯，1990）

　　近年來講求「技術」管理的教學方法，背後所反映的工具理性思考，將「教育」是成人之美化約為獲得知識的「儲金」，將生活能力的擴展與提升變成考試的預備，將啟迪人性的教育方法變成學校圍牆內工具性與功利性的教學方法。其中最大的關鍵就是生活的「窄化」與方法的「殘缺」。因此，教育的「日常生活領域」，不能只是學校及園所的生活，教育的方法應超越實效性的工具思維，而須考量教學藝術化的可能。

　　教育最終的目的在「成人」，其所施用的方法既是「科學」亦是「藝術」，而最高境界則是「巧」，它不應只講求功能的「有效」。在當前將「卓越」簡化教學為「績效責任」（accountability）的結果，往往忽略教育過程中「巧」與「美」的藝術饗宴。

　　幼兒園「新課綱」「正式」上路，這種「聲聲慢」的歷程，這種似「留白」卻不是絕對「空白」的等待，正好留給我們更多「悠閒」時空的討論或對話；一個對自己或和幼兒心靈的對話與省思：「悠」——來自心靈對話；「慢」——才會有心靈的悸動感受與再發現（蔣勳，2006）；「閒」——不必捨近求遠汲汲於填滿學習的每一分鐘，給自己或和幼兒倚門賞月或觀月的氣定神閒。

一、「蝴蝶蛹」羽化的等待——琢磨與千錘百鍊的慢活工夫

有一個人無意中找到一個蝴蝶蛹。幾天後,他留意到蛹出現一個小孔,他就停下來觀察它。過了幾個小時,他見到裡面的蝴蝶用它細小的身體掙扎著從小孔出來,看了很久也沒有一些進度,小蝴蝶好像盡了最大努力也沒有辦法出來。那個人於是決定出手幫忙,找來一把剪刀將蛹的盡頭剪開,蝴蝶這樣就容易出來。

但是這蝴蝶的形態有一點特別,它的身體肥腫,翅膀又細又弱。這人繼續觀察蝴蝶,因為他相信它的翅膀會漸漸變大而身體會愈來小,但沒有發生。小蝴蝶餘生只是拖著肥腫的大身體和細弱的翅膀,在地上爬著走,它永遠也不會飛行。

這個善良的人,不了解蝴蝶必須用它細小的身體,掙扎著從小孔出來,它必須經過這個歷程,蝴蝶才可以將身體裡的體液壓進它的翅膀裡。大自然在此有一個很奇妙的設計,就是蝴蝶從蛹中掙扎出來,是為了準備將來飛行需要的裝備。

二、「自慢絕活」的壓箱寶——承諾與鍥而不捨的真專業

《商業周刊》何飛鵬社長的《自慢》(何飛鵬,2007)揭櫫一個「超人氣」專業培養、揮灑與奉獻的「自慢」價值。

「自慢」,這兩個字是日本語法的中文,指的是一人最拿手的事物,最常見的用法是餐廳貼出的宣傳文案:「味自慢」,就表示這菜是餐廳廚師的自信,最有把握的絕活與專業展現。

每個人都要找到「自慢」的絕活,要努力學習「自慢」的專業,每一個人用「自慢」的專業提供他人服務,相互滿足,「自慢」形成每一個人的核心價值,也是生命之美的第一步:

(一) 「自慢」隱含了一個人一輩子的承諾及永遠的追逐,才有機會形成自己最拿手的「自慢」;「自慢」是每個人一生的榮譽也是心靈的認同。

(二) 「自慢」是追根究底的研究、學習與永不停止的學習,這

43

可能是畢生「蹲馬步」功力的展現。

(三)「自慢」是自己最拿手的絕活，是壓箱底的工夫，但並沒有驕傲自大的意思，反而有一點野人獻曝的謙卑，展現「自慢」是期待呈現最完美的自己，讓別人得到最大的滿足。

「自慢」來自追隨內心的呼喚，和鍥而不捨的永遠投入，以寬恕、圓融營造自己「工作像螞蟻」、「生活像蝴蝶」的世界（何飛鵬，2007）。新課綱「美感」領域中所示「探索與覺察」、「表現與創作」，以及「欣賞與回應」，不也正需要與這種生活態度，以及生命性格的相結合？幼兒的「美感」來自自身的覺醒，這種教育在讓幼兒「看到」、「聽到」、「嗅到」、「觸摸到」與「品味到」生活與生命的美好。

本文即在探討教育以日常生活世界爲平台，課程／教學美學研究與方法落實的可能，以作爲幼兒「美感」教育的另一種註解。本文介紹當前課程／教學美學的旨趣，從中引申出教育方法在「美」與「慢」的雙螺旋運轉，對新課綱中幼兒美感課程與教學共舞的詮釋與期待。

🐣第二節　課程與教學美學的旨趣

賈馥茗在其《融通的教育方法》中（賈馥茗，2007），強調教育方法不能化約爲教學技術，其背後的理論根據，乃著眼於學校≠教育，知識≠能力，課室≠生活。換言之在教與學的原理中，學校或班級只是教育的一部分，它不該與日常生活世界割離。若就課程的理論與實施，其對學習者有意義，乃應從更寬廣的生活世界來理解。

美國課程學者W. Pinar認爲課程研究典範已從「發展」轉變成「理解」，而在此典範轉變中，最突出的就是課程的「美學探究」（aesthetic inquiry），他在1995年《理解課程》（*Understanding Curriculum*）一書中（Pinar et al., 1995），認爲此一研究取向可分爲

七個流派：

　　一、探討藝術對一般課程的意義：這個學派部分源自於課程被劃分為不同學科，形成藝術被邊緣化的現象。在經濟困頓時期，藝術課程不幸的經常成為財政緊縮下的首要犧牲品。此學派努力於建立藝術在課程中的核心地位，代表人物為H. S. Broudy。

　　二、為了理解課程，將美學的認知概念與思考作為不同於社會或行為科學的一種對照架構：此種以美學認知和探究為本者，以J. Rosario、E. Vallance與T. Barone為主要代表人物。

　　三、由藝術家自己解釋二十世紀藝術的概念：說明藝術概念與課程理論之關係，在此範疇中的主要貢獻者，首推R. Padgham。

　　四、探討藝術和社會的關係：以為課程提供一個美學的議題，並使藝術的政治性更加明確。L. E. Beyer的學術貢獻即在此。

　　五、以藝術相關的概念作為理解教學與課程的概念工具：在這個領域最有貢獻的，以E. W. Eisner、E. Vallance與F. Figgins為代表人物。

　　六、重新闡釋戲劇與課程的學術著作後，聚焦於戲劇與課程之間探討者：有M. R. Grumet與M. Giggins致力於此。

　　七、指陳課程的後現代觀點即美學文本者：計有J. Jagodzinski、D. Sawada與K. A. Hamblen。

　　從上述研究的旨趣中可說包含了相當多元的後現代主義思潮。在方法上則從自傳、詮釋與理解、敘事探究、個案分析、文學批判、生態分析等突破實證主義方法論的束縛，此一取向逐漸形成「多元、直觀、非線性、去中心、創造和鑑賞」的重要理念。若就課程研究的立場而言，將課程視為美學文本，將其主要概念應用於課程理解，而不是一味強調藝術學科（只是音樂和美術）的重要，甚至於化約為知識或技術的學習，這對課程研究無疑的可提供更豐富而多元的理論思維和探究的活力。

　　至於課程美學在教學上的實踐，可從教師與教學歷程層面來掌握。就教師而言，其美學素養與美感經驗，的確對教學是有許多的

影響。Greene（1995）認為具有美感經驗的教師可以引導學生有新的創見、感覺、想像及行動方式，導致不同的學習結果。例如：電影《魯冰花》的美術教師以不同於其他教師的「視界」，而發現了班上美術的「小天才」，而有別其他老師對他的評價。如果美的旅程不只在尋找美的景觀，而更在於找到具有美感的心靈和審美的視窗，那麼教師的美感經驗將是開啟學生創造和想像的「美麗之眼」。其次，教師的教學觀，也應超越狹隘的「美術」、「音樂」的課程，如此教師才是「美感教育」的推動者。當教師成為班級中的「指揮家」時，這個班級的學習就會像一曲美妙的旋律在每個人的感受中流瀉著。

以教學的歷程而言，教學不應只是「技術」的表現，也可以成為一種藝術的「展演」。Vallance（1988）認為課程本身就可視為藝術品，教學就是一種創造活動，經由觀察、想像、構思與創造。而Eisner認為將教學視為藝術的觀點如下（Eisner, 1991；鍾添騰，2009：30-31）：

（一）教室中的教師就像編曲家，將各種活動組織成藝術的形式，以完成演奏家與欣賞者滿意的演出。

（二）教師如同畫家、作曲家、演員和舞者，其判斷來自行動中展現該門藝術之獨特的特質。在教室裡，步調的速度、氣氛、聲調與討論的進行等，都是教師必須解讀以引導教學的，在此過程中，教師必須面對許多教學特性的判斷，才能有完美的演出。

（三）教師的行動並非完全的規範或例行性的，它會受到非預期偶然性所影響。因此教師應該以一種創新不刻板的方式因應，應該擁有足夠的法寶與能力面對課程中種種偶發的場面。自動化反應（即熟練）與創新洞見，都是教學和其他的藝術一般共同具備的複雜工作。

（四）教學是藝術的過程，其成品在歷程中被創造。技藝與藝術均被定義為創作中使用技巧的過程，如同「藝術家是一群玩捉迷藏的人，直到找到時才知道所尋求的東西。」的道理一般，教學所獲得的結果常常是意外的，這並非意味著不可能預設教學目標，而是強調教學不應簡約成一套演算公式，而是應該確立一套與其他藝術相仿的創

作過程模式，讓教師的教學啟蒙從機械化的例行性中「解凍」。

☺第三節　「慢」與「美」雙螺旋運轉的課程與教學

　　美國教育學者M. Holt於2002年在《*Phi Delta Kappan*》發表〈是開始推動慢學校運動的時候了〉。他在文中指出麥當勞的速食文化反映了當前教育在一味重視「標準化」的測驗、評鑑，追求「效率」的「速食教育」，學習者接受教育只是在「儲存」漂亮成績的數字和大學文憑或各種證照的數量，在學校重視學習的「產出」（output）（例如升學率、考上第一志願學生人數），而不是學習者本身。更糟糕的是，這種重視「量化」與「成果」的表現，更造成社會階級的再製，因為成績優異的學生大都是來自高社經背景的中上階級的家庭，他們在學校學習，經常是一次又一次成功的喜悅（例如成績），而來自中下階層的學生，則每次測驗往往都是失敗的經驗，成長的過程隨時都充滿著「風險」和「危險」。Holt批判這種資本主義掠奪式的「速食文化」，已使教育背離了對「學習者」的尊重和導引，學習只是「工具性」和「功利性」的展現，它變成換取「分數」和「學位」的工具性價值。學習對「好」學生而言是一種「掠奪性」的喜悅，是建立在「壞」學生的失敗之上。

　　此外，Holt也提出三種分析的角度，就「速食」式的教育而言，學習的目的不是「愉快」或「快樂」，而是換取「成績」，因而造成meritocracy（論功行賞）的績效，教學只是一種標準程序及不停地趕進度，所謂學生個別差異，只不過像是「大麥克」、「辣雞堡」或「鱈魚堡」的單一選擇而已，而不是「個殊性」、「多元性」的選擇，更談不上「品味」的選擇和表現。但若就「慢教育」而言，就像「慢食」一樣，人不是為食而吃（不是工具性或功利性），而是為生活品味的提升和生命意義的充實，而來享受「食」。其次，慢食是在欣賞廚師的手藝，而不是食材標準化的處理。更重要的在慢食中，還

包括一種具人文氣氛的「社交」活動，是人與人之間互動和對食物的的咀嚼和經驗分享。

再者，慢食中食物所呈現的「多樣性」更是豐富而多采多姿。以學校或園所教育而言，慢教育是使學習者享受教師展現教材的豐富性和多樣性，並有權自由選擇。教學過程則是一種師生親切的互動，它不是一種趕鴨子上架似的「灌輸」和「趕進度」，而是一種師生從容交流和對事物詮釋與經驗的分享和創造。

慢教育著實包含「從容」、「悠閒」、「優雅」的態度和價值，這已具「美學」的要素，就像音樂中的「慢板」（Adagio）和行板（Andante）的「旋律」。教育的進程或是教學的過程，就是這種美的旋律之展現。

慢的旋律對人的成長而言，似乎也隱含著「幼稚期」較長的必要性，更表現出學習的特性——急不得，不能揠苗助長，須按部就班。在慢的節奏中，才會發現成長中各種細膩的變化，和無數改變的可能，也會讓學習者能從容的在成長過程中主動地參與知識和規範建構。慢教育同時提供了學習者更多的「悠閒」和「留白」。學習不再是填鴨似的「填滿」上課的時間，甚至於產生罪惡感——「休息是一種奢侈的享受」。反而在悠閒和留白中增添了美感經驗，學習是在自由和想像中，創造了美感經驗，所以「慢」提供了「美」展現的空間和可能，而「美」卻充實了「慢」實質的內容，兩者像是雙螺旋的運轉，緊密結合共舞著樂章。

此外，美感經驗的「遊戲性」使人脫離窠臼「習慣」和「理所當然」的限制，具有超越「實用」、「功利」和「工具性」的重要特質。一般而言，「遊戲」雖有規則，但在參與者的同意下亦可修訂及超越規則，但更重要的是其所展現的「自由」、「創造」、「開放」和「想像力」，這才是最重要的，而且是最豐富的美感經驗。遊戲可以為參與者提供一個新的冒險「通道」，打破習以為常的現實，讓思想馳騁於「自由」和「未完成」的世界中。《論語》中提到「志於道、據於德、依於仁、游於藝」，此「游於藝」的精神就是一種超越

「技藝」或「器用」的自由和解放，同時也是一種悠遊和創造。在教學的過程中，教師要富有「遊戲」的精神，重視遊戲中的想像，提供學生開放、參與和無拘無束的創造空間。因為在此師生互動及悠遊的氣氛中，師生才有真正的「對話」，並在「詮釋」不同學習的參與中，不斷獲得經驗→再參與→重新建構的新經驗。從美感經驗觀點，將教學視同遊戲，教師與學習者的先前經驗可在遊戲中交往並轉化獲致新的境界，遊戲即創造新的自我，達到這樣的境界，教學需要歷經遊戲的轉化歷程（洪詠善，2008）。換言之，教學的美感經驗是師生在「遊戲」的氣氛中，有親近的「對話」。如此，師生才能展開新視野與新世界的經驗分享。

第四節　幼兒園新課綱「美感」教育意義

德國美育哲學家席勒（Schiller, 1759-1805）認為「人唯有透過美感教育（Aesthetic Education）才能使得人類的感性、理性與精神性動力，獲得整體和諧的開展，以造就完美人格，進而促進和諧社會的建立。」（馮至、范大燦，1998；陳木金，1999；梁福鎮，2001）

一、美感教育的內涵及其概念析義

狹義的美感教育若就民國76年（1987）的「幼稚園課程標準」而言，應可包括：音樂（唱遊、節奏樂器、韻律與欣賞）及工作（紙工、繪畫、雕塑與工藝），其特色在於臚列清晰的學科內容及學習範圍。而新課綱的美感領域，以能力取向，重視社會互動，其內涵包括：音樂（高低、大小、節奏、音色）、視覺（線條、色彩、造型、空間）、戲劇扮演（情節、人物、互動）。林玫君將其對照比較如表3-1（林玫君，2008）：

表3-1　民國76年與民國106年美感領域比較

重點	76年課程標準	106年美感領域
特色	名詞——學科取向，以藝術的媒介內涵來分類，列出明確的領域學習內容及範圍	動詞——能力取向，以藝術的過程能力來統整，重視社會互動
媒介	音樂 （唱遊、韻律、欣賞、節奏、樂器） 工作 （繪畫、紙工、雕塑、工藝）	音樂 （高低、大小、節奏、音色） 視覺 （線條、色彩、造型、空間） 戲劇扮演 （情節、人物、互動）
遊戲定位	將「遊戲」領域 特別劃分出來	遊戲的概念 隱藏於各個媒介

　　陳木金以為除了「美術教育」與「藝術教育」有關視覺藝術、聽覺藝術、綜合藝術外，還包括其他課程領域及生活中一切涉及美感欣賞、研究製作發表等經驗和活動（陳木金，1999）。從精神教育層面看美感教育，人性觀念的圓滿實現就是美，主張經由美感陶冶以培養統整的人格；從生活環境層面看美感教育，則以為在美感的生活中，可以使理智獲得和諧、身心可以發展平衡，以及提升生活情趣；從歷史文化層面看美感教育，宜先掌握「先求其有，繼求其好，再求其美」的歷史發展呈現。以上三個層面的掌握，在使受教者易於獲得美感經驗（Aesthetic Experience），從而完成「對美的欣賞力」、「對美的感受力」，和「對美的創造力」。

二、新課綱美感教育的目標及其重要範圍與意義分析

　　美，不是藝術品中客觀的獨立，而是主觀地存在於觀賞者的感受之中。觀賞者經由各種感官，得到外界的資訊，由於這些資訊，把觀賞者內在的感情不斷的引發出來，產生一種「擬情作用」，這種觀賞者感情不自覺地被引發出擬情作用時的感受，即是美感經驗，經由美

感經驗的領會，產生心靈的感動，此即是美感教育的功能（李雄揮，1979）（如圖3-1）。

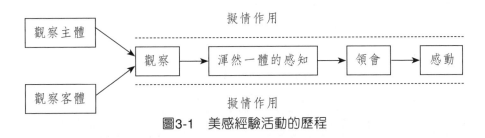

圖3-1　美感經驗活動的歷程

　　李雄揮所揭櫫「美感經驗活動的歷程」，提供此次「幼兒園課綱」中有關軟硬體情境與鷹架建構的重要性。幼兒階段教師若能以「感性直觀」的方式面對受教者，再以「知性認知」擴展其學習內涵，在「行為實踐」過程中體悟人己與物我的關係，由於感性文化的精緻化，以及「文化發展」境界的提升，一種歷經生命和文化感受性的洗禮及陶鎔淬鍊，當可充實幼兒生活與學習中的美感經驗。

　　經由上述「美感經驗活動的歷程」敘述，再回首綜觀與檢視98課綱中「美感領域」目標及其領域範圍的呈現（林玫君，2008），也許可以掌握「感性直觀」—「智性認知」—「行為實踐」—「文化發展」的能動性與感動性的歷程。

(一) 美感領域目標

　　1. 探索與覺察：以感官知覺探索周遭的環境事物，並對各式各樣美的事物產生好奇與感動。

　　2. 表現與創作：樂於參與各種表現創作，透過藝術媒介來表現自我，並重現對生活事物的體驗。

　　3. 欣賞與回應：回應並欣賞生活中各種藝術創作與展現，並逐步發展自己對藝術創作的偏好與品味。

　　經由「高感性」與「高體會」培養幼兒對環境的感知力；同時鼓勵創意及多元思考，建立幼兒積極的自我圖像。

(二) 美感領域範圍

此次新課綱有關「美感領域目標」是如何轉化與融入有關「視覺賞析」、「音樂賞析」及「戲劇賞析」的「領域範圍」呢？研究者依新課綱草案加以整理如表3-2、表3-3及表3-4：

表3-2　美感領域「探索與覺察」學習範圍要點

目標一	學習領域內涵		
	視覺賞析	音樂賞析	戲劇賞析
探索與覺察	強調幼兒對自然物、人造物與藝術作品的探索與感受。	強調幼兒對生活環境中聲音的探索，包括：大自然、周遭事物或樂器的聲音。	強調幼兒對感官或情緒經驗的探究。

表3-3　美感領域「表現與創作」學習範圍要點

目標二	學習領域內涵		
	視覺賞析	音樂賞析	戲劇賞析
表現與創作	1. 不同的藝術媒介又各有其獨特的媒材與元素。 2. 媒材包括美勞工具和相關材料。 3. 元素則包括線條、色彩、形狀與空間。	1. 媒材包括人聲、樂器和身體動作。 2. 元素則為音高、節奏、音色、速度、力度等。	1. 媒材包括肢體動作、聲音和口語表達。 2. 元素為人物、情節、對話、道具和其他特殊效果。

表3-4　美感領域「回應與欣賞」學習範圍要點

目標三	學習領域內涵		
	視覺賞析	音樂賞析	戲劇賞析
回應與欣賞	1. 欣賞的來源：自己、同儕作品、圖畫書、畫作、藝術成品。 2. 賞析：描述所看到的「人、物及相關內容」或運用「線條、形狀或色彩」等簡單詞彙來表達自己的偏好。	1. 欣賞的形式：自己、同儕的音樂即興創作；古典、現代、兒歌、在地或世界各國等多元文化的音樂。 2. 運用「強弱、快慢、高低或音色」等簡單詞彙來表達自己的偏好或描述所聽到的多元形式的音樂及其差異。	1. 欣賞的形式：在自發性的戲劇扮演或教師引導的戲劇活動後，自己或同儕的戲劇創作與展現。 透過影音播放（例如：卡通或影片）或現場展演（例如：成人戲劇表演、偶劇、兒童劇等）。 2. 戲劇元素等，人物特色、故事情節、化妝、服裝、道具、場景等視覺表現或音效等聽覺表現。

三、「遊戲人」的價值意義——新課綱美感教育的新視野

在表3-1比較民國76年幼稚園課程標準與新課綱中有關音樂、工作和美感領域的異同，說明在民國76年的課程標準時是將「遊戲」特別劃分為單獨的一個領域，新課綱中有關「遊戲」的概念是分布隱藏在各個媒介之中。針對單獨設一領域或不獨立成一領域，重要性均在有關「遊戲人」的觀念能否立足於「美感」教育中，甚至引起國人的重視與踐履。

不同於希臘哲人Aristotle將人界定為「理性的動物」，荷蘭著名的文化歷史學家Huizinga從不同的角度來看待人的圖像。Huizinga以

為人類的身上還有一種「功能」足可與理性的運用及工具的製作鼎足而立，那就是遊戲（playing）的功能（方永泉，2006）。「Home Ludens」（遊戲人）並非認為遊戲就是人類所特有的活動，在Huizinga的看法中，人類社會的文明發展，其最早形式應該都是來自「遊戲」，人類社會中現存的文化形式，包括：法律、戰爭、詩歌、學術、藝術等，其實都與人類的遊戲脫不了干係；人類也唯有不斷的進行新的想像與創作，也就是「遊戲人」概念中「美感」或「美育」教育的闡揚，人類的文明始得發展而不墜。

「文明是在遊戲中萌發，並在遊戲中展開。」是Huizinga在《遊戲人》一書（Huizinga, 1955）的序言。「美感教育」如何穿梭與交織，並融入新課綱各個領域的內涵與媒介角色定位，也就是它如何與臺灣社會現象結合而滲入展現文化功能的特色，方永泉指出Huizinga「遊戲人」的特點（方永泉，2006）或可供新課綱「美感教育」內涵延伸與應用的視野：

(一) 遊戲是自由、自主與自願的活動，Huizinga認為這是遊戲最重要的一項特點。即便在動物與兒童的遊戲中也有其自主性，兒童與動物之所以進行遊戲不只是來自於他們的「本能」，使他們必須進行遊戲，更重要的是，他們「享受」遊戲（enjoy playing）；此種「盡情」享受的氛圍，和成人只是在閒暇時才進行的活動有其不同。

(二) Huizinga強調：說遊戲是「非嚴肅性的」，並非等於說遊戲是「不嚴肅的」，因為有些遊戲的確是「非常」嚴肅的（Huizinga, 1955）。

(三) 遊戲的「嚴肅性」與遊戲者專注與投入的「態度」有關。Huizinga所講的遊戲，就是「認真地進行非以嚴肅性目的為主的活動」。遊戲好像我們生命中的「插曲」，雖然不是生活所必需，但卻增添了我們生命的光彩，它是一種「生命功能」（life function）。

(四) 遊戲有其獨特的時間性與空間性，當然也呈現其獨立性與界限性。這表示遊戲有其固定的形式，而能以「文化」現象的形式存在；因此是可以被傳遞而成為「傳統」。

(五) 每個遊戲都有其絕對與特有的秩序。在不完美的世界與混亂的生活中，遊戲帶來了一種暫時性的、有限度的「秩序」與「完美」；也因為遊戲與秩序彼此之間有著這樣緊密的關係，遊戲常常都是屬於審美領域的，我們用來描述遊戲的字眼，也往往都是描述一些美的字眼：張力（tension）、身段（poise）、平衡（balance）、對比（contrast）和變奏（variation）等。在遊戲中常充滿了在事物中所能察覺到的高貴品質，例如：節奏（rhythm）與和諧（harmony）等。

「美」常常停留在一種感覺的狀態。「美學」在學習整理人類的感覺，它是透過日文翻譯出來的漢字（蔣勳，2007）。大概在十八世紀左右，德國哲學界有一個系統，希望能夠整理人類身體裡所有面對感覺的一種學問。最早開創美學的人物波卡頓（Alexander Baumgarten, 1714-1762）和眾所皆知的康德（Immanuel Kant, 1724-1804）都是此一領域的先驅專家。Esthetica源自拉丁語的「感覺學」，也就是把一種科學加以整理用來研究人類視覺、聽覺、味覺、嗅覺以及觸覺的學問，這門「感覺學」日本譯成漢字稱為「美學」。在認知學習掛帥的臺灣教育，如果自幼至長承擔生命裡太多知識追求的負擔，大人又把幼兒學習的知識化約成「分數」和「名次」，夯烘的頭腦如果連眼前所發生的美，連驚叫的狂喜都「缺席」，是很難想像其有豐富的想像力、創造力與行動力的。

「五感教育」往往是一起活躍著的共體，新課綱「美感教育」如何著力於「感覺學」的研究，讓幼兒的生命力與「美感」共舞，應是新課綱的展現重點。

第五節　重新發現「幼兒」學習的主體性

將「幼兒」時期界定為不同於「青年」或「成年」期的「他者」，因為外貌的不夠成熟與強壯，所以往往需要大人們的「啟蒙」和「代言」。這種「童年」意像（The Images of Children）一直與幼

兒園的課程形構（The Formation of Curriculum）交互共構且彼此影響（黃月美，2008）。「童年」是一種來自社會、文化與歷史脈絡中建構的概念，「中舉入宦」、「勤有功，戲無益」、「唯女子與小人難養」等，是特定政治、社會與文化脈絡下的價值觀與教育觀。因為「教不嚴，師之惰」所以「及早嚴教」的緊密課程結構與現代主流，而試圖尋回幼兒主體性的「主題」或「方案」教學抗衡的幼兒園例子比比皆是。因為「勤有功，戲無益」根深蒂固的教條與規範下，「慢慢走」的內化與欣賞，以及「遊戲人」試著覺察「美感」動源與表現的機會被吞噬與剝奪。誰在乎遊戲歷程所增添生命的浪漫與光彩？誰在乎快速生吞活剝缺乏「生命能動力」的教育內涵？「認知」的巨人與「生活」的侏儒有誰在乎？「蝴蝶蛹」的羽化等待，才能造就千錘百鍊的「自慢」絕活。

一、「童年意象」的再定位──大人不要像「狗仔隊」般的緊迫盯人

臺灣幼教課程的發展始終糾結著「殖民主義」或「文化霸權」浸染共生的經驗與色彩。殖民時期幼兒教育特性，以及官方課程政策選用的課程論述，在制度上形成某種特定的課程模式與實施方式，並藉幼兒園的評鑑加以強化（黃月美，2008）。由於非義務教育國家政策力量鞭長莫及的情況下，社會利益、幼教消費市場之需，父母主宰幼兒「消費」的權利，以及諸多幼教師資不合法與專業不足等，臺灣的幼教始終展現「春秋戰國」的「多元」與「倉促」態勢。2,000年前一位教師也是語言學家的普皮勒斯（L. O. Pupillus）就說過望子女成龍太迫切，乃是古羅馬學堂裡潛在的職業災害。「直升機父母」或「教師」不分晝夜在孩子頭頂上盤旋，政府甚至廣告業者都急著插手安排孩子的「童年」。1993年至今，全世界開立的利他能（Ritalin）、亞天達（Attenta）、服佳能（Focalin）等約束兒童過動行為的處方，增加至原來的三倍，專家們擔心許多家庭現在正把作用於精神

的藥品，當成親職工具。試想：正需要紓壓的應該是父母（或大人）還是小孩？把幼兒學習行動當成「衛星定位系統」（GPS）、「狗仔隊」般的緊迫盯人，或許正是新課綱的擬訂與頒行需要重新維護與正視的焦點。

我們期待這種偏失的「消費」價值觀與消除「倉促兒」的不可能任務，在此次新課綱，尤其是「美感教育」的揭櫫，能讓人們（教師與家長）重新認識與檢視自己的文化意識與教育觀，不再將幼兒化約成只會被動接受「大人」安排與「忙個不停」的「倉促兒」。這一波新課綱，尤其是「美感教育」應是擺脫「殖民」巨大規訓體系，再現幼兒「主體性」──展現「我就是我」，讓幼兒的想像、創意、感覺與感受可以充分翱翔──從一粒沙看見世界，由一朵野花看見天堂，用手掌握無限，一分鐘就是永恆。

二、「美感教育」研究典範的轉移──關注「處境」下幼兒的「個殊性」

傳統知識論在結構功能主義（structuralism）盛行的典範下，所主張的是分析性（整體可從部分加以解析）的還原主義（reductionism）。科學的描述是客觀的，而且將知識比擬為堆砌機（基本的定律、原則、要素等）。其基本要素（building blocks）是線性、階層與有基礎的。因此知識是絕對的、必然的、客觀與線性思考的結果。

當今知識典範則指向複雜的適應系統或生態整體論（ecological holism）。其主張當整體是一個開放的複雜系統時會比所有的合還大，並認為結構在複雜的適應系統之間的關係脈絡裡產生（盧美貴，2006）。環境並不是一個客觀存在的事實，而是為個體所主動覺察，因了解並與之建立關係的漸進開展（evolving）過程。「環境」概念包括「微系統」（microsystems）、「中系統」（mesosystems）、「外系統」（exosystems）、「大系統」（macrosystems）的概念，Bronfenbrenner認為一個民族或社會文化（次文化）體系對

人的影響是全面性的，不僅家庭父母的育兒方式、人生目標受文化意識牽制，不同國家與民族、不同社經與宗教信仰，都像「印記」或「藍圖」般如影隨形的影響處於該文化型態下的個體行為的發展（Bronfenbrenner, 1979），公共政策決定者或教師均應有這種體認。

因此探究生長在「同樣」環境的人為何會有「不同」發展的結果、「同樣」的個體特質為何在「不同」環境脈絡會有不同的行為表現、是什麼樣的過程或路徑，讓同樣生態位址的人，有人得以成功，有人卻陷入泥淖等的關鍵問題。因此，新課綱「美感」內涵，在「慢」教育的引領下，除了國家願景的核心素養外，更應提醒「美感」的處處存在與「樂器」等的無所不在，可以是一種「擊石拊石，百獸率舞」生活化的「美感教育」；當幼兒在自己身體控制上產生節奏的秩序以後，生命才會從容，才會不慌也不忙地展現自己的獨特與優雅之「美」。

「成人之謂美」，這是教育最終的目的。然而多年來教育的內容已被窄化成為「教科書」，而教育的方法則被化約為教學的「技術」，同時在「速食」文化的急促下，學習成為「成績至上」的祭品；因此「教」與「學」已離此一目的愈來愈遠。「工具理性」與功利導向所反應在教學上的缺失，因為「美」的走向，導引了教育發展可能的出路。然而「美」不是在「快」、「急」與「忙」的促動中產生的，它是在「從容」、「悠閒」與「優雅」的慢旋律中施展開的。美感經驗需要有教師「美」的覺醒和素養才能進一步將幼兒先前經驗轉化或開啟美的「視界」。在「蹲馬步」（基本功）的「慢活」和「細活」中，學習的品質才能真正提升。

「美感」課程設計的教學實踐策略中，教師應激發幼兒「五感」的好奇與想像力，並採取「遊戲」的精神和營造「悠遊」的氛圍，擺脫「標準化」和「填鴨」的桎梏，進而發揮創造力。

「童年」該從桎梏中「解放」，教育的過程應該是激起一路的驚奇與歡呼的「詩性」之旅，「美感」的孕育也應該是幼兒美麗「新視界」的起點。

課室翻轉與課程美學

CHAPTER 4

第一節　課室翻轉美學的另一種可能

一、學校社會資本是預測學生學習動機的關鍵因素

　　根據研究（鄭惠文，2008）顯示：大學生的「家庭社會資本」與「學校社會資本」對成就動機均具有預測力；大學生的成就動機雖無法脫離家庭社經背景的影響，但家庭社會資本並非是影響大學生成就動機的第一要素，大學生的「學校」社會資本才是真正能有效預測成就動機的關鍵因素。

　　對大學生深具影響力的人是「教師」與「同儕」，可知學生在社會化的歷程中，由家庭連結擴展至學校成員之間形成的支持性社會關係，影響著大學生的成就動機。大學校院的教授與學生同儕，他們所扮演的角色與地位，能豐富大學生的社會資本，有助於提升大學生的成就動機。The teachers go, so goes the students.「教育」是芬蘭最成功的「出口」產品，其憑藉「擬訂長期策略」、「堅持核心價值」與「改革師資」政策，摘下全世界教改的「桂冠」。30年前主導芬蘭教改會的前任主委Aho便不諱言的說：配合師資改革政策，芬蘭有全球最嚴格的師資標準，如果不是因為有這一群「最愛學習的動物（教師），芬蘭教育絕對不會有今天的成果。」（蕭富元，2011）各大學院校若能從強化師生關係的連結與強化教師增能著手，必能減緩因家庭社經背景所帶來的階層再製現象，使教育真正成為階層流動之途徑，翻轉社會不平等的現象。

二、教師「課室翻轉」點燃學生學習的熱情

　　世界的競爭力已不在工廠而在「學校」，但相對於臺灣教育體系而言，研究結果指出：國中生有56%認為自己學習動機不強，大學生也僅有52%具有學習動機；學習上，中學生在不考試的情境下只有23%的學生會主動讀書，大學生則有52%無法掌握學習重點。

對自己學習沒自信的中學生占了30%，學習遇到困難不會加以解決的大學生更高達46%的比例。此外，根據研究顯示，課室翻轉教學對學生的幫助有下列各方面：提升問題解決能力（67.6%）、提升學習動機（66.2%）、增進批判思考能力（54.9%）、提升實作能力（42.3%），對促進學生社交合作能力亦多有裨益（35.2%）（亞洲大學，2012）。此外，根據研究亦顯示，採用翻轉教學，學生未做課前預習（71.8%）、不能主動參與討論（43.7%）、影片拍攝耗時（42.3%）、影片製作技術不足（36.6%）、課堂討論或實作未達預期效果（28.2%）（亞洲大學，2012；劉若蘭，2006；陳李綢，1998）。據其上述研究印證：無感與無動力的學生幾乎占了總體一半以上：找回他們學習的熱忱應當是教育的當務之急。

三、課程「美學」為基礎的「課室翻轉」

談到教育即是談到一切，這是德國思想家容・保羅（Jean Paul）所言；文學使人重構價值，藝術使人了解自由，數學使人回復根本，這些都須透過各個領域的不同形式去達成（黃武雄，2007）。「課室翻轉」自1990年至今成為當代教育的「顯學」，但在大多數的文獻或實踐案例，「科技」的運用始終是重點，可汗學院（Khan Academy）即有3,600部教學短片，包括：數學、理化、生醫、金融、天文學、經濟學、電腦科學、歷史及公民等。本研究立足「人文」與「科技」的融通對話基礎：長久以來，受到實證主義影響，整體教育論述是工具與效率的語言，缺乏教育本質，Aho也引前電腦執行長賈伯斯的話「只有科技是不夠的，科技要和人文、藝術結合，才能產生讓我們的心為之歌唱的結果。」（蕭富元，2011）

Schiller說：「沒有人必須接受必須，人的最高目標是自由。」（馮至、范大燦譯，1989：152）在科學發達、功利盛行的時代裡，天賦的自由委身於政治權力控制下，不再是一個完整自由的人，文明發展和強制的國家破壞了天性的和諧狀態，變成殘缺不全同時也失

去了性格的完整性。所謂完整自由的人是和諧一致的一體性，其中個體的自由和多樣性共存，換言之，即統一人的兩種性格──理性的統一和自然的多樣性；換言之，人既不能成為完全受自然感覺支配的「野人」，亦不能只是遵循純粹理性原則的「蠻人」，Schiller認為人們只有通過美，才能恢復天性中的完整並走向自由。在《國民教育法》第1條「國民教育依中華民國憲法第一百五十八條之規定，以養成德、智、體、群、美五育均衡發展之健全國民為宗旨。」以「美」完成全人而完整的教育，是課程美學對於當前國民教育課程目標的理想。

看得見的物質環境透露出看不見的精神氛圍，靜態的物件在時間與人物的轉移間具有動態之美感，教學的「入木三分」是本研究的期望與理想。在混合式學習（bended learning）成為下一波教育的主流之前，藉由「課程教學」的美學奠基，讓學生在志道、據德、依仁與遊藝的理念下，與「存在美學」及「公民美學」相結合，應運而生全人學習的「課室翻轉」。

四、「課室翻轉」讓學生看到教育的另一種可能

「課室翻轉」讓學生看到教育的另一種可能。如果「課程」的參與是學生生命歷程的一部分，臺灣學生就不應只是擔任「追隨者」的角色，教師也不應只是個「獨白」的權威者。學校課室的師與生應該宛若嘉年華（carnival），將眾聲喧嘩（heteroglossia）透過聚集師與生的對話方式探討與發現知識的真理；這種反思的（reflective）、回歸的（recursive）、反身的（reflexive）與反應的（responsive）模式，是目前臺灣大學校園與課室裡少有的現象。綜觀上述，本研究期待由課程教學「美學」為基礎的大學「課室翻轉」等相關議題，將課室翻轉的行動依CIPP（脈絡、投入、過程、結果）的過程，融入「存在美學」和「公民美學」的內涵，建構大學生美學問卷，以作為後續探討大學「課室翻轉」之美學實踐的測量工具，了解其實施之梗概。

第二節　課室翻轉找回師生「教」與「學」的熱情與動力

一、臺灣大學生的學習現況與問題分析

臺灣師生「教」與「學」的方式，「殖民主義」與「文化霸權」的經驗與色彩始終浸染其中。「學生」往往被界定為不夠成熟與顯見的稚嫩，所以由上而下教師的「啟蒙」和「代言」往往形成學校課室裡一再重複上演的戲碼。這樣的戲碼讓我們的孩子厭倦學習，甚至從學習中逃走。內政部統計處（2003）「少年身心調查報告」，僅有15.98%的受測學生在學習方面沒壓力及沒有困擾外，85%的學生是有感且嚴重的有學習壓力與困擾。

其他針對臺灣學生處在「無動力世代」的空虛與迷惘、遊走與缺乏目的感的校園，也有下列有關的研究發現：

陳李綢（1998）的研究發現：繁重的課業、課業上的挫折、面臨考試和學習的壓力，以及宿舍生活休閒的人際關係，與異性朋友的交往，以及困擾時的處置、社團的參與、生活起居的自理與安排等，都常是大學生學習與生活的重要問題。劉若蘭（2006）運用臺灣師範大學建置「臺灣高等教育資料庫」，分析2005年針對全國大三學生填答「就讀大學期間，你對自己的學習成果是否滿意？」統計結果顯示無論大學或科技院校學生均傾向不滿意。劉鎔毓（2006）以大三學生為研究對象，發現無論大學生或技職院校學生，下列教學方法可以幫助其學習成效：師生互動學習、實作、實驗或研究、分組討論與發表，或由學生選擇主題做研究報告。教師在教學上若是增加與學生的互動機會，鼓勵學生協同合作，針對主題研究與討論，應可強化其主動學習的程度。

二、「學」與「教」的課室翻轉──大學寧靜革命的前夕

　　為何孩子從學習中逃走？教育可以如何不一樣？大學生到底該學些什麼？《親子天下》經過5年深入採訪世界跨國教育的變化，其所揭櫫的翻轉學習（flipped learning）真能掌握這場寧靜變革的翻轉脈絡，與教師孩子們能共同整備未來的學習與打造未來的學校？（親子天下，2013）我們正準備著，在全球金融風暴與百業不振的風險中，尋找臺灣教育的信念與教育的方向：

(一) 相互學習形成支持網絡與學習的熱情

　　東京大學大學院教育學研究科教授佐藤學博士，針對日本教育中孩子失去學習動機與不知為何而學、「從學習逃走」的問題，提出「學習共同體」為目標的教育改革和作法。佐藤學每週參訪2-3所學校的行動力和紀律，直接進入教室觀課，32年如一日，累積了一萬間教室的現場感（佐藤學，2012）。佐藤學博學多聞，目前擔任日本內閣學術會議人文社會部部長，常召集各界菁英提出社會與教育政策建言，總是一針見血，他的熱情更常感動許多研究生，因而成為推動「學習共同體」的左右手。

　　日本實施「學習共同體」的翻轉後，孩子喜歡學習，問題學生沒有了，中輟率變零，教師無力感消失，每個人都能變得健康，而且看到自己的價值；日本有八成以上的教師都相信「學習共同體」是可以成功的（佐藤學，2012）。學生學習的熱忱找回來了，教師打開教室的大門相互學習，也相互形成支持的網絡，因為「觀課」不是接受評價與評分，而是自我成長與改變，以及追求卓越的動力。

(二) 找回師生「教」與「學」熱情的「課堂翻轉」

1. 源起──「課堂翻轉」不是新鮮事

　　「課堂翻轉」成為當代教育的「顯學」，然究其源起在1990年代哈佛大學物理系教授Eric Mazur有感於學生會考試卻不會活用知

識，於是要求學生「課前」須預習，然後藉由網路反映預習與討論學生碰到的問題；2000年J. Wesley Baker在第11屆大學教學國際會議上發表「classroom flip」為題的論文，強調教師應該「從講臺上的傳道者轉變為學生身旁的引導者」（from sage on the stage to guide on the side）。

2. 「可汗」學院——「課室翻轉」找回學生學習的自主權

2009年薩爾曼・可汗成立可汗學院（Khan Academy），開始專職在YouTube上提供多達3,600部教學短片，涵蓋數學、理化、生醫、金融、歷史、公民、天文學、美史學、經濟學，以及電腦科學等，此不啻為翻轉教學與自學的素材寶庫。

可汗學院的創辦人薩爾曼・可汗締造了一個全世界24小時使用網路資源率最高的紀錄，其內容包括從小學到大學程度互動式習題，只要登錄上網，就可獲得一張專屬「知識地圖」，截至2013年10月可汗學院影片的觀看使用率已達3億次（親子天下，2013）。由於可汗學院的大受歡迎，大家或許可以重新思考整個教育制度：為何學習一定要侷限規定的上課時間和座位？為何要讓學生這樣學習？讓他們覺得自己很笨？為何我們不能把焦點放在學生身上？為何教室裡一定都是教師講課、學生聽講？為何師生互動不能多一點？為何不能成就學生成為真正的學習主體？「可汗學院」翻轉傳統課室，他們不再說：「老師，接下來我該學什麼？」而是說：「這是我學習的目標，這是我為達到目標所做的計畫，請老師提供我可以利用的資源和工具（教師、同儕、可汗學院等各種教材）。」這不僅對學習很珍貴，更是學生一生都需要的技巧。

因為是客製化的學習，所以在「可汗學院」就有了更多的學習「留白」課程，未來的學校會有很多的空白時間給孩子去探索、創造，也許每天有三分之一時間學核心課程，但按照每個孩子自己的速度和時間學習，個人化的學習會比較有生產力；三分之一會是有架構的探索，孩子有教練或教師來協助創造、發明及產出；另外三分之一的時間就讓孩子自己玩（親子天下，2013）。

3. 科技運用與美學內涵融合的「課室翻轉」

「可汗學院」的空白課程和近日國內教育學者極力推動的「課程美學」有異曲同工之妙，也就是本研究除了運用科技大規模開放線上課程的試驗（Massive Open Online Courses, MOOCs）外，將以課程美學中「存在」與「公民」二個項目及其重要元素切入「課室翻轉」的重要因素。

留白是主客體保持一美感的距離，而在欣賞與創造之間產生一種對話的機制，最後共創一美感的世界或成品的過程（陳伯璋，2001）。「留白」是展現無限可能、期待和希望，從中充滿著主動學習的契機，或許這就是所謂的「靈性旅程」的學習（劉怡甫，2013），也就是一種美感經驗的展現。

在大學教育的革命前夕，MOOCs結合互聯網科技，打破教育的時空限制，是一個不折不扣的「翻轉」，甚至是「破壞式」的創新，這種跳脫傳統教授講課，學生聽課的模式，直接將課程躍升至深度探究、思辨、分析、評鑑與創造。《華盛頓郵報》（*The Washington Post*）於2013年2月25日及3月11日報導說明這股翻轉風潮的盛行方式：以維吉尼亞大學（University of Virginia）現代歷史課程為例，Philip Zelikow教授將其現代歷史課程的教學影帶置於「大規模網路開放課程」（MOOCs）平台之一的Coursera，他的學生包括有網路授課學生，以及現場上課學生。Philip Zelikow教授拍攝製作了十數部授課影帶，基本上，學生到校上課前，必須已經預先上網觀看教學影帶，能夠跟上該課程進度，到課堂之後，Philip Zelikow教授完全將時間用來和學生討論與互動，不會重複上課教學內容與進度，Philip Zelikow教授認為：「我教學20年來，這樣的教學模式是最有力道的設計。」（Anderson, 2013；張佳琳，2013）

三、課程與教學「美學」為內涵的「翻轉」學習

M. Holt（2002）在《*Phi Delta Kappan*》發表〈是開始推動慢學校運動的時候了〉，他在文中指出麥當勞的速食文化反映了當前教育在一味重視「標準化」的測驗、評鑑，追求「效率」的「速食教育」，學習者接受教育只是在「儲存」漂亮成績的數字和大學文憑或各種證照的數量，在學校重視學習的「產出」（output），而不是學習者本身。這種重視「量化」與「成果」的表現，更造成社會階級的再製，因為成績優異的學生大都是來自高社經背景的中上階級的家庭，他們在學校學習，經常是一次又一次成功的喜悅（例如：成績），而來自中下階層的學生，則每次測驗往往都是失敗的經驗，成長的過程隨時都充滿著「風險」和「危險」（陳伯璋、盧美貴，2009）。學習只是「工具性」和「功利性」的展現，它變成換取「分數」和「學位」的工具性價值。

(一) 志道、據德、依仁、游藝的課程與教學美學

McMillan（1995）強調課程美學在建構想像力的重要性，一方面是讓學習者有自動或主動參與的意願，另一方面則是使在情意上得到支持與鼓舞，而引導出學習者豐富的創造力。因此教師美感意識的覺醒，會將學生帶入一種自由想像與創造的美感世界。

此外，美感經驗的「遊戲性」使人脫離窠臼「習慣」和「理所當然」的限制，具有超越「實用」、「功利」和「工具性」的重要特質。一般而言，「遊戲」雖有規則，但在參與者的同意下亦可修訂及超越規則，更重要的是其所展現的「自由」、「創造」、「開放」和「想像力」，這才是最重要的，也是最豐富的美感經驗。遊戲可以為參與者提供一個新的冒險「通道」，打破習以為常的現實，讓思想馳騁於「自由」、「未完成」的世界中。《論語》中提到「志於道、據於德、依於仁、游於藝」，此「游於藝」的精神就是一種超越「器用」或「技藝」的自由和解放，同時也是一種悠遊和創造（陳伯璋、

盧美貴，2009）。在互動及悠遊的氣氛中，師生才有真正的「對話」空間，以及在「詮釋」不同學習的參與中，不斷獲得經驗→再參與→重新建構新經驗的可能。從美感經驗觀點，將教學視同遊戲，教師與學習者的先前經驗可在遊戲中交往並轉化獲致新的境界，遊戲即創造新的自我，達到這樣的境界，教學需要歷經遊戲的轉化歷程（洪詠善，2008）。

換言之，教學的美感經驗是師生在「遊戲」的氣氛中，有親近的「對話」，師生才能展開新視野與新世界的經驗分享。

(二) 以「存在美學」為內涵的課程與教學

早期的美學，隸屬於哲學的一支，是研究美的哲學，但若深究美學的意涵，美學除了是各類藝術哲學背後的理論基礎之外，更是研究人類生存的核心概念，因此美學是「人文科學」的一門，是探討人類生存之感性與情意方面的科學，是要在生活中加以體驗，藉以啟發人們自我的覺醒（葉秀山，1993）。

存在美學是一種追求哲學生活風格的智慧，也是一種生活的實踐智慧，這種實踐智慧是需要對人類的生存進行深層的哲學反思，所以存在美學的核心就是人文關懷，這種人文關懷是建立在對「自我」（self）的修練基礎上所展開的修身過程，是需要具有高度內自省的功夫才能達成。「存在美學」的核心概念與教育的意涵息息相關，此種教育的意涵是一種對自身內自省以及向自身開發的教育歷程（王恭志，2007）。

王恭志（2007）指出臺灣教育體制長久以來充滿了控制的語言，剝奪了教育該有的新奇、創意與超越的靈性旅程。當我們開始質問自己如何被教育？傳統的師培教育中缺乏生活的探究，渴望尋求意義、自我創作與自我表達等，在我們成長的過程中，追求共同性也渴望差異。「邊界」是一種地理概念，它不是一條界線，而是一種心靈、社會、教育、心理與生理交會對話時重構與轉化的空間，親師生唯有突破這種藩籬的陌生，在生活及學習中重建協商與溝通、探索與

理解，敞開心胸面對複雜性與不同的視點看世界，在「反思－行動－反思－行動」中更新自我，才能喚醒我們對教育的深層結構概念，並可提供創造與想像的空間，來激勵我們的前瞻性視野。

　　在文化研究的陣營裡，Willis創造了日常生活中的扎根美學（grounded aesthetic）這個概念，Willis（2000）使用藝術來詳細說明人類意義製造的素質：人類的生存不只是藉由製造與重製他們存在的物質條件，並且人類的生存也是藉由意識到他們寓居其中的世界與場所。他認為「這是一個文化的生產，就像意識到他們自己作為其文化世界中的演員。意義製造的文化實行，本質上乃是自動自發的作為認同與自我建構的面向：我們在自己的文化世界裡創造了我們自身。」（Willis, 2000）換句話說，藝術作為精鍊與壓縮意義所製造的實作，這發生在每天人類施行與互動的核心裡，限定與不可化約的素質。這也是處於人類慣常使用物體與表達等，以及在與他者的關係和環繞於我們的物體與物質下，生產與賦予意義的核心。

(三) 與「公民美學」相結合的課程與教學

　　美學大師蔣勳提出：「美，或許不在劇院，不在音樂廳，不在畫廊；美就在我們生活中。」黃美賢（2004）更指出現今大環境快速變遷，興起了終身學習風潮、電腦科技的發達、重視人文關懷、提倡知識經濟、地方意識的抬頭，以及推動社區發展等因素，都促使政府藉教育與文化建設社會藝術教育價值的功能，公民美學因此全面受到關注與討論。

　　在邁向高度文明社會的發展軌跡裡，我們的經濟開發與政治民主獲得傲人成就，實踐所謂的經濟公民與政治公民之建構，接下來，即是以藝術文化作為路徑的「文化公民」之形塑。所謂的文化公民，強調的是公民對於文化意識之自覺性，特別是著重於責任與義務的關係，而不是單方面享受權力。順著此一脈絡，我們可以發現臺灣視覺環境汙染正需要公民的責任心，藉著將「美」的實踐視為是每一個人應盡的義務，落實在每一個公共與私有的領域中，展現對於環境的尊

重，稱之為「公民美學」（陳其南，2005）。

「公民美學」不僅是提升視覺環境的生活美學，它更需要營造社會美善的道德精神以及健全學校（社區）整體藝文生態組織。我們必須建立尊重自然萬物生命的環境倫理觀，進而改變自己的生活方式，並採取行動以珍惜、保護環境的完整性。它帶領我們反思人與環境的關係，反省自己對待環境的態度與行為，改變利用及操控環境的功利思維，建立正確的環境倫理價值（高珮瑤，2012）。

臺灣學生因僵化的考試制度而懶於進行創造性的思考。所以，激發同學更多的創意和想像力，在面對各種文化現象時，不要只停留在被動接受或盲從主流意見的層次，而能從多種角度進行深度的反思、分析與批判，亦即培養明辨、慎思、反省、理性與批判的能力，此乃提升學生「公民美學素養」的重要課題。

在此同時，家庭、學校與社會等不同環節之生活教育、美學教育，乃至生命教育，如何形塑青年學子生活美感價值觀與服務他人的生命真諦？由於愛美而產生一種生命執著，是人間最令人感動的事（漢寶德，2007）。在一個把知識化約成「分數」和「名次」的社會，多烘的身心，如果連眼前所發生的美，連驚叫的狂喜都「缺席」，是很難想像其有豐富想像力、創造力與行動力的。

第三節 「課室翻轉」的美學內涵初探

一、研究流程

為了建構大學課堂「課室翻轉」之美學問卷，本研究首先探討有關大學課室翻轉、美學實踐，以及大學生學習及其CIPP背景分析研究等相關文獻，擬定問卷初稿，請國內四位相關領域之專家學者實施專家效度，並進行問卷題目與文字之修訂，最後則進行問卷的預試，運用因素分析的統計方法，建構問卷之各構面，以及問卷之信、效度。本研究流程如圖4-1所示。

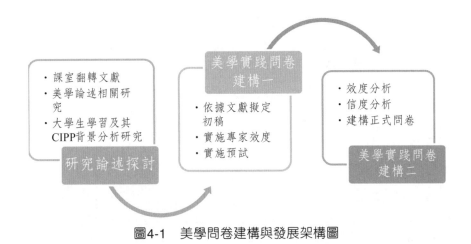

圖4-1　美學問卷建構與發展架構圖

　　本研究依據文獻探討與文件分析大學生學習的相關文獻資料，編製「大學『課室翻轉』美學實踐問卷」，將課室翻轉的行動依CIPP（脈絡、投入、過程、結果）的過程，融入「存在美學」和「公民美學」的內涵，問卷架構，如表4-1。

二、研究方法與實施

(一) 文獻探討與文件分析

　　將國內外「課室翻轉」與「美學」的相關文獻與文件，進行蒐集、閱讀與分析，作爲本研究論述基礎。

　　Altheide（1996）認爲「文件」分析法是一種重視概念發展、尋求連結、確認並恢復文件間關係、意義與重要性的方法。「文獻」探討則包括臺灣大學生學習現況及其問題的研究，以及國內外「課室翻轉」的實施及運作成效之分析。

表4-1 「大學『課室翻轉』美學實踐問卷架構表」

CIPP　　美學層面	C脈絡	I輸入	P過程	P成果
存在美學 1. 個人生活美學素養。 2. 生命的意義和價值。 3. 生命的改變與成長。	在學習脈絡中（人事時地物），個人了解自己對學習需要、目標、期望、肯定自己學習的價值與學習的必要性。 關鍵動詞： 了解、認為 1. 了解學習對個人生活美學素養的必要性。 2. 認為學習能提升生命的意義和價值。 3. 認為學習能帶來生命的改變和成長。	個人在學習脈絡中，願意為了達成自我學習投入學習、資源進行學習。 關鍵動詞： 願意、能 1. 願意投入學習以提升個人生活美學素養。 2. 願意投入學習以提升生命的意義和價值。 3. 能投入學習以達到生命的改變與成長。	個人對學習過程進行規劃、行動、檢視、記錄和反思（P-D-C-A）並不斷的對學習過程進行評價調整。 關鍵動詞： 行動、會 1. 會進行提升個人美學素養的學習行動。 2. 實際投入學習行動的過程，以提升生命的意義和價值。 3. 實際投入學習行動的過程以達到生命的改變和成長。	個人願意實踐課程個人的學習成效，不僅展現個人的學習歷程與成長，也展現學習的歷程與成長。 關鍵動詞： 展現、發揮、達到、學會 1. 展現個人生活美學素養。 2. 發揮生命的價值。 3. 達到生命的改變與成長。

（續）

公民美學				學
1. 社區的生活美學（家庭、學校、生態環境）。	1. 了解學習對社區生活美學素養的必要性。	1. 願意投入學習以提升社區生活美學素養。	1. 會進行提升社區生活美學素養的學習行動。	1. 展現社區生活美學素養。
2. 美善的道德精神。	2. 認為學習能提升美善的道德精神。	2. 願意投入學習以提升善美德道德精神。	2. 實際投入過程以提升善的道德精神。	2. 發揮善的道德精神。
3. 社區的公益活動與社區再造。	3. 認為學習能促進社區的公益活動和社區再造。	3. 能投入學習以促進社區的公益活動和社區再造。	3. 實際投入過程以促進社區的公益活動的再造。	3. 展現社區的公益活動和社區再造。

(二) 發展研究工具──問卷調查

依據文獻探討與文件分析大學生學習的相關文獻資料，將課室翻轉的行動依CIPP（脈絡、投入、過程、結果）的過程，融入「存在美學」和「公民美學」的內涵，編製：大學課堂「課室翻轉」之美學實踐問卷。

1. 問卷編製依據及經過

本問卷依研究需要自行編製而成。研究者團隊依據文獻探討與文件分析大學生學習的相關文獻資料，將課室翻轉的行動依CIPP（脈絡、投入、過程、結果）的過程，融入「存在美學」和「公民美學」的內涵，並請大學二、三年級學生先行讀題，刪除語意不清或過於艱澀之處，並請學者專家進行建構專家內容效度，針對問卷內容檢測是否符合大學生經驗，以及用字遣詞是否可讓大學生理解題目之涵義。再經團隊多次小組討論後，修訂問卷內容，正式定名為「103學年度科技部專題計畫大學『課室翻轉』美學實踐問卷」。

2. 填答及計分方式

本研究「大學『課室翻轉』美學實踐問卷」，分為「存在美學」與「公民美學」兩個項目，問卷的選項依大學生參與「課室翻轉」的學習經驗而定，共有四個選項，1是「非常不同意」、2是「不同意」、3是「同意」、4是「非常同意」，依次分別給予1分到4分，分數愈高，表示該大學生經驗到的「課室翻轉」中的美學經驗程度愈高。

3. 預試的實施

預試問卷編製完成後，隨即進行預試，預試對象為國立成功大學、國立臺灣師範大學、亞洲大學、中國文化大學四所學校的學生作為預試樣本（經學生同意），共計300份。預試問卷於2014年12月下旬開始進行施測，回收樣本數242份，扣除填答不全與胡亂填答之無效問卷67份，共得有效問卷175份。如表4-2所示。

表4-2　預試樣本人數分配表

學校名稱	成功大學	臺灣師範大學	亞洲大學	中國文化大學	總計
有效樣本數	42	48	41	44	175

本研究在預試項目分析之後，擬以臺師大180人、中原大學190人、中教大60人、亞洲大學250人、成功大學250人，以及南華大學60人，共計1,000人為正式施測樣本，並做前後測之比較分析。

4. 因素分析

預試問卷回收後，將有效問卷資料輸入電腦，以SPSS/PC套裝軟體的統計程式進行項目分析，將項目分析後所選取的題目，利用主軸法進行因素分析。

本研究採取主成分法（principal component），依據Kaiser建議以特徵值（eigenvalue）> 1作為選取因素個數之原則，再以最大變異轉軸法（varimax rotation）對各因素進行旋轉，計算各變數之因素負荷量，保留因素負荷量（factor loading）> 0.5以上之衡量題項。選取因素之標準參考Kaiser（1974）及吳萬益（2000）所提的三項萃取標準：

A. 特徵值須大於1（使萃取出的因素易於解釋）

B. 轉軸後因素負荷量（factor loading）絕對值大於0.6以上

C. 兩因素負荷量絕對值差大於0.5者

5. 信度分析（reliability analysis）

信度分析係指針對同一群受測者在同一份問卷上測驗的分數要有一致性，就信度而言，本研究採取分項對總項相關係數與Cronbach's coefficient α係數進行信度分析。在分項對總項相關係數（item-to-total correlations）方面，本研究選擇係數 > 0.6以上者，主要是確認本研究問卷是否具備有良好之信度；Cronbach's Coefficient α係數方面，係數值愈高，則表示研究變項內各因素間的相關性愈大，亦可以

表示因素間關係更趨近一致。

🙂第四節　課室美學的再生與期待

　　從本研究所回收之有效問卷，以SPSS/PC套裝軟體的統計程式進行項目分析，將項目分析後所選取的題目，利用主軸法進行因素分析。其因素分析及信度分析，將分別依序詳述於下列。

一、效度分析—因素分析

(一) 因素分析之事前檢定

　　在做因素分析之前，必須先了解受測樣本是否適當，以確定本研究是否可以進行因素分析。因此，本研究依據Kaiser（1974）的觀點，可從取樣適切性量數（Kaiser-Meyer-Olkin measure of sampling adequacy, KMO）值的大小來判別該研究變項、構面或題項是否適合進行因素分析。若結果顯示各研究構面KMO值大於0.8以上，代表適合進行因素分析；並配合Bartlett（1951）提出針對變項間相關矩陣的球型檢定（test of sphericity），此檢定法的變項間若是具有共同變異性存在，則Bartlett球形檢定的P-value接近於0表示愈適合進行因素分析。本量表之KMO與Bartlett檢定統計表如表4-3與表4-4所示。

表4-3　大學課室翻轉美學實踐量表存在美學之KMO與Bartlett檢定統計表

變項	Kaiser-Meyer-Olkin 取樣適切性量數	Bartlett 球型檢定顯著性
脈絡（C）	0.925	0.000***
投入（I）	0.963	0.000***
過程（P）	0.902	0.000***
成果（P）	0.871	0.000***

表4-4　大學課室翻轉美學實踐量表公民美學之KMO與Bartlett檢定統計表

變項	Kaiser-Meyer-Olkin 取樣適切性量數	Bartlett 球型檢定顯著性
脈絡（C）	0.954	0.000***
投入（I）	0.943	0.000***
過程（P）	0.912	0.000***
成果（P）	0.905	0.000***

　　依據表4-3與表4-4的資料顯示，各構面之KMO取樣適切性衡量值皆達0.8以上，Bartlett球型檢定P-value值為0達顯著性，可知本研究之研究變項及構面適合進行因素分析。

(二) 探索性因素分析

　　因素分析是研究一份測驗建構效度（Construct Validity）最有效的方法之一，本研究針對「存在美學」與「公民美學」項目的脈絡（C）、投入（I）、過程（P）、成果（P）此四構面，分別進行因素分析，透過因素分析濃縮構面因素，進而探討各因素所包含變項之內部一致性。

　　本研究採用主成分因素分析法（principle component factor analysis），並採用最大變異轉軸法（varimax）進行直交轉軸（orthogonal rotation），計算各變數之因素負荷量，保留因素負荷量（factor loading）＞ 0.5以上之衡量題目作為正式問卷的題目，並避免一個變數同時能解釋多個因素的題目。最後參考各因素負荷而給予適當命名。

　　本研究經轉軸後的成分矩陣，於「存在美學」項目中脈絡（C）取12題，剔除第4、8、9題，剩9題；投入（I）取9題，剔除第5題，剩8題；過程（P）取8題，剔除第2題，剩7題；成果（P）取11題，剔除第4題，剩10題，四個因素構面題數共剩34題。「公民美學」項目中脈絡（C）取8題，剔除第2題，剩7題；投入（I）取8題，其保

留因素負荷量（factor loading）＞ 0.5以上全數保留；過程（P）取8題，剔除第5、7題，剩6題；成果（P）取12題，剔除第12題，剩11題，四個因素構面題數共剩32題。最後所得「大學『課室翻轉』美學實踐」量表於「存在美學」項目問卷題數共有34題，總解釋變異量為65.567%；「公民美學」項目問卷題數共有32題，總解釋變異量為70.217%。

大學「課室翻轉」美學實踐量表因素命名方面，於「存在美學」項目與「公民美學」項目共各得四個因素。其因素的命名分別為：「存在美學」項目，因素一：品味方面共6題、因素二：價值方面共3題、因素三：成長方面共11題、因素四：實踐方面共14題；「公民美學」項目，因素一：社會性方面共4題、因素二：價值方面共6題、因素三：成長方面共10題、因素四：實踐方面共12題。

在「探索性」因素分析方面，大學課室翻轉美學實踐量表「存在美學」項目之因素分析，在「品味」、「價值」、「成長」及「實踐」四個構面的總解釋變異量為65.567%，整體信度為0.963。

大學課室翻轉美學實踐量表「公民美學」項目之因素分析摘要，在「社會性」、「價值」、「成長」與「實踐」四個構面的總解釋變異量為70.217%，整體信度為0.954。

二、信度分析

信度和效度是鑑定量測工具的主要標準，信度是效度的必要條件，若在不同時間點進行檢測，前後次測量結果變異很大，或者，在特定時間下，不同的受測者或不同版本所測試的結果不一致，則代表此量測工具缺乏穩定性與一致性。

就信度而言，本研究於問卷編製完成後，採用Cronbach's Coefficient α 係數值來考驗各量表因素間的內部一致性。

其次，在「信度」分析方面，大學課室翻轉美學實踐量表預試之「存在美學」項目信度考驗，「品味」因素別Cronbach's α 為.885，

「價值」因素別為.828，「成長」因素別為.953，「實踐」因素別為.951。

　　大學課室翻轉美學實踐量表預試之「公民美學」項目信度考驗，「社會性」因素別Cronbach's α為.878，「價值」因素別為.938，「成長」因素別為.947，「實踐」因素別為.956。

　　本研究四個構面的Cronbach's α皆已超過Nunnally（1978）所建議的0.7以上，Item to Total Correlation係數也皆大於0.5以上，由上述可知，量表內部一致性水準相當高，表示本量表各構面具有內部一致性高的程度。

三、總結

　　教育本質上乃是一種美學的實踐（education is naturally an aesthetic exercise），即使作為教育者的我們不自覺是這麼一回事，我們仍然涉身於一個本質為美學的計畫與想像。有可能的後果就是，當我們對於教育的美學本質缺乏覺察時，我們將成為很粗糙的「藝匠」，但是只要工作是協助學生走向一個持續的自我形成過程，無論如何都是一種邁向「藝術家」的歷程（Freire, 1998）。初步結論如下：

　　(一) 依據文獻探討與文件分析大學生學習的相關文獻，將課室翻轉的行動依CIPP（脈絡、投入、過程、結果）的過程，融入「存在美學」和「公民美學」的內涵，建構「大學『課室翻轉』美學實踐問卷」，最後所得「大學『課室翻轉』美學實踐」量表於「存在美學」項目問卷題數共有34題，總解釋變異量65.567%，「公民美學」項目問卷題數32題，總解釋變異量為70.217%。

　　(二) 「大學『課室翻轉』美學實踐」量表因素命名方面，於「存在美學」項目與「公民美學」項目各得四個因素。「存在美學」的四個因素是品味、價值、成長、實踐；「公民美學」的四個因素為社會性、價值、成長與實踐。

　　(三) 就第一階段四個研究構面，量表內部一致性水準相當高，

亦即顯示本量表各構面具有內部一致性高的程度。

(四)「課室翻轉」讓學生看到教育的另一種可能，透過聚集師與生的對話方式探討與發現知識的真理；這種反思的（reflective）、回歸的（recursive）、反身的（reflexive）與反應的（responsive）模式，促使了在科技使用頻繁的學習年代，重視大學生本身的主體性、行動力和反思性，並能在社會中發揮道德感和責任心，將大學專業成為投入社會公益和活動的行動力。

(五) 重新檢視「課室翻轉」的真義：教師常反思自己在「課室翻轉」最有意義的活動是什麼？學生自主探索（inquiry）與合作（collaboration）的同儕互動關係能否達成？教師能否放下權威成為學生學習的「幕後」導演，以及成為協助學生成為真正「學習」的主體？果真如此，師和生在課室中的「教」與「學」當更可展現其自由的彈力與成效，並且再定義師與生「教」與「學」的角色。

總之，教育者的任務並非在形塑（form or shape）學生，學生在自我成長、自我形成的過程中，教師應是一個協助者（helper）；誠如Freire所言，教師的職責與角色，在參與學生自我形成與一種再生（rebirth），亦即完成一個「美學」或「美育」的探索歷程。

部落文化回應校本課程教學

CHAPTER 5

☺第一節　部落文化回應課程教學的意義

一、課室翻轉——「文化回應教學」展現部落族群的「校本課程」

文化回應教學（culturally responsive teaching）是多元文化教育下的一種教學實踐取向，它讓不同族群師生的「教」與「學」展現自己文化的特色，在族群文化增能學習下，達到社會重建與自我價值的肯定。

在《*The Birth of a School*》中Kahn提到學校始於一棵樹下，師生互爲教與學的主體性，說的人不知道自己是老師，聽的人也不知道自己是學生，在「形式」融入「情境」達到「潛在課程」的學習，這是在原住民部落的「收穫祭」（sodaan）和「射耳祭」（malanodaigian）等農事或狩獵的時候，最容易看到的場景，可惜原住民學校這種「文化」回應教學已不見多時。嚴長壽以蔡國強的作品〈撞牆〉，來解釋臺灣教育現況：他說過去家長和教師，讓孩子像狼群一樣往同一方向猛撞玻璃牆，即使看到前面的孩子撞得血肉模糊，仍不覺醒（聯合報，2015.6.19）。

「都市的師資培育和實習教材教法，在原鄉部落完全派不上用場。」（聯合報，2015.6.18）。全國有99%的中小學生都在實施補救教學，常「吃補」的結果，仍逾半數甚至更多「體弱多病」的莘莘學子。「補救」的意義何在？補救的投資龐大而不見成效，什麼才是原鄉學童的「正常教學」與「因材施教」之道，是值得探究的問題。

布農族群居中央山脈，活動力甚強，移動於綠地之間，是最適合高山生活的族群；長年以狩獵、農耕爲生，樂天、英勇、豪邁的性格，孕育出浪漫的歌謠和樸實有力的舞蹈、強健的體魄、刻苦耐勞、重信敬老、愛好正義和平，保存最古老型態的「南島」文化（達西屋拉彎‧畢馬，1995）。據目前文獻，布農族人最早的居住地是南投的信義鄉與仁愛鄉，是個充滿想像力與象徵意味的民族。

　　布農族人在物質生活方面，以山田粟作及狩獵為主，採集、漁撈和飼養為輔。因此，建構「布農學習部落」展現部落族人傳統與天賦才華，以及因應地理環境及社區資源發展「面山學習部落」特色，是本研究建構豐丘國小布農「校本課程」的動機之一。

二、「慢」與「美」──原鄉課程與教學的本質

　　每位教師都是「藝術家」，教學是「科學」，更是一門「藝術」，師生總體的熱情投入當能事半功倍地成就大事。原住民部落的師生各個都是「游於藝」的專家，一個成熟的個體，必須理性與感性的內外兼備，才有可能充分展現其「智慧」與「慈悲」的安身立命。因此，課程與教學美學的發而中節，透過覺察、運用、表現和實踐在生活中，這是布農族豐丘國民小學師生實踐自己優勢校本課程的基底和動力。

　　美國教育學者Holt在《*Phi Delta Kappan*》（2002）指出，麥當勞的速食文化反映了當前教育在一味重視「標準化」的測驗、評鑑，追求「效率」的「速食教育」，學習者接受教育只是在「儲存」漂亮成績的數字和各種證照的數量，在學校重視學習的「產出」（output）（例如：升學率、考上第一志願的學生人數），而不是學習者本身。這種重視「量化」與「成果」的表現，造成社會階級的再製。Holt批判這種資本主義掠奪式的「速食文化」，已使教育背離了對「學習者」的尊重和導引，學習只是「工具性」和「功利性」的展現，它變成換取「分數」和「學位」的工具性價值。

　　吳苡榛的研究（2008）發現：南投信義鄉國小學童在藝術學習的總表現，顯示有積極的態度，原住民學童在藝術學習動機、態度與能力方面均優於「非原住民」的學生。此外，高義祥（2015）的研究顯示：南投小型「學校」與「社區」結合的總體營造力，在認知方面的得分不高（乎南女烏莉，2015），原住民的兒童對自己往往是缺乏自信：藉強勢（strength）的藝術雕刻、射箭與農事百工等文

83

化創意課的開展，對學習動機的引發應有其重大的意義，原住民學童「游與藝」的優勢展現，確實對學習具有事半功倍的成效。

從「臺灣原住民人物列表」探查中，布農族人在政治、體育、演藝歌唱、學界、教育界、文學及媒體人等名人輩出（胡台麗，2003）。如何給予原住民尊重，等同主流文化的角度認識「布農族」，深度的了解與適時的提供他們所需展現其在民族自覺下尋回部落的「原」汁「原」味（王建臺，2003），讓布農族的各種儀節不只是「象徵」的意義，更有其文化傳承的珍貴價值。讓布農族原鄉展現原住民學生優勢的「本質」與「原味」的專長，是本研究建構此一布農族國小「校本課程」的動機之二。

三、原住民教師文化回應教學──人文與自然對話的課程美學

「課程美學」包括：「身體」、「生活」與「環境」三個面向，交織而成本研究課程美學內涵；其次，經由a/r/tography「藝術家」、「教師」與「研究者」三位「藝體」，從理論、實踐與創作，游走往返三種角色與知識形成跨域的藝術創造、學術研究和教學專業，在「本質性」、「獨特性」與「跨越性」的後現代「第三空間」，重新梳理與重新解放教育現象，重新發現其深藏的意義，和看見從未看見的問題。結合文化與自然資源發展豐丘國小本位課程，此正為該校結合a/r/tography發展校本課程的立意與動力。

臺灣社會過去所做的，都是極力在避免如何因為差異而產生的歧視，以及彌補因為差異所產生的不公平。但是教育除了這些社會正義理想的實踐外，更應重視的是文化的意義、文化的價值，以及文化的尊嚴，因為教學是個「實踐」的層次（陳伯璋，2009）。「差異」的另一面是「認同」，認同與文化發展一樣是一個動態的過程，教師必須協助學生察覺差異與認同在動態上的關係，並且跳脫普遍主義和相對主義爭辯的框架，這樣才能幫助學生理解文化發展的多元意涵和

文化霸權無所不在的影響（陳伯璋，2009）。這是豐丘國小教師們在進行布農族文化回應教學時所要面對也必須掌握的事實，這也是本研究動機之三。當然，讓「體制內」更多實驗學校開花結果，也是本研究重大的期許。

第二節　協作學校的背景分析

一、協作個案學校背景分析

(一) 協作夥伴──世外桃源的「豐丘」國小

學校位於信義鄉中間，距離信義鄉行政中心──明德村約5公里的豐丘村，是信義鄉巨峰葡萄的盛產地；假日時，更是旅遊民眾前往玉山國家公園的旅遊路線。

豐丘現有44位學生（40位布農族，有4位平地生；2019）、15位教職員工（3位布農族）。歷任11位校長中，僅4位布農族人，1位泰雅族人，其餘均為漢人校長；11任中有5位代理校長，1位兼任校長，任期6個月的有2位，不到1年（10個月及11個月）的有2位。這個看似世外桃源的學校，其實隱藏不少「危機」，從踏查學校及其SWOT分析來看，本研究期待能化「危機」為「轉機」，讓「豐丘」不只是豐丘（一個學校機構的運轉而已）。

(二) 「豐丘」地名由來

豐丘部落舊名「沙里動」（Salitun），這是布農族語「木瓜」的意思。

源自早期陳有蘭溪沿岸布農族部落，在前往水里途中有一棵醒目的木瓜樹，約在現今學校的山腳下，當族人往返途中，常在此大木瓜樹下休憩，或是當族人在形容自己的相對位置時，會以此樹作為界定的標的。慢慢的，「沙里動」成了當地的地名。日治時代，大約在民國27年，強迫布農族巒社群人從巒大山遷到目前部落的臺地，

並將此地命名為「TOYO OKA」，意思是豐富的丘陵，後來簡稱為TOYOKA部落的名稱也改為「豐丘」。

(三) 學校的願景

「健康」兒童：培養具強健體魄、健全人格、積極正向特質的豐丘兒童。

「快樂」課程：發展適性課程，讓每位學生從學習當中獲得快樂的成就感。

「成長」文化：創造熱情、勇於冒險、持續不斷進步的校園學習文化。

許學生一個未來、為孩子指引人生方向，豐丘的教育團隊齊心為發展學校願景而努力，創造豐丘國小莘莘學子具備豐富的知識與丘壑的品格。

二、布農族群的浪漫原鄉

布農族群就其文化特質而言，傳統祭儀豐富，舉凡「小米開墾祭」、「小米播種祭」、「除草祭」、「入倉祭」，以及「打耳祭」等活動，布農族人均依植物的枯榮與月亮的盈缺決定農事與狩獵行事。布農族人的「八部合音」配合祭儀發展出來相當複雜的合音唱法：1952年日本的音樂學者黑澤隆朝將布農族〈祈禱小米豐收歌〉（Pasibutbut）交寄給聯合國文教組織代表，與會學者皆驚豔，堪稱世界音樂之瑰寶（維基百科，2009）。

三、協作「推手」——豐丘計畫執行的兩位舵手

(一) 史新健校長——勇於改變的「創客」

史校長是國立臺東師專美勞組，以及臺中師院美教系畢業，是道地的布農族校長，曾任南投縣信義鄉望美村久美社區發展協會總幹

事、南投縣信義鄉久美村部落大學教育委員會副校長／分區主任、南投縣原住民族教育諮詢委員會委員、南投縣教育輔導團本土語領域召集人、南投縣救國團信義鄉團會會長、南投縣信義鄉教育會理事長／理事、南投縣立神木國小校長與南投縣立久美國小校長，在本研究進行期間擔任南投縣立豐丘國小的校長。

史校長是一位熱情參與、體驗學習、創造機會與勇於改變，透過身體實踐的「教育夢想家」，稱他為「沙里動」部落學習學校「總舵」，應是當之無愧。面對「生態」的守護人——史校長正帶領全校師生及社區耆老夥伴們，邁向面對山、環抱山，以及回歸山的「布農」學習學校之旅。

1. 面對山——尊重與倫理

布農族認為「土地」是族人賴以生存，是一切生命與生活的來源。因此布農族與土地有著非常深厚的依存，不可分割的情感，並對土地有著外人所無法理解的尊敬與感謝。布農族與土地的關係，最具體的表現是布農族是依存在「山林」中。布農族靠著土地所提供的農作物、野生食物、山泉與野生動物而生存。布農族人時時謙卑的享受大地的富饒，布農族沒有征服大自然的傲氣，布農族輕易攀登臺灣各大高山，布農族絕對不會說「我終於征服了高山」，他們的心中永遠只是充滿激情的感謝與感動。

透過校本彈性課程的規劃，讓學生了解自己與土地環境的連結，並進一步學習尊重自己、尊重他人、尊重環境與尊重生命等基本的生活態度，進而恢復土地，以及人際間基本的倫理秩序，此正是豐丘國小「面對山」的尊重與倫理表現。

2. 環抱山——合作與感恩

布農族是狩獵的民族，狩獵須靠團結合作的圍捕，才能獲取更多的獵物。常常喜歡獨行與自私自利的獵人，終必會被部落族人所唾棄。狩獵實際上是高度危險的工作與活動，稍有不慎，常有受傷或嚴重的意外發生，但如群體出獵，團結合作，不只提升獵物捕獲效率，同時亦因相互照應與協助，會將意外與不幸事件降低至最低程度。

布農族配合一年當中不同的小米農事及狩獵季節，每個月都有不同的祭儀，例如：1月的新年祭儀，2月的開墾祭儀，3月的拋石祭儀，4月的播種祭儀，5月的甘藷祭儀，6月的播種終了祭儀，7月的封鋤祭儀，8月的除草祭儀，9月的驅鳥祭儀，10月的小米收穫祭儀，11月的嚐新祭儀，以及12月的小米進倉祭儀。這些隆重的祭儀，不斷提醒族人，心中充滿對「土地」的感謝，同時對賜與土地、使土地富饒的天神，表達感恩。

3. 回歸山——榮譽與實踐

布農族的獵人，會因自己為部落族人造福盡力而感光榮。部落族人、耆老亦會以慶功宴，提升有貢獻獵人在族人與部落的地位。高度榮譽感的獵人，隨時都裝備好自己，為下次更成功的狩獵做最好的出擊準備。

豐丘國民小學未來所培育的人才，並不著重個人突出與特別的價值表現，而是希望帶來一種布農——尊重生命價值的人格素養教育與傳承，成為臺灣布農族——玉山生態的守護人，讓學生再一次認識自己在地文化身分價值的可貴。

(二) 女烏莉教導主任（Tabanual Takihunanz Ooly）

本研究團隊於民國106年執行科技部偏鄉「書院」美學研究計畫而邂逅，至今難忘的才女——因為看見了原住民偏鄉教育文化差異的問題，以及文化、經濟、政治和社會階層上的失落現狀，無法假裝自己沒有看見，而選擇了投身參與與探索實踐的這一條路。

「女烏莉」教導主任是豐丘國小與本研究計畫的窗口，對一個35歲才回到部落，人生地並非很熟悉的豐丘老師，孤獨陌生與疏離感不言而喻。如果她是個刻意「失憶」的人，如果她是位防衛「逃離」的人，「女烏莉」就不會回到部落，可惜從小被認為「天經地義」已內化的事實，卻在念碩士班時，也在回到部落任教後產生「身分」認同的危機，於是回鄉展開了「尋根」之路。

誠如女烏莉主任所言：回鄉之路卻是鄉愁的開始（乎南女烏莉，

2015）。「八部合音」一首鄉音喚醒她沉睡的意識，但消失的歷史、殘破的認同，一旦美夢初醒「重現沙里動」、「營造紫色馨香」等的各種計畫，布農族人真的能意識到未來社區的危機？少數不「失憶」的族人能力挽狂瀾？我們研究團隊這兩年的研究介入要如何定位才能發揮極致的功能？如果不再給魚吃，那「釣魚」的力道，須在哪裡著力呢？跟著女烏莉感喟學生學習動機低落與文化傳承的斷層，研究團隊夥伴也倍覺這個研究計畫的使命重責。

1. 身分認同與族群正義

女烏莉主任在這兩年來的相處了解，似乎對這種所謂「文化」霸權的宰制似是而非的「共識」——在主流文化下的次文化群體，是必須要附屬於這個主宰的主流文化，以便在當中求生存；在教育的場域裡，主流文化透過這種無聲無息的教化歷程，掌控文化教育制度的意識形態，其實也顯見她的無奈。

這個研究誠如女烏莉主任所說：或許可以暫時的在體制外，先建立一個能夠與主流文化共存並行的教育方式，重新建立布農族群文化學習的環境。我們做了教育部訂的學習指標，與豐丘國小「布農學習部落」與「面山學習部落」校本學習指標的整理與分析，其目的也在打破主流教育以便族人可以完全的掌控學習，尋回布農「勇士」的真面貌。

2. 多元文化視野與教育重建

女烏莉主任稱生長在臺灣中央山脈的「布農族」，如同瀕臨絕種的大自然稀有動物，用於自然，死於自然，如此天真爛漫，不知不覺的就被主流文化價值系統所稀釋與淘汰。布農族的天性是什麼，布農族的專長是什麼，布農族人到底適合做什麼，布農族的孩子未來長遠能夠發展的定位在哪裡？假如我們已經是用一副有色的眼睛去看待這樣的一個群體，那麼視窗外所呈現的畫面，一定不會是最真實的狀態。同樣的，若是我們早就已經定義原住民為弱勢、是需要補救的，那麼我們在教育制度上就會忽略其未來發展的可能性，陷入愈補救就愈感到無力的窘境。

當我們無法把眼光放高與放遠一點，我們會看不到臺灣自然環境的複雜、層次以及奧妙，那不是只能用「休閒觀光經濟發展」這幾個字可以簡單含括的。若是我們以一個更特別的眼光去看待臺灣原住民存在的價值，或許我們可以將這群不到全臺灣人口總數3%的這一小族群，定義為能夠守護家園，守護山區，守護大自然，守護臺灣，守護整個地球小小一塊角落的生態守護者，或許就能夠給予布農族，或是原住民一個全新的定位與使命（乎南女鳥莉，2015）。臺灣原住民的教育政策發展，邁入了多元文化教育的重要階段。豐丘幕後這雙推動「布農」教育之手，正穩健而紮實的從「解構」中「建構」屬於自己部落的教育學習與生活態度。

第三節　「慢」與「美」的課程與教學內涵

一、a/r/tography課程美學三位「藝」體的跨界學習

a/r/tography主要係加拿大英屬哥倫比亞大學（UBC）教育學院Rita Irwin，以及其同事de Cossen教授和研究生們，自1994年以來發展的研究方法論，以a/r/tography成為一種方法論開始與藝術家、研究者與教師在實踐工作中合作與持續探究。在a/r/tography中，研究者和參與者是協作的社群夥伴，a/r/tography的「藝術家」、「研究者」與「教師」三位「藝」體，提供融合認知、實踐與創作方法論一個嶄新的視野。

這種解構性的「跨界學習」，讓我們重新思考「教育」與「學習」的本質，要將教師培育成為像專家一般的教師？還是轉移到養成探究能力的教師，以及不斷永續學習的「學習」專家？若要擺脫Gough（2002）指稱「鐘聲模式課程」（clockwork curriculum）所導致日益貧乏的課程與教學，內在心靈經驗的探索與感知覺察後的行動力，提供教師增能的學習，以及轉化的空間，正是我們要思考的關鍵議題。

(一) a/r/tography即身體／美學

透過身體審美對象產生統一（unity），特別是歌劇和舞劇，同時顯現不同的感官覺知。身體總是建立了相同、相互感覺轉移的系統。嘉年華（carnival）是通過聚集多人對話的方式探討知識真理，這種態度與強迫人們承認真理的官方獨白式話語迥異，它代表一種解放與創造性的自由。眾聲喧嘩（heteroglossia）用來描述嘉年華的基本特徵，即社會語言的多樣與多元的現象。眾聲喧嘩存在於社會交流、價值交換和傳播的過程中，凝聚於個別言談的生動活潑、千姿百態的音調與語氣。因此，這和傳統教育現場只有一種獨白的呈現迥然不同。

(二) a/r/tography即生活／美學

a/r/tography是一個混合的、實踐性的研究形式。當決定從事a/r/tography時，意即進入邊界，在多元身分中重新思考、重新生活與重新創作，渴望在知覺及統整中獲得美感經驗。或許教育工作者內在a/r/tography的渴望，是傳統的師培教育中缺乏的生活探究，渴望尋求意義、自我創作與自我表達等，在我們成長的過程中，追求共同性也渴望差異。在模糊與確定、混亂與秩序、新奇與熟悉之間，解構固定學科知識的框架，進入持續變動與多元的學習空間，同時也學會承認和尊重他人的他性（other's otherness），在一個「相互主體性」（intersubjectivity）下追求更大的張力。

(三) a/r/tography即環境／美學

環境美學是一種融入環境的美感體驗過程，它帶領我們反思人與環境的關係，反省自己對待環境的態度與行為，改變利用及操控環境的功利思維，建立正確的環境倫理價值（高珮瑤，2012）。除了有形的環境之外，a/r/tography環境美學更重視三位「藝」體的「協作」——教師是如何藉由藝術課程，努力建立豐富的智能連結，而其中最令我們關注的是a/r/tography在建立豐富智能連結中所扮演的重

要角色：a/r/tography被視爲一種研究探究（inquiry）的形式、一種教育策略，以及一種創造活動。對於教師而言，要學習如何同時以研究者與藝術家身分進行探索，不僅是全新概念，更充滿著挑戰。如此一來，便須再進一步強化教師們再度思索本身在教育實務與藝術方面的增能，進而更能提供學生機會，以探索及體驗類似的經驗（Irwin, 2012）。a/r/tography顯見此種特質的實踐，這也彌補了原鄉某些專業藝能師資不足的問題。

二、願景與國教課綱連結的實驗

豐丘國小爲了實踐部落文化（校本課程）與教育部國民基本教育課程綱要的實踐連結，兩位學校的「掌門人」和學校教師、部落耆老們初步規劃在「課程目標」理念與「核心素養」能力的融入與整合，如表5-1所示：

表5-1　教育願景融入課綱與美學的實踐

教育願景	國民教育課程綱要
1. 面對山——尊重倫理（環境美學） 培養兒童講求【尊重多元文化】、【具備部落意識】、【關懷自然生命】、【遵守生活倫理】的價值基礎，讓失根的布農族下一代能夠成為延續過去，與接續未來的布農世界公民。	1. 符合課程目標理念 涵育公民責任，厚植民主素養、法治觀念、人權理念、道德勇氣、社區／部落意識、國家認同與國際理解，並學會自我負責。進而尊重多元文化與族群差異，追求社會正義；並深化地球公民愛護自然、珍愛生命、惜取資源的關懷心與行動力，積極致力生態永續與文化發展等生生不息的共好理想。
	2. 培育核心素養能力
	強調學習者在彼此緊密連結的地球村中，需要學習處理社會的多元性，以參與行動和他人建立適切的合作模式與人際關係。每個人都需要培養與他人或群體互動的素養，以提升人類整體的生活品質。

（續）

教育願景	國民教育課程綱要
2. 環抱山──合作分享（生活美學） 培養兒童具備【熱愛學習】、【溝通協調】、【團隊合作】、【無私分享】的品格特質，營造互助友善的學習氛圍，轉化自己的信念，進而和他人、環境、自然保持健康與和諧的關係。	1. 符合課程目標理念 啟迪學習的動機，培養好奇心、探索力、思考力、判斷力與行動力，願意以積極的態度、持續的動力進行探索與學習；從而體驗學習的喜悅，進而激發更多生命的潛能，達到健康而均衡的全人開展。 2. 培育核心素養能力 強調學習者應能善用各種工具，有效與他人及環境互動。這些工具包括物質和社會文化的工具，前者如人造物（教具、學習工具、文具、玩具、載具等）、科技與資訊等；後者如語言（口語、手語）、文字及數學符號等。工具不是被動的媒介，而是人我與環境間正向互動的管道。
3. 回歸山──榮譽與實踐（身體美學） 培養兒童學習高山獨特之【環境美感】、【生命美感】、【創作美感】與【聲音美感】等實踐美學，讓孩子透過接觸到在地文化生態文化的素材，進而了解自身文化各面向的美感素養，能夠自給自足的在自己土地上，活出美好和榮譽的新生活樣貌。	1. 符合課程目標理念 培養學童日常生活密切連接而相關的基本知能，在生活中能融會各領域所學，統整運用的解決問題；並能適切溝通與表達，重視人際包容、團隊合作、社會互動，以適應社會生活；進而勇於創新，展現科技應用與身體美學的素養。 2. 培育核心素養能力 促進生涯發展，導引適性發展，學會如何學習，陶冶終身學習的意願與能力，激發持續學習、創新進取的活力，奠定專業技術與「尊嚴勞動」的觀念，淬鍊出面對生涯挑戰，與國際競合的勇氣與知能。

三、文化回應教學──課程美學人文與自然的對話

　　以核心素養「自發」、「互動」與「共好」為根基，採跨領域的方式設計一到六年級混齡教學為主的「布農生態文化」彈性本位課

程，期許學生達到「面對山——尊重與倫理」（環境美學）、「環抱山——合作與分享」（生活美學），以及「回歸山——榮譽與實踐」（身體美學）的學校教育願景。

學校SWOT分析結果顯示：學校內部皆面臨學生學習動機低落的弱勢，深感學生學習特質和主流文化之間的扞格（2016.11.04訪談分析）。豐丘國小的「面山學習部落」和「布農學習部落」，這兩個行動方案，不僅掌握了布農族生命探索的開展，也重拾布農族原有難能可貴的「山林體驗」；同時也結合了本研究「人文與自然」的對話與實踐精神。

第四節　布農學習村落的敘說行動

本研究蒐集有關布農族部落文化文獻與文件、閱讀分析文化回應教學，以及課程美學等資料，作為本研究論述基礎。Altheide等人（1994）認為「文件」分析法是一種重視概念發展、尋求連結與確認並恢復文件間的關係、意義與重要性的方法。

其次，訪談是指有目的的會談，研究者藉由面對面會談的過程，了解受訪者對某項事物的感受、思考和意圖，進而了解受訪者內心的感受，以及對事件的建構（Patton, 1990; Marshall & Rossman, 1995）。Miller與Crabtree（1992）將訪談過程視為一種「對話」之旅，希望在基於平等的立場，與積極互動的對話過程中，藉由訪問者與受訪者彼此的語言與非語言溝通及情感交流，完成共同建構現象及行動的意義與目的。本研究包括正式、非正式訪談與個別敘述訪談與期初、期中與期末的訪談及分析，基於篇幅的關係，本文僅摘錄學年三階段的訪談，藉以了解本研究精華之部分梗概。

一、期初訪談（2018.11.05）

(一) 說明

研究主要是發展協作學校——豐丘國小布農學習村落，以及面山學習村落的校本課程方案，結合豐丘國小書院學力指標（第一年研究），以達下列研究目的：(1)探討部落文化與校本課程建構之關係；(2)分析原住民教師課程美學a/r/tography三位「藝」體（藝術家、研究者、教師）的角色實踐；(3)探討豐丘校本課程，以及教師回應部落文化的教學模式。

(二) 訪談題綱的主要概念

依據研究目的編擬訪談題綱，透過焦點座談和深度訪談的方式，與協作學校共同建構落實「布農」與「面山」學習村落的行動方案，說明如下：

1. 「身體美學」：指的是透過身體審美對象產生了統一（unity），特別是戲劇和舞劇的肢體動作，同時顯現不同的感官覺知。

2. 「生活／存在美學」：包括個人生活美學品味、生活的意義和價值、生命的改變和成長。

3. 「環境美學」：包括社區的生活美學（包含家庭、社區及生態環境）、美善的道德精神、社區組織的認識與社區再造。

4. 以部落文化為基礎的學習村落包含：

(1) 「布農學習村落」：展現部落族人傳統與天賦才華，包括：雕刻、編織，以及八部合音的「音樂坊」和「手作坊」。

(2) 「面山學習村落」：因應地理環境及社區資源的特色，包括：勇於冒險探索山林的民族性（自然探索），以及獨樹風格的文化刺激（人文生態），包括「獵人坊」（探索與射箭）和生態坊（人文與自然），展現部落「原有」傳統技藝的「本位」特色。

(三) 期初訪談題綱

方法	目的	實施期程	訪談對象	訪談題綱
焦點座談	探討布農族文化特色與教育的關係，以及布農族文化對學習村落課程在生活、身體及環境美學等的實踐方向	研究初期	1. 行政人員2人 2. 教師2人（布農學習村落和面山學習村落各1人） 3. 家長2人 4. 駐校藝術家2人 5. 學者2人（共10人）	1. 布農學習村落（音樂坊和手作坊）的內涵（八部合音、雕刻、編織）如何展現身體美學、生活／存在美學與環境美學？ 2. 面山學習村落（獵人坊和生態坊）的內涵（自然探索和人文生態）如何展現身體美學、生活／存在美學與環境美學？ 3. 協作學校可以成立哪些跨校社群夥伴，以永續學習？
	建構實踐學習村落方案的具體行動			1. 如何在協作學校現有的課程架構上，融入學習村落的課程設計？ 2. 協作學校教師如何依據興趣和專業，成立教師專業社群？ 3. 協作學校教師專業社群，如何進行課程設計和教學的分工？ 4. 協作學校如何打破學生的年級限制，進行學習村落的興趣／能力分組？ 5. 協作學校如何建立以布農與面山學習村落為單位的學生TA制度？ 6. 駐校藝術家如何參與和協助學習村落的課程設計和教學實施？

二、期中訪談（2019.04.03）

(一) 說明

研究主要是發展協作學校——豐丘國小布農學習部落及面山學習部落的校本課程方案，結合豐丘國小學力指標，以達下列研究目的：(1)探討部落文化與校本課程建構之關係；(2)分析原住民教師課程美學a/r/tography三位「藝」體（藝術家、研究者、教師）的角色實踐；(3)探討豐丘校本課程，以及教師回應部落文化的教學模式。

(二) 訪談題綱的主要概念

依據研究目的編擬訪談題綱，透過焦點座談和深度訪談的方式，與協作學校共同建構落實「布農」與「面山」學習部落的行動方案。

1.「身體美學」：指的是透過身體審美對象產生了統一（unity），特別是戲劇和舞劇的肢體動作，同時顯現不同的感官覺知。

2.「生活／存在美學」：包括個人生活美學品味、生活的意義和價值、生命的改變和成長。

3.「環境美學」：包括社區的生活美學（包含家庭、社區及生態環境）、美善的道德精神、社區組織的認識與社區再造。

(三) 期中訪談題綱

方法	目的	實施期程	訪談對象	訪談題綱
深度訪談	分析教師課程美學a/r/tography三位「藝」體	研究中期	1. 教師2人 2. 行政人員2人 3. 駐校藝術家、家長	1. 教師在實踐布農學習部落課程設計和教學過程，如何實踐A.R.T三種人的生活美學角色？如何對應總綱核心素養，轉化為校本課程目標？

（續）

方法	目的	實施期程	訪談對象	訪談題綱
	的角色實踐		或耆老等與校本課程發展有關執行人員4人（共8人）	2. 教師在實踐布農學習部落課程設計和教學過程，如何實踐A.R.T三種人的身體美學角色？如何對應總綱之核心素養，轉化為校本課程目標，並落實在課程設計與教學過程？ 3. 教師在實踐布農學習部落課程設計和教學過程，如何實踐環境美學角色？如何對應總綱之核心素養，轉化為校本課程目標，並落實在課程設計與教學過程？ 4. 教師在實踐面山學習部落課程設計和教學過程，如何實踐生活美學角色？如何對應總綱之核心素養，轉化為校本課程目標，並落實在課程設計與教學過程？ 5. 教師在實踐面山學習部落課程設計和教學過程，如何實踐身體美學角色？如何對應總綱之核心素養，轉化為校本課程目標？ 6. 教師在實踐面山學習部落課程設計和教學過程，如何實踐環境美學角色？如何對應總綱之核心素養，轉化為校本課程目標，並落實在課程設計與教學過程？ 7. 校本課程社群（校內外）如何永續發展布農學習部落之校本課程特色？

三、期末訪談（2019.06.17）

(一) 說明

研究主要是發展協作學校——豐丘國小布農學習部落及面山學習部落的校本課程方案，結合豐丘國小書院學力指標，以達下列研究目的：(1)探討部落文化與校本課程建構之關係；(2)分析原住民教師課程美學a/r/tography三位「藝」體（藝術家、研究者、教師）的角色實踐；(3)探討豐丘校本課程，以及教師回應部落文化的教學模式。

(二) 訪談題綱的主要概念

依據研究目的編擬訪談題綱，透過焦點座談和深度訪談的方式，與協作學校共同建構落實「布農」與「面山」學習部落的行動方案。

1. 「身體美學」：指的是透過身體審美對象產生了統一（unity），特別是戲劇和舞劇的肢體動作，同時顯現不同的感官覺知。

2. 「生活／存在美學」：包括個人生活美學品味、生活的意義和價值、生命的改變和成長。

3. 「環境美學」：包括社區的生活美學（包含家庭、社區及生態環境）、美善的道德精神、社區組織的認識與社區再造。

(三) 期末訪談題綱

方法	目的	實施期程	訪談對象	訪談題綱
焦點座談	1. 部落文化回應教學之校本課程建構 2. 部落文化回應教學歷程	研究後期	1. 教師2人 2. 行政人員2人 3. 駐校藝術家、家長或耆老2人 （共6人）	1. 部落文化與校本課程發展互為主體的關係，其轉變歷程為何？ 2. 原住民教師展現課程美學a/r/tography三位「藝」體（藝術家、研

（續）

方法	目的	實施期程	訪談對象	訪談題綱
				究者、教師）的角色，其實踐歷程為何？ 3. 學習部落之校本課程的建構歷程為何？ 4. 學習部落之教師文化回應的教學歷程為何？

四、研究結果分析

本研究分析計畫前、中、後期兩年的文獻蒐集，與正式和非正式深度訪談資料，探討部落文化與校本課程建構之關係、了解原住民教師課程美學a/r/tography三位「藝」體的角色實踐，藉以建構豐丘校本課程和教師文化回應的教學模式。

(一) 部落文化與校本課程建構之關係

部落文化與校本課程之建構包含：布農族文化特色與校本課程互為主體，以及布農族文化對豐丘國小學生，在生活、身體及環境美學實踐的影響。

1. 布農族文化特色與校本課程互為主體的關係

(1) 以文化為基礎的校本課程建構，包含：内涵軸、方法軸，還有表現軸，以文化為基礎的校本課程建構也是師／生共構的歷程，其價值面包含環境永續、文化永續和經濟永續。

(2) 豐丘國小以「沙里動部落學習學校」為名，發展以文化為基底的校本課程，包含「布農學習部落」和「面山學習部落」：

．豐丘國小以「面對山」、「環抱山」、「回歸山」為主軸。面對山：尊重多元文化、具備部落意識、關懷自然生命、遵守生活倫理；環繞山：熱愛學習、溝通協調、團隊合作、無私分享；回歸山：

恢復布農族勇士的榮譽、成為布農公民、玉山下的布農族、生態守護者。

‧「布農學習部落」已實施音樂坊和族語，以及部分的手作（串珠），未來將結合音樂坊和族語學習，發展劇本，展現布農族文化歌舞劇的演出。

‧面山學習部落的課程重點是「射箭」和「文化閱讀—生命故事與獵人探索」，以及未來暑假要實施的「假日樂學—山林探索」。

(3) 以部落文化為主體的校本課程發展，結合a/r/tography三位「藝」體的對話與轉化，帶動家長參與校本課程發展，也帶動社區參與部落文化活動、促進代間的文化傳承，同時促進部落之間的文化傳承與交流，並開啟部落文化的推廣：

‧透過實踐藝術家／研究者／教師三位「藝」體的對話與轉化，才能將文化課程在教學現場進行整合，展現整體的美感。

‧文化課程不只是學校課程，也是社區的文化教育，因為藝術家／研究者／教師三位「藝」體的教育行動，也激發參與者對文化傳承和校本課程的再概念化。

‧以部落文化為主體的校本課程發展，藉由整合各方資源，不只帶動家長參與校本課程發展，也帶動社區參與部落文化活動、促進代間的文化傳承，以及促進部落之間的文化傳承與交流，同時展開部落文化的發揚與推廣。

(4) 部落文化回應教學的實踐，師生感受到文化的價值和生命力，進而將部落文化的價值與生命力，揉合成校本課程永續發展的能量與內涵：

從部落文化回應教學的實踐過程，教師團隊感受到文化的價值和生命力，尤其是透過採集部落耆老的生命故事，讓教師思考部落文化回應教學，不只是原住民文化技藝層面，而是生命與文化價值的反思和傳承。此外，部落文化回應教學的校本課程發展與實踐，在蒐集耆老生命故事的同時，也連結了族人在布農族文化中的生命經驗，帶動了社區人士的共同參與，奉獻個人在文化溯源、探究成果，以及各項

的資源。

(5)部落文化回應教學的校本課程發展,是部落文化在教育場域與課程共舞的再創過程,建立布農族文化的認同和自信課程發展,這是一連串解構與建構的歷程,需要在課程發展的行動中,從立根、尋根、立基,到現代社會教育跟文化的再概念化,讓布農族文化的學習和素養能與國內外接軌:

文化技藝的教學以及文化故事的探索,需要真實的回歸山林、在生活中運用布農族文化的智慧、動植物生態的了解,同時深刻地感受到保護山林動物在生態和文化中的意義與位置,而不只是餐桌上的味道。因此,將布農族的山林生活賦予現代的科學教育意義,培養學生自然科學探索的能力;以部落文化回應教學結合科學探索和生態保護的意義;在真實的社區生活互動中發現並實踐布農族的倫理,進行深度的社會探究,皆可與教育部課程大綱指標、甚至是國際核心素養的指標相結合。

2. 布農族文化對豐丘學生生活、身體及環境美學實踐的影響

(1)布農學習村落中,文化的探索、學習與認同,不只表現在身體美學也展現了生活美學:

布農學習部落以音樂坊(融合族語)和手作坊為主軸,也結合身體美學帶出生活美學。從音樂舞蹈文化的探索、學習與認同,不只是身體技藝和身體美學也是生存美學,因為布農學習村落的音樂坊融合了身體美學、生活 / 存在美學與環境美學的綜合展現,以身體感受在大自然中融合生活與環境共存共榮的感動。

(2)面山學習村落中,生活美學和環境美學是一體的展現,對生命歷程的探索和重構,展現原住民生命活力,再現布農精神的生活方式:

參與研究的校外藝術家認為,山林探索對學生而言,最大的挑戰是生活中的再現,例如:在言談過程,獵人變成是口頭說說的一個名詞,卻缺少親身體驗,現在獵人需要具備哪些條件,生活上面如何具備所有的東西等。在面山學習村落中,對山林文化的探索,不只是身

體美學也是生活美學和環境美學的融合。因此面山學習村落是原住民本身對文化的覺醒，以及對自身文化的認同和傳承，是對生命歷程的探索和重構，重新親近山林土地，展現原住民生命活力和生活方式，同時也是生活美學和環境美學融為一體的展現。

(二) 原住民教師課程美學a/r/tography三位「藝」體的角色實踐

1. 豐丘國小教師a/r/tography即生活美學的實踐角色

(1) 教師不一定是藝術家，但與藝術家對話，能將文化的美感融入教學；藝術家不一定是教師，但藝術家與教師對話，能透過教育傳承文化之美；藝術家之間的對話，能結合不同的藝術媒介，傳承文化中的生活美學。

(2) 回歸山林的重點是重新將生活與山林相結合，提升心理素質與山林親近；在文化的體驗中提升個人生活美學品味、生活的意義和價值、生命的改變和成長。

2. 豐丘國小教師a/r/tography即身體美學的實踐角色

(1) 在實踐布農學習村落課程設計和教學過程，藝術家／研究者／教師三位「藝」體透過對話，聚焦身體美學角色的實踐方式；藝術家省思自身的文化學習的過程，結合學生的學習特質，在教學過程引導學生展現「身體美學」——透過身體審美對象產生了統一（unity），特別是戲劇和舞劇的肢體動作，同時表現不同的感官知覺。

(2) 教師在實踐面山學習村落課程設計和教學過程，藉由藝術家／研究者／教師的專業對話，將山林探索的教育元素，轉化為身體美學的實踐，將射箭的肢體動作，結合成為感官覺知與動作力與美的表現。

3. 豐丘國小教師a/r/tography的身分轉換即環境美學的實踐角色

(1) 藝術家／研究者／教師透過跨領域的對話和整合，以布農學習部落的音樂坊，結合語言、音樂和舞蹈的劇本創作和演出，傳遞面對山、環抱山、回歸山的價值。

(2) 在實踐面山學習村落課程設計和教學過程，實踐藝術家／研

究者／教師的環境美學角色──引導部落的孩子自由自在的回歸山林，重新理解過去祖先的智慧、山林的智慧，包括與環境之間的和諧、生態環境的永續，以及美善的道德精神。

4. 原住民教師展現課程美學a/r/tography三位「藝」體（藝術家、研究者、教師）角色的實踐，是跨界的合作與領域身分的重塑歷程

(1) 經由研究過程的專業對話，校長／教師能與校外藝術家合作，將原本分科化的文化技藝學習方式，轉化為部落文化的特色，結合現代的藝術表現，於教學中再創部落文化的新貌；教師將聽覺藝術融入部落文化回應教學的實踐過程，引導學生體驗身體美學和生活美學。

(2) 透過三位「藝」體的角色實踐，部落文化回應教學是對文化的再現與再創；透過藝術家和教師的創意，在學生對文化的理解與實踐中，賦予部落文化新的生命。

(3) 部落文化回應教學的實踐歷程，展現了三位「藝」體（藝術家、研究者、教師）跨界合作與領域身分的重塑，不僅實踐了生活美學／身體美學／環境美學，也創造在不同身分之間in-between的論述空間。

(三) 協作國小校本課程以及教師文化回應的教學模式

1. 布農族文化與豐丘國小校本課程形構之鏈結

(1) 在現有的課程架構上融入學習村落的課程設計：

協作學校初期是發展以布農族文化與生態為主軸的課程架構，提升學生文化認同和社會適應。文化不僅是傳承，還要創新結合演唱、歌舞和擊鼓展現新布農族文化。在經過統整、發展之後，考量學校師資的配合程度，以及校外文化藝術家的人力資源，於現有的課程架構上融入學習村落的課程設計。

(2) 學校教師依興趣和專業成立教師專業社群，進行課程設計和教學分工協作：

　　因學校教師原住民的比例偏低，即使爲原住民教師，也大多是從小就在外面長大，對於本身文化並不是太了解，教師需要與學生在布農族文化氛圍洗禮下，一起成長與學習。

　　教師需要改變自身爲教學者的角色，轉變爲文化的學習者，透過社團活動引入外部的文化課程專家，激勵教師學習配合目前實施的課程，未來可以納入八部合音、雕刻和布農族傳統美食，面山學習村落可以納入射箭和探索教育

　　(3)學校打破學生的年級限制，進行學習村落的興趣／能力分組，並建立以布農與面山學習村落爲單位的學生TA（教學助理）制度：

　　文化探索課程基本上是依照能力進行教學，年齡並不是最重要的考量，可以運用同儕學習，讓學生在特色課程中擔任TA的角色。

　　(4)駐校藝術家參與，並協助學習村落的課程設計和教學實施：

　　在初期階段可結合補救教學之後的社團活動時間，校外專家和學校教師的協同教學，可以讓教師從固定的教學者轉變爲觀摩者、學習者，進而改變其過往的教學方式。

　　(5)學校成立跨校社群，合力培養「在地達人」，藉以永續發展布農學習村落校本課程的特色：

　　學校初期爲了永續發展部落文化回應教學的校本課程，可以和在地的傳統文化推廣社群合作，與進行特色發展的學校進行交流學習。

　　到了研究中期，要永續發展布農學習村落之校本課程特色，不僅需要結合社區和社會資源，更需要培養「在地」達人。

　　校本課程的永續發展需要培養在地師資，從實踐中創造校本課程「達人」。校本課程「達人」是實踐藝術家／研究者／教師三位「藝」體之創客／創課身分，富有主動性，並能轉化爲教學實踐。

　　2. 豐丘國小校本課程建構與實踐歷程

　　(1)豐丘國小「部落文化回應教學之校本課程發展歷程」可分爲探索—聚焦—發展與統整期，亦即轉化／再概念化與永續創新

105

的發展期：

‧在課程發展的探索期，原／漢教師在半知半解的情況下，觀察社區並納入部落文化的元素。

‧在文化回應教學的校本課程發展過程，聚焦於布農學習部落的族語和音樂、舞蹈，以及面山學習部落的射箭和文化地圖探索，逐漸獲得地區耆老的認同和支持，加入不同的資源，包含：珍貴的布農尋根史料，以及耆老生命故事的口述與分享。

‧統整期逐步發展以獵人為主軸的生活體驗式課程，並進一步連結其他公部門的經費補助，展現面山學習部落的學習成果。

(2) 發展與統整期過渡到轉化／再概念化期，藉由a/r/tography三位「藝」體的角色實踐和專業對話，形塑出對「獵人」再概念化的議題，放入校本課程發展，重新建構「獵人」在布農族的文化，以及其教育意義：

經由研究過程的專業對話，校長／教師能與校外藝術家合作，將原本分科化的文化技藝學習方式，轉化為部落文化的特色，結合現代的藝術表現，於教學中再創部落文化的新貌。

從初期先發展單點的文化技藝課程，例如：歌舞／母語／射箭，藉由a/r/tography三位「藝」體的角色實踐和專業對話，顯示部落文化回應教學的校本課程應是文化的整體表現，包括內涵與價值，而非學科式的學習，所以下學期便從單點式的文化技藝課程，逐漸整合成文化戲劇的統整課程，規劃以「獵人」為主軸，進行各年段之統整課程設計。

在發展部落文化回應教學的初期，教師較著重於「教什麼」和「如何教」，但經實踐與專業對話之後，教師和校外藝術家逐漸轉變為如何提供情境，讓孩子在生活中自然的學習和應用學到的能力。學生始終是學習的主體，在文化回應教學的模式中，更要依據學生的學習特性和文化敏覺度設計教學與活動。

(3) 未來創新與永續發展期朝向部落文化回應教學的校本課程，以小學為中心結合社區開創布農社區大學，接軌國際能力：

　　‧從單點式的文化技藝課程到統整式的課程設計，最後進行一個 space maker——創客式的全文化情境學習部落。

　　‧部落文化回應教學的校本課程發展過程是從立根、尋根和立基，到現代社會教育跟文化的再概念化，對部落文化的再定位、再出發，以及不斷創新版本。

　　‧在部落文化回應教學的校本課程發展過程，於轉化的階段遇到部落文化和主流文化價值的議題，須經過理性批判與對話的過程，賦予其新的教育意義與對部落文化的重新定位、實踐、創造，是一連串不斷創新版本的建構歷程。

第五節　面對山、環抱山與回歸山的文化實踐

一、結論

(一) 部落文化與校本課程形成「互聯網絡」

　　SWOT分析發現學生學習低落，少子化的威脅嚴重，家長以務農居多，不太清楚學校教育。但對布農族文化具認同感，希望學校教育兼具文化傳承的功能，讓「學校」與「社區」結合的總體營造逐漸開展。但部落文化若要與校本課程互聯網絡，須有個強而有力的領導人和協作團隊，才能整體點、線、面與體的串聯發展。

　　布農族文化與校本課程的關係：沙里動（SALIUNG-BUNUN）布農族公民的元素，呈現了「面對山」——尊重與倫理、「環抱山」——合作與感恩，以及「回歸山」——榮譽與實踐。

　　1. 面對山——尊重與倫理——環境美學的實踐

　　豐丘國小「依存」而非「征服」高山，面對土地充滿尊敬、感謝與感動的情懷；這種對「環境」的關懷與尊重，讓失根的布農族下一代能夠傳承先祖典範，成為一位參與行動，與他人建立合宜合作模式與良好的人際互動，提升生活品質，深具公民意識與素養的「世界公民」。

107

2. 環抱山——合作與感恩——生活美學的實踐

因著社會及環境的劇烈變遷，原住民部落大多失落了原本互助關懷的文化，希望透過校本彈性課程的實作，讓學生學習如何團隊分工合作，為未來社區發展的團隊動力打下基礎，提供學生在地有所依靠跟連結的親密團體，同時學習如何自給自足的在自己的土地上生根發展，並賦予新的樣貌和意義。

3. 回歸山——榮譽與實踐——身體美學的實踐

豐丘國民小學未來所培育的人才，並不著重個人突出的價值表現，而是希望帶來一種布農——尊重生命價值的人格素養教育與傳承，關心家園自然環境並為著臺灣未來生態永續保存的「小達人」，讓每一位豐丘孩子，都能夠成為臺灣布農族——玉山生態的守護人，再一次認識自己在地文化身分價值的可貴。

教師以核心素養之「自發」、「互動」、「共好」為根基，採跨領域的方式設計一到六年級混齡教學為主的「布農生態文化」的校本課程，並融入文化閱讀、資訊創客、國際探索及射箭、在地繪畫和布農族文化歌舞劇等課後社團活動，藉以達成「面對山——尊重與倫理」（環境美學）、「環抱山——合作與分享」（生活美學），與「回歸山——榮譽與實踐」（身體美學）的學校教育願景。

(二) 布農族文化展現對學生課程美學實踐的影響

本研究中的布農族文化係指「面山學習部落」與「布農學習部落」；前者包含：探索與射箭課程學習的「獵人坊」，以及人文與自然課程學習的「生態坊」；後者則有：八部合音的「音樂坊」，以及編織和雕刻的「手作坊」。「課程美學」包括下列三方的意涵與實踐：

1. 實踐以高山智慧為底蘊的「身體美學」

布農族傳統的高山智慧，透過肢體動作產生「天人合一」的五感統整；山林的守護者讓孩子在地生根，發展健全的自我認同：狩獵、箭術、編織與雕刻手藝、音樂律動，朝向「身體美學」的統一而發展。

2. **實踐以尊重生命爲本的「存在美學」**

探索教育必須由原住民本身的覺醒，以及對自身文化的認同和傳承，帶著下一代透過探索重新認識與認同自己的文化，進而發展對自身文化的自信與驕傲；豐丘國小視語言爲「文化」的載體，耆老是「文化」傳承的寶貝，藉此展開部落文化與校本課程的「合體」運作。

3. **實踐以實境參與及實作爲基礎的「環境美學」**

在眞實的部落情境從做中學，感受在場的眞實體驗，以合作分工、探索在地環境，由生活中取材，培養認眞敬業的態度，感受人與環境相互依存的關係，成爲永續保護環境的教育達人。

(三) 原鄉教師課程美學三位「藝」體的角色實踐

以Aoki「間際」的概念強調超越線性，讓跨邊界的思考、創作與實踐，有更具創造力與豐富性的可能（Pinar, 2004: 21; Grumet, 2005: 111；洪詠善，2013）。

1. **教師在課程美學三位「藝」體中實踐生活美學**

豐丘的課程美學加入了部落耆老的關懷與生命故事的傳記，探索「獵人時光機」的循序漸進，會讓三代甚至四代族人連結情感生活，在文化的脈絡中感受生命的變化，提升生活的意義和價值，同時學會尊重並體驗生命的改變與傳承。

2. **教師在課程美學三位「藝」體中實踐身體美學**

「布農日」以及豐丘平日有關「面山」及「布農」學習部落的課程，透過身體審美和對象產生統一及相互感覺轉移的系統。

研究團隊也提醒豐丘國小要加入幼兒園的試驗，因爲身體美學的展現需要從小（幼兒園）提供學生展現文化天性的舞臺，讓身體美學成爲生活與學習的一部分。

3. **教師在課程美學三位「藝」體中實踐環境美學**

環境美學是一種融入環境的美感體驗過程。建立尊重自然萬物生命的環境，進而改變自己的生活方式，並採取行動，以珍惜和保護環境的完整性。

除了有形的環境之外，a/r/tography環境美學更重視三位「藝」體的協作，藝術家／研究者／教師透過跨領域的對話和整合，以布農學習部落的音樂坊，結合語言、音樂和舞蹈的劇本創作和演出，傳遞面對山、環抱山，以及回歸山的意義與價值。

(四) 建構校本課程及部落文化回應的教學模式

豐丘國小「面山學習部落」與「布農學習部落」成為校本課程的基底，在此文化脈絡下尋根－立基－認同－創課，形成與三位「藝」體的「沙里動」部落，展現校本課程與部落文化美學。

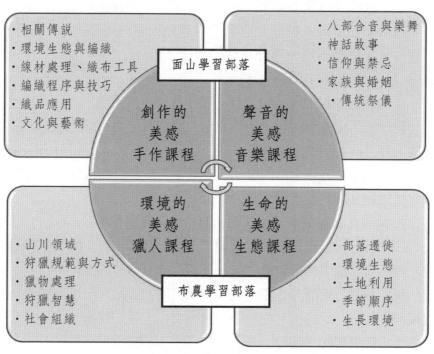

圖5-1　沙里動部落教師回應文化的校本課程

1. 部落文化與校本課程互為主體的轉變與連結

(1) 校本課程發展初期──摸著石頭過河。

(2) 校本課程發展中期──發展出「面山學習部落」和「布農學習部落」。

(3) 後期的發展──a/r/tography三位「藝」體的統整展現。

2. 部落文化回應校本課程教學的本質與策略

從摸著「石頭過河」，毫無思緒規劃可言的豐丘探索，由尋根─立基─認同─自信─創課。史校長帶領團隊夥伴利用文化圖騰（Logo）的民族宣示與展現「布農」初心，已具心動念的「部落」意識，「布農勇士」再現力與美的真義、「獵人學校」專業技術與本質的掌握，未來「布農」舞臺再現風華是可以拭目以待的。

豐丘未來課程計畫，形塑其接續的任務與生命力的展現，本研究計畫團隊，雖暫告一段落，但只要部落一聲呼喚……我們會即刻「歸隊」。

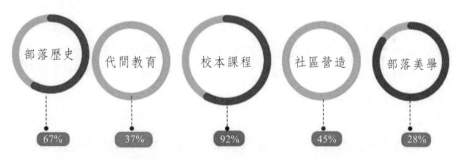

圖5-2　豐丘國小未來部落文化回應教學的「校本課程」發展

以「人」為本，「教育」扎根，創建以「文化」為產業的部落未來發展可能性。我們看見了部落a/r/tography團隊，正是掌握著這個部落成長茁壯的一把「新生命」鑰匙。

豐丘國小的團隊正以「部落生命史」─代間教育─校本課程─社區營造─部落美學─點線面體的連結，開展其風華再現的未來。

二、建議

(一) 校本課程與家庭、社區資源整合，且每年宜做成效評估

學校若能從「教師增能」、「整合資源」、「社區再造」著手，發揮學校的教育和文化力量，必能減少因家庭社經背景所帶來的階層再製現象，促使教育眞正成爲階層流動之途徑，翻轉社會不平等的現象。本研究團隊深信「學校社會資本」和「家庭社會資本」對學生的成就動機，必然是有一定的預測力。

乎南女烏莉教導主任因應本研究計畫，擬計有七項工程計畫的進行，實際上大都圍繞在「校本課程發展」（認識部落）——包括主持「科技部計畫」中「面山學習部落」（獵人坊和生態坊）與「布農學習部落」（音樂坊和手作坊），其中有關教育部和南投教育處「大專院校輔導型」計畫，當時申請的團隊夥伴除豐丘校長、主任、師生和家長等社區人士外，計畫團隊包括：亞洲大學（盧美貴講座教授、林妮燕助理教授）、台灣首府大學（科技部計畫共同主持人黃月美助理教授），以及特色學校和戶外教育專家新北市深坑國小郭雄軍校長。其他如教育行動區五校聯盟：信義國小、信義國中、新鄉國小、愛國國小和豐丘國小，均可以發揮共識與互補的集體智慧，創發信義社區總體營造的成效。

(二) 文化回應教學——學校與部落端宜更有組織更有系統的連結推動

就學校的SWOT分析，豐丘有著雄厚資財：在史校長、女烏莉主任及社區耆老、會長等夥伴群策群力下，掌握校本課程與社區總體營造應有其開花結果的一天。

從2018年10月1日的第一次訪談，經2019年4月3日第二次訪談，以及2019年6月17日的第三次訪談，本研究已逐漸清晰明瞭豐丘國小和部落族群要發展的方向，從「學習村落」到「學習部落」，由「博雅素養」及「專業技能」的發展，到「專業師資」的延攬到位，顯見

其發展有心與用心的合作藍圖：

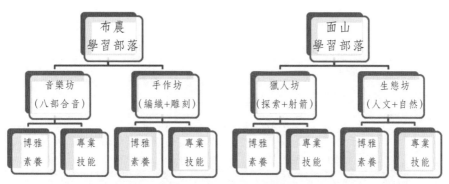

圖5-3　面山學習部落和布農學習部落的學習內涵（2018.10.01）

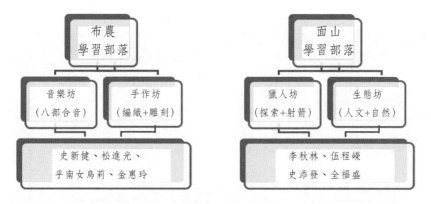

圖5-4　面山學習部落與布農學習部落的內容與師資（2019.06.17）

1.「布農學習部落」：展現部落族人傳統與天賦才華，包括：雕刻、編織，以及八部合音。

2.「面山學習部落」：因應地理環境及社區資源的特色，包括：勇於冒險探索山林的民族性（自然探索與射箭），以及獨樹風格的文化刺激（人文生態），展現部落「原有」傳統技藝的「本位」特色。

豐丘國小從107年10月到108年6月以至現在，正努力展開有關「音樂坊」、「手作坊」和「獵人坊」、「生態坊」活動，展開學校與部落人事物地的對話與總體營造工程。

　　兩個學習部落的課程由校內外人士共同擔任，其學習目標如下
（表5-2、5-3）：

表5-2　布農學習部落的學習目標

項目 ＼ 課題	布農學習部落
發展主軸（名稱）	音樂坊（八部合音+母語）、手作坊（編織+雕刻）
學習目標	1. 透過神話、歌謠與情境對話，讓學生學習整體對話。 2. 邀請部落長輩一同參與並記錄部落遷移生命故事。 3. 將布農文化意象帶入編織和雕刻製作之中。

表5-3　面山學習部落的學習目標

項目 ＼ 課題	面山學習部落
發展主軸（名稱）	獵人坊（射箭+探索）、生態坊（人文+自然）
學習目標	1. 學習在地自然生態、氣候、地形資源、布農族文化智慧。 2. 透過射箭學習專注力，並成為豐丘特色體育發展項目。 3. 連結本校每年登山活動開展行前教育規劃。

(三) 堅持持續「布農公民」面對山、環抱山與回歸山的理念與行動力

　　「布農公民」雖是豐丘國小校長、主任和教師們共同發展出來的理念，但根據研究顯示：學校教師中原住民比例偏低，15位教師中平地11位，布農族3位，以及賽德克族1位；而其中代理代課教師有4位，鐘點教師2人；學生44人中布農族則有40人。

　　在學生幾乎百分百布農族人，而教師則僅3位布農族師資，其中亦有原住民教師從小在外地長大，對本身文化並不甚了解；因此，

針對布農族群認為「土地」是族人賴以生存，是一切生命與生活的來源，布農族人總是謙卑地享受大地的禮賜；狩獵須靠族人合作，以及認清「獵人」真正的本質與角色等；至於「面對山」、「環抱山」以及「回歸山」的理念如何形塑與落實，三分之二甚至15位教師仍須經由學習組織，改變自身教學者角色轉變為「文化」學習者的角色；加入布農族的學習行伍，認清部落的本質、特色與未來的展望。

部落本身「獵人」精神的式微，獵人的角色與本質不再，漸漸失去過往的鬥志與目標感，家族的凝聚力不再……等。「身分認同」可以力挽逐漸消逝的布農文化，再展布農族群的正義。然而誠如女烏莉主任所言：主流文化透過無聲無息的教育歷程，往往掌握教育制度的意識形態。「高山智慧」與「生活能力」，如何經由「面山學習部落」與「布農學習部落」所形塑的「勇士」真面貌，以及依據第一年研究計畫所建構的「學習指標」一步一腳印循序漸進，相信從「解構」中再「建構」文化，布農族豐丘師生的學習與生活應是指日可待。

(四) 三位「藝」體（a/r/tography）互聯網式的經營校本課程

豐丘全校只有15位教師，而布農族教師只占了3位，要執行「從無到有」的「魔術課程」──部落地圖與故事、編寫校本─社區營造教材─實施部落文化回應校本等工作；任憑再加倍的布農校內師資也是不夠的，何況活化部落新結構的「大工程」，是需要校內外三位「藝」體團隊的同心協力，以及共學共生與共事。

「豐丘」國小的轉型與社區共榮發展是正確的路徑，但如何從以巨峰「葡萄」和「土石流」聞名的部落，和一個尚未進行大規模整體發展規劃的豐丘，藉由校本課程的活絡，帶動更多未來部落在地的特色與定位發展，是需要再齊心努力的。

1. 重組布農公民的品格素養──面對山、環抱山，以及回歸山的本質學習指標與評量。

2. 訂定「布農學習部落」和「面山學習部落」的年段學習指標

（低年級包含幼兒園）。

3. 將部定新課綱核心素養與能力，融入布農與面山學習課程，落實身體美學／生活／存在美學，以及環境的整體美學之中；豐丘國小的師生與部落耆老人士的「合體」經營，將成就「布農人」的新未來與新境界。

(五) 夢想「布農」校園與社區「嘉年華」的公民列車

豐丘國小這些年進駐不少的研究與活動，譬如：資訊融入教學、教育行動區的五校聯盟、校本課程發展、夏日樂學等計畫和部落數以千萬計的經費。本研究提供新北市汐止區多年來夢想社區的民眾劇場（或嘉年華）為參考對象。夢想社區文教發展基金會提出下列運作方向，或可供豐丘國小與部落連結的參考：

1. 學校教育──「夢想」社區經由藝術創作力，展現學生的自信與擴大學生被看見的「能見度」。豐丘國小可以日漸成熟的「弓箭」製作及劍術提升教學的廣度、深度與知名度。

2. 創造傳統的「創客」──「夢想」社區提出文明來自創意，傳統來自創造。豐丘經由「布農學習部落」和「面山學習部落」內容的精熟與精緻，讓師生與社區人士，人人成為「創客」。

3. 藝術公民列車──「夢想」社區提出「藝術公民列車」下鄉計畫。豐丘國小可以引進熟稔原住民部落歌舞的專家列車進駐學校和部落。

4. 社區營造與整合──a/r/tography三位「藝」體，同心協力整合學校與社區的人力與物力資源；不僅是點，更要線、面與體的總體營造。

5. 國內外互動發展觀光──在地國際化是豐丘永續經營的目標；展現布農族部落的活力以提升品質，豐丘特色要讓外界看的見，布農族的人文與自然景觀，是要透過民間旺盛生命力的連結，才有可能開花結果。

幼兒教育公平指標體系建構

CHAPTER 6

☺第一節　教育公平指標的發展背景

　　我國近10年推動重要的幼兒教育政策，包括：公私立幼兒園輔導計畫、扶持5歲幼兒教育計畫、幼托整合、5歲幼兒免學費教育計畫等，都著重在「教育公平」的發展。教育部依據「公義關懷」的施政主軸，採取整合扶弱計畫、推動助學方案、強化特殊教育、充實教育資源，以及均衡學校發展等策略，以達成「強化弱勢扶助」、「縮短城鄉差距」與「均衡資源分配」的目標，其中《扶持5歲幼兒教育計畫》（簡稱扶幼計畫）是特別針對學前教育提出的計畫（教育部，2008a，2008b）。此計畫是教育部（2003）在《十二年國教暨國教往下延伸K教育計畫》專案報告提出將5歲幼兒納入國民教育體制，以促進教育機會均等，2008年並將計畫擴大一般地區經濟弱勢家庭，亦列入政府補助的範圍。教育部97年施政績效報告指出，扶幼計畫的績效目標是提供弱勢地區，與一般地區經濟弱勢5足歲幼兒充分就學機會，保障其受教權益，其績效表現已大幅提升原住民地區公立幼兒園的普及率。但幼兒教育公平性不能僅以幼兒入園率的角度思考，更應關注教育「品質」的均等與提升，才能符合社會正義的精神。

　　近年來，運用指標了解教育公平實踐情況已受到國際間重視，如歐盟（European Union, EU）的「歐洲教育系統公平研究小組」（European Group of Research on Equity of the Educational Systems）（2005）發展教育公平指標；經濟合作暨發展組織（Organization for Economic Cooperation and Development, OECD）（2011）的「教育系統指標研究與創新中心」（Centre for Educational Research and Innovation Indicators of Education Systems）提出教育指標的系統架構，以及我國國家教育研究院委託進行「教育公平理論與指標建構之整合研究」，均期望透過教育公平指標進一步了解不同教育階段的公平性。因此，本研究的重點是探討我國幼兒教育公平的現況，並檢視

我國「扶持5歲幼兒教育計畫」是否有助於落實教育公平在「數量」與「品質」兩層面的理念。

　　幼兒時期是人類生命週期中獨特且重要的階段，也是個體終身發展的基礎。雖然教育部對於實踐幼兒教育公平做了一些努力，但幼教生態的紛亂、社會經濟的消長、家庭結構的轉變、貧富差距的加大，以及隔代教養等問題，均直接或間接影響幼兒教育的公平性。有鑒於教育公平或教育機會均等乃社會長期關注的議題，已是世界主要國家積極努力達成的教育目標與理想。因此，本研究彙集分析各方意見，依據我國幼兒教育現況與特性，建構我國幼兒教育公平指標，並以此指標作為日後衡量與檢視我國幼兒教育公平現況之工具。因此，本文關注的焦點如下：(1)探究幼兒教育公平指標的內涵；(2)建構幼兒教育公平指標的實踐體系；(3)提出可供政府擬定與規劃，調整幼兒教育施政措施之參考方向與建議。

第二節　教育公平的意涵及其重要性

一、教育公平的意涵

　　公平（equity）常與正義（justice）連結，是謂「公平正義」。Rawls（1971）闡述兩項公平正義的原則：(1)平等自由原則：主張每位公民享有平等自由的權利，不因性別、種族和信仰等差異而有所不同；(2)差異與機會公平原則：每位公民須依據差異原則，享有開展自我能力的機會。Rawls（2001）指出正義可分為分配正義（distributive justice），即是將資源進行適當的分配；懲罰正義（retributive justice），即指對惡行給予相對等的回應。

　　Williams（1967）認為教育公平是指任何人皆不因政治、經濟、社會與文化等因素之差異，而有不同的發展和參與學習的機會；Field、Kuczera與Pont（2007）認為教育公平含括公正（fairness）與包容（inclusion）兩個特性，意指確保個體與社會環境不會成為

實現教育潛能的障礙，並確保所有人都能達到最低教育的標準。可見教育公平不僅強調教育機會均等，也涉及社會正義（林火旺譯，1998）。

Coleman（1997）指出教育均等有四個面向：「入學管道的均等」指不同社會階層兒童，都有進入學校系統的可能性；「生存的均等」指不同社會階層兒童，在學校中完成不同教育程度的可能性；「產出的均等」指不同社會階層但年齡相同的兒童，在學校中學習相同事物的可能性；「結果的均等」指不同社會階層的兒童，在學校畢業後過相似生活的可能性。其中前三項與學校的運作有關，學校可能藉由各種方式對兒童進行篩選和分類，且會發生在學校系統中的每一個階段；而結果的均等則是連結到次一階段的學校和未來成人的生活。楊深坑（2008）指出各國在達成教育機會均等目標的策略中，經歷了「重視就學機會的均等與保障」、「強調適性教學」，以及「實施補償教育」三階段的演變，與Coleman教育均等四個面向的說法相似，是以入學機會的均等為最先達成的目標，再依序提供不同社會階層兒童適性發展的機會。

王如哲、魯先華、劉秀曦、林怡君、郭姿蘭（2011）指出，教育公平是指個體在受教育過程中所被分配到的教育資源（例如：權利、機會、經費等），能因其差異之背景與需求（例如：種族、性別、居住地區、社經地位等）獲得相對應的對待，俾使得以透過教育開發潛能及適性發展。因此，就理念而言即所謂的分配公平；實質面即為檢視教育環境中的不公平現象，並逐步消除受教個體在背景與需求上不公平的對待情形。

可見教育公平應符合社會正義的原則，內涵為教育機會均等，亦即教育過程中所被分配到之教育資源，能因個體背景與需求之差異獲得相對應的對待，使個體有相同的機會接受相同質量的基本教育。換言之，教育公平的意義本就在消除因性別、種族、社會地位，與區域等差異帶來的不利影響，透過教育對人的尊重和關懷，使每一個人都能得到最基本的教育機會，也讓個體的潛能得以適性發展。

二、幼兒教育公平的重要意涵與現況

　　「公平」是人類共同追求的理念，隨著兒童保護與兒童權利意識的增強，確保每位孩子都能享受到適性公平的教育，便成爲教育改革與發展的主要趨勢之一。教育能促進社會流動，也是促使社會進步的動力，透過教育活動可讓整個社會更符合公平與正義的發展。1959年《兒童權利宣言》第7條中指出：兒童有受教育的權利，至少在初等教育階段應該是免費的、義務的。1989年《兒童權利公約》第28條及第29條亦指出，實施初等教育義務化政策，使所有人都能免費接受初等教育，並讓兒童之人格、才能、精神與身體之潛能獲得最大的發展。

　　我國邁入二十一世紀後，發展幼兒教育是教育部當前的重要政策（曹翠英，2002）。其可能原因是幼兒教育是教育的起始階段，是個體建構終身教育的基礎，OECD（2006）指出，提供學前幼兒至少3年的教育有助於改善與提升幼兒智力發展、獨立性、凝聚力和社交能力。UNESCO（2006，2008）提出降低義務教育法定年齡的策略，使幼兒的照顧與教育能與初等教育有所關聯。隨著政治民主化、經濟自由化、社會多元化的發展趨勢，多數先進國家認爲整體社會福祉，是植基於對國家未來主人翁的投資。因此，許多國家對早期兒童教育與照顧的公共投資有逐年增加的情形，而高質量的幼兒教育對提高國家的競爭力有重要的作用，且重要國家已經體認到投資幼兒就是投資國家的未來，即是透過投資幼兒爲國家累積人力資本，進而提升國家未來整體競爭力（行政院經濟建設委員會，2008）。換言之，國家未來的發展是奠定在今日優質的幼兒教育基礎之上。

　　美國國家教育政策委員會於1966年提出「普及幼兒教育機會」的宣言（universal opportunity for early childhood education），指出到6歲才讓孩子接受教育爲時已晚，他們應從4歲起就享有接受教育的權利，因爲6歲以前的發展對未來具有決定性的影響力（蔡春美，2002）。UNESCO（2005，2006）在EFA（Education for All）指

出，教育品質首要目標是要改善幼兒早期的照顧與教育，並建議國家應擴展並改進對幼兒期的照顧和教育，特別是針對貧窮的兒童。OECD（2011）提出增加公共資本對幼兒的教育及照顧，可以保證弱勢家庭子女的優勢成效。這些主張除了是伸張幼兒的受教權益外，更是政府執行幼兒教育公平的具體方向。

　　我國近年來幼教政策常見的議題也著重在「普及幼兒教育」與「教育機會均等」方面（簡淑真、簡楚瑛、廖鳳瑞、林育瑋，2003），例如：教育部2004年推動「扶持5歲幼兒及早教育計畫」即提供地區弱勢、身分弱勢，以及經濟弱勢的5歲幼兒及早教育機會，其後又陸續推動幼兒園輔導方案、中低收入家庭幼童托教補助實施計畫、原住民幼兒就讀公私立幼兒園學費補助辦法、5歲幼兒免費教育計畫，和幼托整合計畫等，已漸次達成政府執政團隊自2008年5月20日上任後，「強化弱勢扶助」、「縮短城鄉差距」，以及「均衡資源分配」等施政目標（教育部，2008）。我國近年來推動的這些幼教政策，除了關注到幼兒入學量的提高外，也已逐漸重視到幼兒受教品質的提升。

三、幼兒教育公平指標相關研究

　　我國雖已提出重要的幼兒教育政策，期望透過政府資源的挹注提高幼兒入園率，同時也進行各種努力提升幼兒的受教品質，但並未建立整體性的幼兒教育公平指標，本研究即在了解政府推動重要的學前教育政策，是否真正提升幼兒教育的公平性。基於此，以下則探討有關幼兒教育公平相關研究，作為建構幼兒教育公平指標內涵的依據。

　　「指標」是一種統計的測量，具有指引或引導的功能，能用來測量研究者感興趣事物的重要層面，反映事物的品質或數量。吳清山（2004）指出教育要做好品質管制和品質保證的工作，評鑑是最常用的方式。目前指標運用愈來愈廣泛，國內外已累積一些與教育有關的指標，說明如下：

(一) 歐盟之教育公平指標

歐盟的「歐洲教育系統公平研究小組」（European Group of Research on Equity of the Educational Systems）（2005）從對歐洲教育系統的判斷提出教育公平的29項指標，包括教育不公平的背景（Context of inequalities in education）、教育過程的不公平（Inequalities in the education process）、教育中的不公平（Inequalities in education）、教育中社會和政治的不公平結果（Social and political effects of inequalities in education）等四個構面，每一個構面下又包括指標項目及指標細目。

1. 教育不公平的背景：包括個人教育成就、經濟與社會的不公平、文化資源，以及抱負與感知覺察力（Aspirations and perceptions）四個項目。

2. 教育過程的不公平：包括接受教育的質與量二個項目。

3. 教育中的不公平：包括技能、個人發展與學校生涯三個項目。

4. 教育中社會和政治的不公平結果：包括教育與社會流動、教育對弱勢者的利益，以及不公平的整體影響等。

(二) 經濟合作暨發展組織之教育指標

OECD的「教育系統指標研究與創新中心」（Centre for Educational Research and Innovation Indicators of Education Systems）自1998年提出「OECD指標的教育瀏覽」（Education at a Glance: OECD Indicators），指出指標面向分別為人口—社會與經濟的背景、教育經費和人力資源的投資、教育參與和發展的管道、學校到工作職場的轉變、學習環境和學校組織、學生成就，以及社會與勞動市場的教育結果；2000年OECD針對1998年的指標做了小幅修正，提出六個構面，包括：教育的背景、教育經費和人力資源的投資、教育參與和發展的管道、學習環境和學校組織、個體—社會與勞動市場的教育結果，以及學生成就；至2005年OECD教育指標僅保留四個構面，包括：教育機構的產出以及對學習的影響、教育經費和人力資源的

投資、教育參與和發展的管道、學習環境和學校組織（OECD, 1998, 2000, 2005）。

(三) 我國幼兒教育指標相關之研究

我國有關幼兒教育指標建構研究始於「我國幼兒教育指標體系建構」（盧美貴、江麗莉、楊淑朱，1999），此為行政院科技部委託「教育指標系統整合型研究」專案計畫下的子計畫，其以CIPP模式作為指標建構的主軸。在背景指標下分為人口背景、社會與經濟背景、教育環境與政策等三個項目；在輸入指標下分為財力資源、人力資源、物力資源，以及幼兒特性等四個項目；在過程指標下分為行政運作、課程與教學、組織與氣氛等三個項目；在成果指標下分為幼兒表現、系統結果以及人力市場結果等三個項目，經分析後共建構16項主要指標、12項次要指標，以及54項參考指標。

另外，郭雅筑（2001）建構幼兒教育機會均等指標，其分析歸納教育機會均等表現在起點、過程、結果三個層面。起點的均等包括幼兒園分布的均等度、入園率的均等度、弱勢族群入學機會均等度，以及相關的補貼政策；過程的均等包括師資及設備水準、經費分配，以及實施補償教育或特殊教育；結果的均等包括學習準備度，以及就讀幼兒園之年限，不因幼兒的背景而有所差異。

第三節　研究設計

本研究主要採用焦點團體座談法、模糊德菲法，以及層級分析法等，作為建構指標及其指標權重體系的方法。首先依據幼兒教育相關論文與期刊，整理出幼兒教育公平指標相關內涵，再經不同階段的研究方法，歸納形成我國幼兒教育的公平指標；又因經費有限，故以計算權重的方式排列出指標優先順序，作為未來實施方案的參考依據。茲就研究方法、研究工具與資料處理說明如下：

一、研究方法

　　本研究首先採焦點團體座談（focus group），以面對面討論方式，就本研究初步擬定之幼兒教育公平性指標內容進行互動討論。每次焦點團體座談後，依據座談委員對指標內涵提出意見進行分析，作為修正指標內涵的依據。

　　其次，本研究以自編之「幼兒教育公平性指標模糊德菲法調查問卷」為研究工具進行模糊德菲法（fuzzy delphi）問卷調查。使用此方法的目的，可減少人們在語意或認知上模糊的情形，使語意表達的意涵更精確，待模糊德菲法調查問卷回收後，進行資料處理與分析，進而挑選適切的幼兒教育公平指標。

　　最後再以層級分析法（analytic hierarchy process）進行各指標間兩兩的比較，求取幼兒教育公平指標之間的相對權重，藉以建立指標相對權重體系。

二、研究架構

　　本研究以橫軸及縱軸兩個向度構成研究架構，橫軸是以背景、輸入、過程、結果（CIPP模式）四個構面類別；縱軸包括社會結構、法律制度、個別差異、補償措施、適性發展五個構面類別，作為建構指標的研究架構，如表6-1所示：

表6-1　幼兒教育公平指標架構內涵

橫軸＼縱軸	背景	輸入	過程	結果
社會結構	指教育系統以外對幼兒教育造成不公平的因素，例如：家庭結構、婦女就業情形、幼兒園分布情形、幼兒教育經費、教師資格與結構、不同身分幼兒入園情形。			
法律制度	指國家制定相關法律，直接或間接保障幼兒受教權益，例如：法律對幼兒入學年齡、經費分配、保障特殊幼兒入學，以及教保人員的薪資福利與進修等規範。			

（續）

125

縱軸＼橫軸	背景	輸入	過程	結果
個別差異	尊重和接納多元背景的幼兒，並提供對幼兒有意義的學習活動，例如：了解家庭狀況、多元的學習內容與素材，以及學習資源的應用。			
補償措施	檢視特殊或文化不利幼兒需求，提供其社會福利和教育系統的協助，以差別性的機制補償幼兒所需，例如：教育系統與福利系統取得的便利性、特殊幼兒及文化不利幼兒的入學與學習表現、特殊或弱勢族群的師資以及投入的教育資源、特殊教育的介入等。			
適性發展	指依據幼兒不同潛能與需求，訂定不同的學習標準，發揮「因材施教」功效，例如：適性的學習活動與評量、學習情境的規劃，以及多元化的園所型態等。			

三、研究對象

　　本研究因採用焦點團體座談、模糊德菲法，以及層級分析法作為研究方法，每一種方法均邀請教育領域的學者專家、指標建構專家，以及幼教實務工作者提供意見。焦點團體座談共計進行二次，第一次邀請6位學者專家參與，第二次又邀請7位學者專家參與，共計13位。

　　經焦點團體座談後，編訂研究工具並邀請25位學者專家填寫「幼兒教育公平性指標模糊德菲法調查問卷」，共計回收20份，剔除無效問卷一份，有效回收率為76%。

　　然為了解指標的重要程度，本研究再邀請幼兒教育及保育學者專家、教育行政人員，以及幼兒教育實務工作者，共計18位，進行指標之間的相對權重評比，以建立幼兒教育公平指標權重體系。

四、資料分析

　　焦點團體座談進行過程中，除了當場記錄討論重點，也做全程的錄音，並於座談會結束後，依據座談委員對指標內涵提出意見進行分析，作為進一步修正指標內涵的依據。

　　模糊德菲法主要是透過EXCEL 2007軟體分析資料，首先進行專家意見整合，並計算每項指標適切性的三角模糊數之隸屬函數；再以Chen與Hwang提出的左右得點法作為解模糊化的方法，求取各指標三角模糊數的總值，並以此值作為專家學者對指標評定量尺的共識；其次，設定三角模糊數總值之門檻值，作為篩選指標的依據。指標總值高於門檻值者選入指標系統；低於門檻值者則刪除。

　　層級分析法主要透過各指標間兩兩比較方式，建立成對比較矩陣後，再利用Expert Choice進行數值分析，求得各指標的相對權重值。

☺第四節　研究發現與分析

一、幼兒教育公平指標

　　本研究彙整相關文獻及小組成員多次討論結果後，初步建構出94項幼兒教育公平指標的內涵，並據此進行焦點團體座談。經二次焦點座談後，修正整併初步建構的指標為72項指標，並編製模糊德菲法調查問卷，再依據問卷回收的結果進行專家意見整合，以及解模糊化的過程，並設定三角模糊數總值的0.7為門檻值，凡個別指標的總值低於0.7者，則刪除該項指標。經篩選後刪除的指標包括：幼兒家庭結構比例、婦女勞動力參與率、幼兒園密度、幼兒園遊樂設施比例、地方政府與中央政府對幼教事務決策比例、特殊幼兒班教師自製教材教具比例、家長對幼兒教育滿意程度比例、各類特殊幼兒在各領域之能力表現等8項，最後保留64項指標，如表6-2所示。

表6-2　我國幼兒教育公平指標

構面	指標項目	指標細目
背景指標	社會結構	經濟弱勢與文化不利幼兒比例
		幼兒各年齡層人口比例
		不同類型幼兒園比例
		就讀不同類型幼兒園幼兒人數比例
	法令制度	幼兒入園年齡
		幼兒園依據法律訂定不同年齡幼兒之生師比
		五年內幼兒教育法律與規章訂定的質與量
		特殊教育法規中與幼兒教育相關法律規章執行比例
		五年內特殊教育法規中與幼兒教育相關法規訂定的質與量
	個別差異	幼兒家庭社經背景比例
		每年每戶家庭經常性平均收支
		家庭可以照顧幼兒的人數
		家庭收入投入幼兒教育的比例
	補償措施	平均幼兒園所在地的社區環境、教育資源，與福利系統
		各類特殊幼兒接受教育的比例
		經濟弱勢與文化不利幼兒接受教育的比例
	適性發展	幼兒園專業角色定位
輸入指標	社會結構	幼兒教育經費占總教育經費比例
		幼兒園教育經費來源分配比例
		政府對不同類型幼兒園經費補助比例
		幼兒園合格教師及教保員比例
		幼兒園教師與教保員的學歷結構比例
		特殊幼兒教師合格比例
		特殊幼兒之生師比

（續）

構面	指標項目	指標細目
		特殊幼兒班級比例
		特殊幼兒教育經費占總教育經費比例
	法令制度	政府對幼兒教育經費的支出項目比例
		幼教師與教保員每年進修時數符合規範比例
		幼兒空間分配符合幼兒園設備基準規定比例
		私立幼兒園教師及教保員薪資福利優於勞動基準法規範之比例
		幼兒安全與健康照護符合規範比例
	個別差異	幼兒園每生平均圖書數
		幼兒園圖書數量比例
		幼兒園每生平均遊樂設施數
	補償措施	特殊幼兒的安置率
		特殊幼兒的鑑定率
		每一特殊幼兒平均擁有的無障礙措施比例
		偏遠地區幼兒園數量比
		偏遠地區幼教師與教保員合格比例
		每年偏遠地區幼教師與教保員流動率
		經濟弱勢與文化不利幼兒就讀公立幼兒園之比例
	適性發展	提供幼兒興趣探索的環境與設施比例
		每日提供幼兒興趣探索的課程與教學比例
過程指標	社會結構	地方政府幼教事務行政人員專業度比例
	法令制度	幼教師與教保員接受幼兒教育專業訓練與進修活動之時數比
		幼教師與教保員接受特殊教育專業訓練與進修活動之時數比
	個別差異	執行園所本位課程幼兒園比例
		自編教材園所比例

129

（續）

構面	指標項目	指標細目
	補償措施	教學方法多元化指數
		特殊幼兒班教師自編課程比例
		特殊幼兒接受個別化教育計畫比例
		特殊幼兒家長參與個別化教育計畫比例
	適性發展	幼兒家長參與親職教育活動之比例
		日常作息的規劃
		學習環境安排品質
		幼兒園安排幼兒自主學習時間的比例
結果指標	社會結構	不同年齡幼兒入園比例
	法令制度	現有法律制度對保障幼兒教育公平之比例
	個別差異	幼兒在身體動作、語文、認知、社會、情緒、美感上的表現
		幼兒在幼兒園的生活適應良好比例
	補償措施	特殊幼兒的入園比例
		經濟弱勢、偏遠地區、外配家庭、原住民幼兒在各領域的能力表現
	適性發展	幼兒園依據幼兒各方面表現，訂定多元評量指標
		幼兒園依據多元評量指標，對幼兒各方面表現進行多元評量

二、幼兒教育公平指標之權重

　　本研究運用層級分析法，再將篩選所得的64項幼兒教育公平指標進行權重分析，發現幼兒教育公平指標的四個構面，以過程指標的權重值最高，占32.9%；其次為背景指標，占25.9%；再其次為結果指標，占23.2%；最後為輸入指標，占18%。

　　在「背景指標」下的五個指標項目，其權重值由高至低的排列順序，依序為適性發展（25.7%）、補償措施（21%）、法令制度

（19.4%）、社會結構（17.6%）、個別差異（16.3%）。在「輸入指標」下的五個指標項目，其權重值由高至低的排列順序，依序為適性發展（28.2%）、個別差異（23%）、法令制度（17%）、社會結構（16.9%）、補償措施（14.9%）。在「過程指標」下的五個指標項目，其權重值由高至低的排列順序，依序為適性發展（32.6%）、個別差異（21.2%）、補償措施（19%）、社會結構（14%）、法令制度（13.2%）。在「結果指標」下的五個指標項目，其權重值由高至低的排列順序，依序為適性發展（30.5%）、補償措施（19.4%）、個別差異（18.8%）、法令制度（16.7%）、社會結構（14.6%）。各指標細目的權重值如表6-3所示。

表6-3　幼兒教育公平指標之權重值一覽表

構面 （權重值）	指標項目 （權重值）	第二階 複合 權重值	指標細目	第三階 權重值	第三階 複合 權重值
背景指標 （0.259）	社會結構 （0.176）	0.046	經濟弱勢與文化不利幼兒比例	0.345	0.016
			幼兒各年齡層人口比例	0.199	0.009
			不同類型幼兒園比例	0.192	0.009
			就讀不同類型幼兒園幼兒人數比例	0.265	0.012
	法令制度 （0.194）	0.050	幼兒入園年齡	0.099	0.005
			幼兒園依據法律訂定不同年齡幼兒之生師比	0.207	0.010
			五年內幼兒教育法律與規章訂定的質與量	0.225	0.011
			特殊教育法規中與幼兒教育相關法律規章執行比例	0.227	0.011

（續）

構面 （權重值）	指標項目 （權重值）	第二階 複合 權重值	指標細目	第三階 權重值	第三階 複合 權重值
			五年內特殊教育法規中與幼兒教育相關法規訂定的質與量	0.241	0.012
	個別差異 （0.163）	0.042	幼兒家庭社經背景比例	0.234	0.010
			每年每戶家庭經常性平均收支	0.151	0.006
			家庭可以照顧幼兒的人數	0.233	0.010
			家庭收入投入幼兒教育的比例	0.392	0.017
	補償措施 （0.210）	0.054	平均幼兒園所在地的社區環境、教育資源，與福利系統	0.387	0.021
			各類特殊幼兒接受教育的比例	0.217	0.012
			經濟弱勢與文化不利幼兒接受教育的比例	0.397	0.022
	適性發展 （0.257）	0.067	幼兒園專業角色定位	1	0.067
輸入指標 （0.18）	社會結構 （0.169）	0.030	幼兒教育經費占總教育經費比例	0.099	0.003
			幼兒園教育經費來源分配比例	0.064	0.002
			政府對不同類型幼兒園經費補助比例	0.085	0.003
			幼兒園合格教師及教保員比例	0.123	0.004
			幼兒園教師與教保員的學歷結構比例	0.107	0.003

（續）

構面 （權重值）	指標項目 （權重值）	第二階 複合 權重值	指標細目	第三階 權重值	第三階 複合 權重值
			特殊幼兒教師合格比例	0.1	0.003
			特殊幼兒之生師比	0.199	0.006
			特殊幼兒班級比例	0.078	0.002
			特殊幼兒教育經費占總教育經費比例	0.145	0.004
	法令制度 （0.170）	0.031	政府對幼兒教育經費的支出項目比例	0.227	0.007
			幼教師與教保員每年進修時數符合規範比例	0.136	0.004
			幼兒空間分配符合幼兒園設備基準規定比例	0.164	0.005
			私立幼兒園教師及教保員薪資福利優於勞動基準法規範之比例	0.189	0.006
			幼兒安全與健康照護符合規範比例	0.285	0.009
	個別差異 （0.230）	0.041	幼兒園每生平均圖書數	0.434	0.018
			幼兒園圖書數量比例	0.258	0.011
			幼兒園每生平均遊樂設施數	0.308	0.013
	補償措施 （0.149）	0.027	特殊幼兒的安置率	0.135	0.004
			特殊幼兒的鑑定率	0.103	0.003
			每一特殊幼兒平均擁有的無障礙措施比例	0.121	0.003
			偏遠地區幼兒園數量比	0.152	0.004
			偏遠地區幼教師與教保員合格比例	0.151	0.004

133

（續）

構面 （權重值）	指標項目 （權重值）	第二階 複合 權重值	指標細目	第三階 權重值	第三階 複合 權重值
			每年偏遠地區幼教師與教保員流動率	0.165	0.004
			經濟弱勢與文化不利幼兒就讀公立幼兒園之比例	0.172	0.005
	適性發展 （0.282）	0.051	提供幼兒興趣探索的環境與設施比例	0.353	0.018
			每日提供幼兒興趣探索的課程與教學比例	0.647	0.033
	社會結構 （0.140）	0.046	地方政府幼教事務行政人員專業度比例	1	0.046
	法令制度 （0.132）	0.043	幼教師與教保員接受幼兒教育專業訓練與進修活動之時數比	0.592	0.026
			幼教師與教保員接受特殊教育專業訓練與進修活動之時數比	0.408	0.018
過程指標 （0.329）	個別差異 （0.212）	0.070	執行幼兒園本位課程的幼兒園比例	0.445	0.031
			自編教材園所比例	0.211	0.015
			教學方法多元化指數	0.344	0.024
	補償措施 （0.190）	0.063	特殊幼兒班教師自編課程比例	0.178	0.011
			特殊幼兒接受個別化教育計畫比例	0.417	0.026
			特殊幼兒家長參與個別化教育計畫比例	0.404	0.025
	適性發展 （0.326）	0.107	幼兒家長參與親職教育活動之比例	0.193	0.021

（續）

構面 （權重值）	指標項目 （權重值）	第二階 複合 權重值	指標細目	第三階 權重值	第三階 複合 權重值
			日常作息的規劃	0.219	0.023
			學習環境安排品質	0.245	0.026
			幼兒園安排幼兒自主學習時間的比例	0.343	0.037
結果指標 （0.232）	社會結構 （0.146）	0.034	不同年齡幼兒入園比例	1	0.034
	法令制度 （0.167）	0.039	現有法律制度對保障幼兒教育公平之比例	1	0.039
	個別差異 （0.188）	0.044	幼兒在身體動作、語文、認知、社會、情緒、美感上的表現	0.537	0.023
			幼兒在幼兒園的生活適應良好比例	0.463	0.020
	補償措施 （0.194）	0.045	特殊幼兒的入園比例	0.427	0.019
			經濟弱勢、偏遠地區、外配家庭、原住民幼兒在各領域的能力表現	0.573	0.026
	適性發展 （0.305）	0.071	幼兒園依據幼兒各方面表現訂定多元評量指標	0.329	0.023
			幼兒園依據多元評量指標對幼兒各方面表現進行多元評量	0.671	0.047

第五節　幼兒教育公平指標體系建構

　　近年來世界主要國家莫不愈來愈重視幼兒教育，幼兒教育的情形勝於以往，我國也推動許多重要的幼兒教育政策，試圖提升幼兒的入園率，以及改善幼兒教育的品質。但由於無明確的評估系統，因此無法真確掌握每一位幼兒是否擁有公平的教育機會。本研究藉由橫軸的四個層面類別（背景、輸入、過程、結果），以及縱軸的五個類別（社會結構、法律制度、個別差異、補償措施、適性發展），作為建構幼兒教育公平指標的基礎架構，茲將研究結果與建議說明如後：

一、結論

　　(一) 我國幼兒教育公平指標內涵共包含64項指標：

　　1. 背景指標共有17項指標：包括社會結構4項、法令制度5項、個別差異4項、補償措施3項，以及適性發展1項指標。

　　2. 輸入指標共有26項指標：包括社會結構9項、法令制度5項、個別差異3項、補償措施7項，以及適性發展2項指標。

　　3. 過程指標共有13項指標：包括社會結構1項、法令制度2項、個別差異3項、補償措施3項，以及適性發展4項指標。

　　4. 結果指標共有8項指標：包括社會結構1項、法令制度1項、個別差異2項、補償措施2項，以及適性發展2項指標。

　　(二) 幼兒教育公平指標四個構面權重由高至低依序為過程、背景、結果、輸入：幼兒教育公平指標四個構面權重體數值以過程指標的權重值最高（占32.9%）；其次為背景指標（占25.9%）；再其次為結果指標（占23.2%）；最後為輸入指標（占18%）。

　　1. 在背景指標下，縱軸五個類別的權重值由高至低依序為適性發展、補償措施、法令制度、社會結構，以及個別差異。

　　2. 在輸入指標下，縱軸五個類別的權重值由高至低依序為適性發展、個別差異、法令制度、社會結構，以及補償措施。

3. 在過程指標下，縱軸五個類別的權重值由高至低依序為適性發展、個別差異、補償措施、社會結構，以及法令制度。

4. 在結果指標下，縱軸五個類別的權重值由高至低依序為適性發展、補償措施、個別差異、法令制度，以及社會結構。

二、建議

根據研究結論提出建議如下：

(一) 運用本研究建構的幼兒教育公平指標，檢視目前執行的幼兒教育政策

本研究建構的幼兒教育公平指標，可用來作為檢核幼兒教育政策是否達成教育公平的基礎。故建議可從已建構的幼兒教育公平指標中選擇權重值較高的指標，優先作為檢核目前所推動的幼兒教育政策，達成幼兒教育公平的情形。

(二) 質量並重，落實幼兒教育公平性

幼兒教育公平的切入點不能僅關注量的提升，更應努力於教育品質的提升，才是真正符合社會正義的精神。此部分教育當局與幼托業者仍有極大的努力空間。

(三) 鼓勵各界進行幼兒教育公平之相關研究，進而提出具體作法與策略

目前幼兒教育公平的研究鳳毛麟角，教育當局對於如何實踐幼兒教育公平的作法經常是邊做邊修正，使幼兒教育公平的作法沒有完整的配套與宏觀的策略。既然教育公平是國內外共同關心的議題，教育當局應多鼓勵學者專家，組成研究團隊進行深入的探究，將教育公平的理念與落實教育公平的作法，提出具體完整的配套策略，使教育公平得以彰顯。

(四) 建立系統資料庫，有利掌握教育公平指標的變化與發展

　　教育指標資料的蒐集耗費時間，建立系統資料庫一來可以減少指標資料蒐集的時間，有利掌握教育公平的現況與時效，二來可以作爲各級學校填報各項教育公平資料的平台。

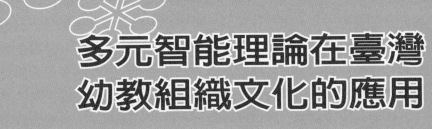

多元智能理論在臺灣
幼教組織文化的應用

CHAPTER 7

☺第一節　教育借鑑的意義

一、多元智能教育借鑑內涵

美國著名的心理學家迦納（Gardner, H.）於1983年發表「多元智能理論」（Theory of Multiple Intelligences，以下簡稱MI理論）的構想，利用神經心理學和生物學的科學方法證實了有一些「生活」中重要的能力，並非「學業」成就可以預測出來。這項大家早就看見端倪的事實與立論，驗證人類的智能並非僅有狹隘的一種或兩種，且試圖勾勒人類具有的智能種類，其理論和大眾生活體驗相符合，此一研究的立論與成效受到極大迴響。

雖然迦納（Gardner）並未提供一份多元智能學校或課程模式的範例，不過他曾參與將MI理論落實於學校實務中的研究計畫，其中他涉入最多的是1984-1993年由美國哈佛大學的Mara Krechevsky擔任負責人執行的「光譜計畫」（Project Spectrum），Gardner也是該計畫主要的研究者之一（Principal Investigators）（Harvard College, 2006）。由於光譜計畫有理論原創者迦納參與其中，詳實說明課程與評量的實施方式，雖然在光譜計畫中課程與評量界線難分，但卻提出觀察紀錄的檢核表，使MI理論有了落實的具體方法，引起臺灣幼兒教育界熱烈討論與付諸施行，許多幼兒園率先在智能多元的前提下改革了課程，期盼為自己幼兒園的幼兒帶來更富吸引力的學習模式。

然而，源於美國的教育理論與課程模式是否適用於臺灣的教育現況？兩者若想要有一致的教育目標，究竟MI理論應該在臺灣的教育中扮演什麼樣的角色？在引進MI理論進入臺灣教育界前，我們發現有些值得討論的議題。

討論Gardner的MI理論借鑑於臺灣教育研究與實踐的學術論著頗多。例如：盧美貴（2006）以權力的再建構化、知識的再概念化，以及校園文化再生化的角度，思考多元智能課程的本土化；張英鵬（2003）分析臺灣近幾年來多元智能出版與實證研究情形；周祝

瑛、張雅美（2001）針對1998-2000年間實施「國中小補救教學示範學校實施計畫──多元智能項目研究」，該計畫針對臺灣地區7-9所中小學（包括一所幼兒園）進行大規模的多元智能實施計畫。但是進行MI理論應用於臺灣幼兒教育階段的試驗，其研究與反思並不多見，本研究期盼能借重既有學術研究的成果，給予幼兒教育領域另一學術與研究的視角。

(一) 研究動機與本研究目的

1. 探討教育借鑑在比較教育中的意涵。

2. 闡述組織文化分析在教育借鑑中的重要性。

3. 分析美國Gardner之MI理論形塑的組織文化，與臺灣幼兒園組織文化的比較。

4. 提出美國MI理論應用於臺灣幼兒教育的建議。

(二) 研究方法

本文探文獻回顧法（literature review）作為研究方法。本論文探討MI理論借鑑於臺灣幼兒教育階段的相關議題，研究者曾想以觀察法和調查法作為研究取向，到多元智能課程模式的幼兒園進行訪查，取得真正具有這方面理論與實務經驗的師長看法，並適量搭配研究者的觀察紀錄進行探討。然而研究者所在地屏東，實行多元智能課程模式的幼兒園數量不足；另一方面，幼兒園實施的多元智能課程模式，是否為道地的多元智能課程模式？該由何人評析與鑑別？這又引起另一個研究的思考問題。其次，研究者也曾想以實驗法進行研究，然而研究者進行論文時，在技職院校通識中心工作，並無幼兒園的實際教學經驗，也無相關人脈可提供協助。再者，個案研究法也是研究者考慮過的研究方法，但是這個方法同樣牽涉到如何鑑別道地使用多元智能理論的幼兒園、個案的經驗是否豐富，以及是否有足夠資料可供判讀分析等問題。可以說，能夠蒐集第一手資料的方法，都曾被研究者所考量，但是都有其窒礙難行之處。最後，審酌研究者人力與物力，

141

加上初步閱讀相關文獻後，發現本論文研究問題，可以從組織文化差異的比較進行研究（葉至誠、葉立誠，1999），而組織文化差異的探討，可以從實證研究結果中分析與評論。因此，本研究就採以文獻回顧作為主要的研究方法。

二、教育借鑑的問題分析

進行「借鑑」相關名詞探討後發現，在比較教育領域，涵蓋「借鑑」這個概念的相關名詞主要包括「教育借鑑」、「教育借用」、「教育借取」、「教育借入」、「比較教育研究」與「跨文化比較」等五個名詞。教育借鑑（educational lending and borrowing）這個名詞比起其他名詞，在比較教育領域中屬於較為常見的，研究實例包括：李現平（2005）於《比較教育身分危機之研究》這本書其中一小節討論「教育借鑑傳統成為比較教育的精神枷鎖」。使用「教育借用」這個名詞的學者較少，研究實例包括：杜祖貽（1994）發表「香港借用與改進外國理論以利教育實踐」這篇論文。使用「教育借取」這個名詞的學者也不多見，研究實例包括：沈姍姍（1997）的國科會計畫為「自『借取』與『依賴』觀點探討臺灣教育發展的外來影響」。沈姍姍（2000）認為在「教育借鑑」這個概念之下，又可分成「教育借出」（educational borrowing）和「教育借入」（educational lending），本研究談的「借鑑」屬於「教育借入」。教育借出意指殖民國家對其殖民地教育之影響，或已開發國家將己國成功的教育改革經驗輸出給其他國家；教育借入意指某個國家為立竿見影之速效，減少摸索歷程，直接汲取先進國家的經驗、技術或最新發明成果。廣義的「比較教育研究」（comparative study of education）其實包含了教育借鑑的概念。因此，部分論文題目雖然名為「比較研究」，實際上部分內容卻談到外來學說引進到本國的省思，值得教育借鑑研究者搜尋文獻時作為參考。例如：廖鴻裕2001年發表碩士論文為「中英高等教育評鑑制度之比較研究」，結論時談到：規劃我國

新的大學評鑑制度時，可參照英國之高等教育評鑑作法等。

在社會科學領域，涵蓋「借鑑」概念的相關名詞，主要包括「本土化」和「理論移植」。洪雯柔（2002）認為「本土化」（localization）或稱「在地化」（indigenous），其歷程中所採用的元素，有來自本土內部者，有來自外部者，前者是從本土情境中重振本土知識與文化，或者從本土根基上有所創新；後者則是吸收外來要素加以融入，形塑本土的新內涵與風貌。本土化和借鑑研究之研究目的不同，本土化想要重塑外來理論或制度的本土風貌，借鑑研究則是想檢討外來理論或制度在本國的適用性。理論移植意指不經思考的採用外國經驗的作法，社會科學界對於社會科學理論移植的探討十分豐富，但是鮮少學者認可「移植」這種作法，因此，雖然論文題目標明「……移植」，但是行文中可能會附加對外國經驗制度的批判與反思。

一般而言，大部分教育借鑑文獻均採取向他國學習的研究方向，而「鑑」也有作為自身警惕的意思，因此本文採用「教育借鑑」這個名詞。

綜上所述，教育借鑑研究、比較教育研究，與本土化教育研究的差異可以歸納如表7-1、圖7-1，以及圖7-2。

表7-1　教育借鑑研究、比較教育研究與本土化教育研究的差異

構面	借鑑研究	比較教育研究	本土化研究
研究對象	尚未在本地實施的外來教育學說或制度	本地與外國都同時具備的學說或制度	尚未在本地實施的外來學說或制度、本地與外國都同時具備的學說或制度
研究目的	了解外來教育學說或制度在本國的適用性	了解本地與外國學說或制度的異同	建制符合本地的教育作法

資料來源：作者自行編製。

甲國

甲國教育制度
教育行政制度
學校入學制度
師資培育制度

比較分析

乙國

乙國教育制度
教育行政制度
學校入學制度
師資培育制度

圖7-1　比較教育研究示意圖

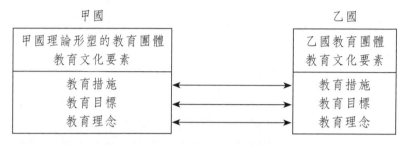

甲國

甲國理論形塑的教育團體 教育文化要素
教育措施 教育目標 教育理念

乙國

乙國教育團體 教育文化要素
教育措施 教育目標 教育理念

圖7-2　教育借鑑研究示意圖（以組織文化觀點為例）

第二節　組織文化分析的研究

一、教育與文化的關係

　　比較教育研究一般而言，大都建立在各種不同的文化假設基礎上（項賢明，2000），而教育借鑑探討外國的教育制度，或外來的教育理論在本國的適用性，研究過程涉及跨文化比較，因此，文化分析就成為了教育借鑑工作中重要的一環。就本文而言，由於MI的理論類別介於自然科學理論與社會科學理論之間，Gardner推論MI理論的依據來自於繁複的神經心理學與生物學的實驗（Gardner, 2006），這部分應該屬於自然科學；但是他也認為各民族或國家認為重要的智能，依據該民族或國家文化是否重視而定，恰可證明MI理論某部分又屬於社會科學理論的類別；此外Gardner對於原生國的美國教育文化中許多舉措採取批判的態度，因此也無法以美國幼兒教育文化作為

分析對象。依據這兩點，國情文化的分析應無法在本論文研究中成為首要分析對象，我們必須思索國情文化之外的文化分析單位，以解決這個研究困境。經過資料的蒐集整理，決定以組織文化作為本論文的文化分析單位，所謂的組織亦可稱為團體，某個教育團體的組織文化，也就是某個團體的教育文化，這是一個迥異於過往以國家或民族為研究單位的研究作法。

　　Schein（2004）對於組織文化層次的看法，最廣為組織文化研究者所引用，因此本研究採用Schein的組織文化研究架構闡明幼兒園組織文化。Schein在其論著《*Organizational Culture and Leadership*》第三版中介紹了三個層次，也就是人為事物（artifacts）層次、信念和價值觀（espoused beliefs and values）層次，以及潛在的假定（underlying assumptions）層次，如圖7-3所示，以下詳細說明之。

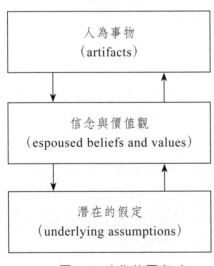

圖7-3　文化的層次（levels of culture）（Schein, 2004）

二、組織中的文化層次

(一) 人為事物層次

人為事物層次對應的是組織文化中可見的（visible）典章制度與器物，包括：一個人在遇到一個新團體時，所有他看到、聽到與感覺到的現象。這個層次主要包括：言辭上的人為事物，例如：典故、迷思、語言；行為上的人為事物，例如：慶典、儀式、行為規範；物質上的人為事物，包括：建築物、產品、服飾等。這個層次屬於「是怎樣」的層次。

人為事物是組織文化中最易為人察覺的表象，但卻不易解釋，研究者可以描述他所看到的人為事物，但無法單純以這些物品建構它所代表的意義，即便研究者和被研究者處在同一個較大的文化脈絡下，也不見得可以準確的加以領悟，在這種情況下，嘗試分析組織的信念和價值觀，有助於解釋人為事物所代表的意義。

(二) 信念和價值觀層次

信念和價值觀層次意指可意識到、可具體明白說出來的規範，說明了組織所期望達到的目標，以及組織評鑑成員行為的標準，引導團體中的成員處理困難的情境，以及用來培訓新成員如何行動。不同於「是怎樣」的人為事物層次，信奉的信念和價值觀層次屬於「應該怎樣」的層次，用以判斷是非對錯，有用無用。這種特定的價值觀通常是由領導者發起的，他們個人可以影響組織採取特定的行徑以因應問題，具有降低組織面對新的任務或問題時不確定感的作用。

(三) 潛在的假定層次

潛在的假定是隱含的（underlying），意指不可見的、視為理所當然的、潛意識的信念、知覺、思考和感覺，是組織文化的最核心；它是信奉的價值觀和行動的來源，也是組織在處理內、外部問題時所累積的潛在假定。由於這樣的問題解決方式可以持續有效的解決問

題，則該解決之道就會被視爲理所當然。

潛在的假定又可分爲下列五個面向：對人類與自然環境的關係（humanity's relationship to nature）的假設；對事實、眞理與時空本質（the nature of reality, truth, time and space）的假設；人性本質（the nature of human nature）的假設、人類行爲（the nature of human activity）的假設，以及對人際關係（the nature of human relationships）的假設。

綜上所述，任何組織的文化都可以用人爲事物（artifacts）層次、信念和價值觀（espoused beliefs and values）層次，以及潛在的假定（underlying assumptions）這三個層次來進行研究。值得注意的是，若我們沒有解讀出潛在運作的假定，則無法知道如何正確解析人爲事物，也無法知道對於組織所形塑出的信念與價值觀可以相信的程度。因此，文化的本質在於潛在的假定，一旦掌握住這個最核心關鍵的層次，其他較表層的層次就可以獲得較正確的解讀。

第三節　多元智能在臺灣幼兒園組織文化的形塑

本研究發現MI理論、臺灣公立幼兒園和私立幼兒園三者在人爲教育事物、教育價值觀和潛在教育假定方面的比較，呈現出大部分相異與小部分相同的面貌。以下分別說明MI理論，以及臺灣公立幼兒園和私立幼兒園各自在教學與評量層面的組織文化。

一、MI理論想要形塑的組織文化

MI理論想要形塑的幼兒園組織文化意指MI理論中，Gardner對於採用MI理論的幼兒園應有的，並已形成的教育事物、教育價值觀與教育假定。MI理論從內隱到外顯形塑的幼兒園組織文化示意圖，如圖7-4所示：

147

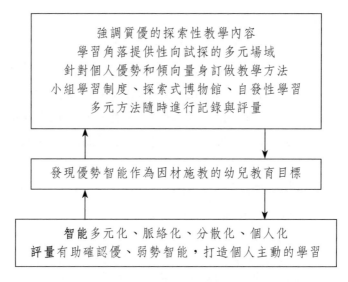

強調質優的探索性教學內容
學習角落提供性向試探的多元場域
針對個人優勢和傾向量身訂做教學方法
小組學習制度、探索式博物館、自發性學習
多元方法隨時進行記錄與評量

發現優勢智能作為因材施教的幼兒教育目標

智能多元化、脈絡化、分散化、個人化
評量有助確認優、弱勢智能，打造個人主動的學習

圖7-4　MI理論形塑的幼兒園組織文化示意圖

　　MI理論形塑出獨特教學與評量層面的組織文化，主要源自於該理論對智能的創新看法，主張智能不只一種，必須在有意義的環境下才能測得，每個人都有自己優勢與弱勢智能，以及智能的觀念可以擴及到個人可運用的資源等概念。這個對智能的看法，也衍生出對於評量功用的假定，MI理論認為評量的目的是要確認優弱勢智能，以便打造個別化的學習方法，現行教育方法對學生不一定造成正面影響，有時反而適得其反。因為沒有人可以用相同的方法學習，也沒有人可以學會所有該學習的東西。

　　在這樣的核心假定下，MI理論的教育價值觀，認定教育最重要的工作便是促成學業領域的理解，即便是學齡前的幼兒也不例外。幼兒教育的目的在充實幼兒的生活，與發現自己最合適的學習方式（so each may learn），然後主動與探索學習以開發優勢智能，其餘的教育目標反而是其次，甚或只是輔助學習而已。

　　上述假定與價值觀促成了MI理論主張的教育事物，包括：強調自動自發的自主學習、學習角落提供社會重要生活的模擬材料、針對個人優勢和傾向量身訂做教學方法、小組學習制度、校外博物館、自

發性學習，以及以多元方式隨時進行評量等等，MI理論希望打造的是脈絡化、個人化的教學與評量方式。

　　回過頭來看，MI理論打造脈絡化與個人化的教學與評量方式，也最能夠符應並實現上述假定與價值觀；MI理論締造的特殊教學與評量組織文化，就是在這樣脈絡的前提下不斷的循環檢證，並加以強化與發展。

二、臺灣公立幼兒園組織文化

　　本研究假設臺灣公立幼兒園內，各項教學評量事項均遵從幼兒教育法令規章，因此在描繪臺灣公立幼兒園組織文化時，憑藉的資料均以政府當局幼兒教育法令規章為主，然而在公立幼兒園中，幼兒園的個別差異仍然存在，這在本研究而言是存而不論的。臺灣公立幼兒園的組織文化示意圖如圖7-5所示（法務部全國法規資料庫工作小組，2003；全國幼教資訊網，2008；臺北市政府教育局，2005；教育部，2017）。

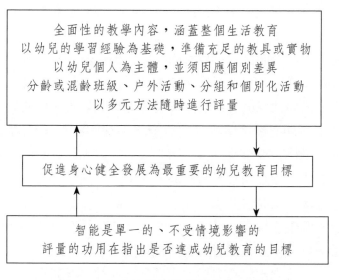

圖7-5　公立幼兒園的組織文化示意圖

149

　　公立幼兒園在教學與評量層面的組織文化，主要源自於教育部或各縣市教育局（處）有關幼兒教育相關法令規章。由於公立幼兒園經費來自於政府，因此許多公立幼兒園行事上最高指導原則就是依法行事。對於臺灣公立幼兒園來說，1987年（民76）公布之「幼兒園課程標準」中詳細規定幼兒園教學與評量事項的規範，2017年（民106）修正之「幼兒園教保活動課程大綱」宣示幼兒教育的目標，這兩個法令影響臺灣公立幼兒園至大。「幼兒園課程標準」中提到教師教學時，應注意各該單元教學目標的達成，這樣的規定預設了智能是單一，與不受情境影響的假定；2017年公布實施的新課綱雖標榜六大核心素養：覺知辨識、表達溝通、關懷合作、推理賞析、想像創造與自主管理，由於時間尚短，還得視後續的發展觀察。另一方面，也表示教育法令認為評量的功用，是要了解幼兒是否達到課程教學目標，評量的目的是要了解學習成效的達成。這些觀點和MI理論對於多元智能和評量的看法雖大致相似，但對於優勢智能能否充分極致的展開，各公立幼兒園仍有其個別差異的表現。

　　在這樣的核心假定下，公立幼兒園遵循著教育法令，其教育價值觀認定教育最重要的工作便是促進兒童身心健全發展，這樣的想法表示幼兒教育的使命是：各方面的發展需求是不可偏廢的，在這個教育價值觀之下，推演出幼兒教育的九大目標：維護幼兒身心健康、養成幼兒良好習慣、充實幼兒生活經驗、增進幼兒倫理觀念、培養幼兒合群習性、拓展幼兒美感經驗、發展幼兒創意思維、建構幼兒文化認同，以及啟發幼兒關懷環境等的目標，這樣的觀點和MI理論的教育價值立論，仍待新課綱執行多年後的成效，再加以研究與論斷。

　　上述的核心假定和教育價值觀，使臺灣幼兒教育法令在人為事物的規定，也偏向全面性與多元性這兩個特點。包括：全面性的教學內容、涵蓋整個生活教育、準備充足的教具或實境踏查、因應個別差異混齡班級，以及多元方式隨時進行評量等。

　　同樣的，公立幼兒園組織文化偏向全面性、多元化的教學與評量方式，至少也能符應並實現上述假定與價值觀，公立幼兒園其組織文

化就是在這樣的模式下，不斷的循環強化與檢證。不過，Gardner的MI理論中，教師是幼兒生活與學習的重要鷹架，其教學方法是經由喚醒（awaken）、擴展（amplify）、教人（teach），以及利用優勢智能遷移（transfer）弱勢智能，公幼教師能否踐履？至於「光譜中心」或「學習中心」提供博物館式探索與發現的過程和等待，讓幼兒自主學習展開其優勢智能，這或許也是臺灣公幼教師或教保員須再增能的專業與學習內涵。

三、臺灣私立幼兒園的組織文化

　　要特別說明的是本研究描繪臺灣私立幼兒園組織文化時，憑藉的資料以期刊文獻中發表的幼兒園調查報告為主，不過在私立幼兒園中，個別幼兒園的差異仍然存在，這在本論文也是存而不論的。進行私立幼兒園的撰述時，特別擷取和公立幼兒園相異的作法，並非想以私立幼兒園的統稱以偏概全，主要目的是想突顯公私立幼兒園由於大環境面對的挑戰不同，衍生出相異的組織文化，撰述時強調各自獨具的特色，以方便本研究進行比較研究。總而言之，本研究談論的私立幼兒園指陳較偏重智育教學與傳授的幼兒園。臺灣私立幼兒園的組織文化示意圖如圖7-6所示（簡茂發、郭碧唫，1993；周淑惠，1997）。

　　私立幼兒園在教學與評量層面的組織文化，主要影響力來源是幼兒園家長（或幼兒園的教育市場），由於私立幼兒園經費來自於幼兒家長，因此許多私立幼兒園行事上最高指導原則就是讓家長滿意。對於臺灣私立幼兒園來說，收費既然比公立幼兒園高，家長理所當然會期待私立幼兒園能做得比公立幼兒園多且好，甚至有的家長會以一種凌駕幼教教師專業的姿態，對幼兒園的教學事項進行指導；對私立幼兒園來說，政府的評鑑只是「監督」，真正的生存命脈掌握在「家長」手中。根據調查結果顯示，許多家長對於教育和幼兒教育抱持著務實的觀點，他們認為自己的孩子接受好的教育，將來可以到大公

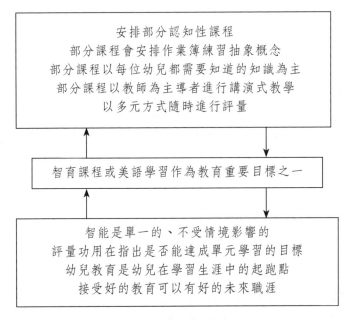

安排部分認知性課程
部分課程會安排作業簿練習抽象概念
部分課程以每位幼兒都需要知道的知識為主
部分課程以教師為主導者進行講演式教學
以多元方式隨時進行評量

智育課程或美語學習作為教育重要目標之一

智能是單一的、不受情境影響的
評量功用在指出是否能達成單元學習的目標
幼兒教育是幼兒在學習生涯中的起跑點
接受好的教育可以有好的未來職涯

圖7-6　私立幼兒園的組織文化示意圖

或政府部門找到工作，且幼兒教育是幼兒在學習生涯中的起跑點；他們對於智能和評量的看法也傾向採取傳統立竿見影的看法，這也是因為這樣的觀點，才能順利通過考試取得文憑以便於找到好工作。這些觀點和MI理論以及公立幼兒園的看法迥異。

　　為了受教育後取得文憑以便於找到好工作的假定，自然會以偏重智育或偏重美語學習作為重要的幼兒教育價值觀，所謂偏重智育多半是指加強注音符號和數學符號這種抽象符號的學習，在幼兒園的階段就領先其他孩童進行抽象符號的學習，家長的目的主要是希望能讓孩子贏在起跑點，或許將來孩子在無法避免的「認知」考試取向的前提下，一路「贏」下去。

　　上述部分私立幼兒園的教育假定和教育價值觀衍生出的教育事物便是偏重認知性課程、幼兒園會安排作業簿練習抽象概念、幼兒園部分課程以每位幼兒都需要知道的知識為主、幼兒園課程以教師為主導進行講演式教學，評量也往往是成規或是既定，這樣的觀點和MI理

論幾乎是背道而馳。

同樣的，私立幼兒園組織文化偏向認知性課程的教導，也往往最能夠符應並實現社會的學習假定與價值觀，其組織文化也就是在這樣的模式下不斷的循環並強化。

第四節　班級組織文化可行性的構面與應用

一、組織文化可行性討論的構面

綜上所述，MI理論、公立幼兒園與私立幼兒園在教育事物、教育價值觀和教育假定三層次相同點與相異點的分布觀之，MI理論、公立幼兒園與私立幼兒園在內隱的教育假定層次相異程度大，外顯的教育事物層次則有部分地方相同，而內隱層次著實為組織文化的核心，深深影響教育價值觀，以及教育事物兩個層次。

MI理論和公立幼兒園在教育事物的層次，兩者的主張有頗多雷同之處；相異的狀況主要集中在教育假定和教育價值觀兩個層次。整體而言，MI理論在教育事物的部分形塑出脈絡的、個人的，以及自主學習的教育文化；公立幼兒園則形塑出脈絡的、個人的，以及部分自主學習的教育文化。因此，若公立幼兒園要改行MI理論，教育事物中的部分事項，仍有少部分需要透過規範、典章制度，以及器物的改變來符應MI理論的實踐。

MI理論和部分偏重認知智育學習的私立幼兒園在教育事物、教育假定和教育價值觀三個層次，都呈現出不甚相同的主張。整體而言，MI理論在教育事物的組織文化層次形塑出脈絡的、個人的，以及自主學習的教育文化；部分偏重智育的私立幼兒園則形塑出抽象的、團體的，以及教師主導的教育文化。進行教育改革時，教育價值觀與教育假定，往往是影響教育改革時能成功的主要關鍵。

根據Schein的組織文化分析概念，教育假定要轉換成功有兩種可能，一是花時間進行改變，二是透過對於人生假定這種更大範圍的

改變，進而影響對於教育理念的改變。茲事體大的教育改革層面與內容，則留待後續更多研究者另立篇章討論之。

本文探討MI理論在臺灣幼兒園應用的可行性，是從組織文化的觀點進行探討，本研究所謂的組織文化觀點，只著重於教學與評量的組織文化層面，既然採取某種觀點，必定有其侷限性，未及涵蓋的MI理論，以及施行於臺灣幼兒教育的省思，還包括：教師教學負擔變重、校外教學危險性較高、國人擔心是否會加大學習的落差、針對智能項目是否要進行調整、MI理論無法解決人生中優劣的劃分、MI理論尚未穩定成熟、幼小銜接問題、教育測驗的形式很難全面改變為多元等缺失（余民寧，2003；蘇啟禎，2002；張英鵬，2001），看來這或許也是臺灣歷次教育改革進度緩慢，而其成效無法立竿見影的原因。

二、結論與建議

由上述研究可以得知，教育借鑑研究、比較教育研究與本土化教育研究的研究目的與研究對象不同，雖同樣都使用比較的分析方法，但仍應避免其誤用。

過往比較教育學常採取國家或民族的分析單位，加入了組織文化的觀點，便增加了「團體」這樣的分析單位，例如：某幼兒園成一團體，組成分子的社經地位、地理位置等因素將自成一教育文化，有其教育價值觀、教育假定等，這個分析單位可以豐富教育借鑑的研究進入到微觀的層面。

經文獻分析後，試圖勾勒出MI理論、臺灣公私立幼兒園教育文化：MI理論形塑的幼兒園組織文化在教學與評量的層面是理解取向，具有個人化與脈絡化的特色；臺灣公立幼兒園的組織文化在教學與評量的層面是政策取向，具有全面化的特色；臺灣私立幼兒園的組織文化在教學與評量的層面傾向認知，具有偏重智育的傾向。MI理論應用於臺灣幼兒教育時，最重要的是確認MI理論主張的理解取向

之教育文化，是否為該幼教團體想要的教育文化。

因此，建議MI理論在現行幼兒教育中實行時，考慮從教育假定漸漸形成共識的作法，在確認MI理論的整體幼兒教育理念符合我國幼兒發展所需的前提下，MI理論須從幼兒園教師與學生家長對於幼兒教育的教育假定開始凝聚共識。

對於MI理論在臺灣幼兒教育的應用，其後續研究的建議包括：根據本研究所建構的教育借鑑四步驟，繼續進行MI理論做更具體的操作性定義與範疇，將MI理論實際應用於臺灣幼兒園的實踐；嘗試以俗民誌研究法、觀察法與調查法等其他研究方法，進行MI理論與臺灣幼兒園組織文化的比較分析；MI理論在臺灣幼兒園應用時所考量的組織文化，建議增加人事與經費等其他層面，以便針對幼兒園組織文化做更續密的全面研究。

費德勒權變領導理論在
幼兒園園長領導的應用

CHAPTER 8

☺第一節　園長領導及其領導效能

「兒童是國家未來的主人翁」，幼兒教育是一切教育的基礎，因而幼兒教育日受重視。幼兒園與各級學校一樣是一個組織，而組織之所以存在是爲了達成某些或某一特定目標，因此組織中必有一個領導者，領導著組織達成組織目標。費德勒（Fiedler, F. E.）以爲，在本質上，領導是某一個人使用其權力及影響力，很多人在一起工作，能有效的完成一項共同工作的一種關係（Fiedler, 1967）。

園長是一個幼兒園的領導者及靈魂人物，園長的領導型式往往直接或間接影響到園務經營發展。目前臺北市各公立幼兒園，每個幼兒園的園長因其辦學理念及各園環境背景、工作結構、園長的職權、園長與教師的關係不同，各園情境之有利程度與園長所採用的領導型式交互作用的結果不同，因此其領導效能（Leadership Effectiveness）亦不同，其園務經營的特色及辦學績效亦各有不同。

費德勒（Fiedler）認爲工作團體存在的主要理由，乃是在完成所分配的工作。因此，將領導效能界定爲團體完成其主要分配工作成功的程度，即所謂的「生產力」或「績效」。領導效能之測量尺度隨工作環境而有異，很多著名的理論學者（Stogdill, 1974; Yukl, 1981）皆主張研究者應採用多元標準，意即生產力、士氣、工作滿足和曠職等作爲評估領導效能的效標。本文所指領導效能指幼兒園園長領導園內教師達成其園務工作情形的良窳，除了參考費德勒的說法外，並以成員工作滿足感及成員士氣、園務績效及適應力等各項加總（總效能）作爲領導效能衡量的指標。

費德勒利用1967年以前15年間所進行的廣泛分析研究所得之數據，在當年提出他的權變領導理論（Contingency Leadership Theory）（羅虞村，1999）。費德勒認爲：領導者的人格特質或動機決定了他的領導型式。目前臺北市公立幼兒園各園的情境不同，園長之人格特質及領導動機皆不同，各園園長在園務經營管理所採用的領導型

式亦不同。因此，本研究擬探討費德勒的「權變領導理論」內涵，並分析臺北市公立幼兒園園長的領導型式，進而讓幼兒園園長執行有效領導，達成組織工作與任務目標，進而提升組織績效。

　　為了園務的推展，幼兒園不論規模的大小，大多有園長一職的編制。園長是整個幼兒園領導的核心，園長該採用何種領導型式，才能達到領導效能？費德勒認為，要探究指示性或非指示性的領導型式何者較為有效，並無意義，反之應澄清在何種情境中採用何種領導型式最具效能（羅虞村，1999）。費德勒認為最好的領導，是因應不同的情境狀況而作權變配合的型式（陳慶瑞，1993）。

　　費德勒認為領導者效能是領導者領導型式與情境有利程度交互作用的功能，個人屬性與組織屬性對領導效能具有同等重要性。團體的實際表現取決於領導者的動機或人格特徵，以及領導者在情境中所具有之控制程度，或情境對欲影響其成員之領導者是否有利。一個團體是否能圓滿達成工作，端視其領導者之類型與情境是否能做適當的配合而定，領導者、情境與效能乃成為「權變模式」的三個要素，因而任何一個放諸四海而皆準之領導型式是不存在（羅虞村，1999）。

　　領導是一門「科學」，也是一門「藝術」，園長如何發揮其影響力，領導老師達成園內的工作，是每位園長所期盼的。幼兒園是一個組織，組織欲達成目標，幼兒園園長必須進一步在領導歷程中，訂定工作及程序。（高士傑，1996）因此，有了目標，便須有組織，有了組織，便須有領導，為期領導能發揮效能，便須有工作及角色分化（羅虞村，1986）。

　　目前我國有關領導研究的相關文獻，大多數為領導者特質研究，以及行為研究之探討，應用權變領導理論研究於幼兒園園長領導的文獻則不多見（高士傑，1996）。在權變領導理論的研究中，以男性為中心的研究導向，這對權變領導理論的外在效度而言，是不太有利的。因此未來的研究取向，應對純女性團體（只含女性領導者和女性成員），以及男女混合式團體予以研究（陳慶瑞，1995）。目前臺北市公立幼兒園的園長皆為女性，尚未有學者專家以費德勒之「權變

159

領導理論」來分析臺北市公立幼兒園園長領導型式、領導情境、領導
效能，以及其「權變領導理論」在幼兒園應用的可用性。

因此，本文探究費德勒權變領導理論內涵，藉以了解臺北市公立
幼兒園園長領導情境與領導效能；同時分析此一理論在臺北市公立幼
兒園園長領導型式、領導情境與領導效能的應用及反思。

⊜第二節　費德勒權變領導理論

一、費德勒權變領導理論背景

沒有一個領導者本身生來就是領導者，也無人生來即被領導，隨
著團體目標的改變，有時擔任領導角色，有時被領導。成功的領導者
型式種類繁多，隨著情境需求而變，因此權變領導理論乃因應而生，
費德勒的權變領導理論便是其中代表性之一。他提供了一連串的測量
表，以評估各項情境特徵，使得領導型式與跟領導情境兩者間做一
適當的配合，此種概念確實是管理哲學上一大特殊貢獻（林輝煌，
1994）。

權變論的基本假定是：沒有一個適用於所有情況下的最佳領導方
式，領導效能的高低要視領導者所採取的領導型式，與其所處情境配
合的程度而定。費德勒的權變領導理論主要是認為：領導是否產生效
能，主要要視領導者對他人的態度，以及情境有利度而定，因此可說
是特質論的取向，再加上情境因素而成（陳慶瑞，1993）。

費德勒將領導者對他人的態度轉化為「工作導向」、「關係導
向」兩種領導型式，而情境因素則區分為八種情境有利度。在理論
中，領導者對他人的態度可由領導者填寫費德勒發展而成的投射測驗
「最不受歡迎同事量表」（The Least Preferred Co-Worker Scale）測
得；而情境有利度則依據「領導者與部屬的關係」、「工作結構」、
「職權」三個層面建構出八種情境有利度。在費德勒的研究中可發
現，在非常有利及非常不利的情境下，工作導向的領導型式會有較高

的領導效能；在中度有利的情境下，人際關係導向的領導型式會有較高的領導效能（Fiedler, 1967, 1977；陳慶瑞，1993）。

　　領導是影響組織效能的要素之一，領導者必須慎選並靈活應用不同的領導方式，對不同的領導對象採用不同的方式，對相同的領導對象有時也要用不同的領導方式，領導者要隨領導對象及情況的不同，適時權變領導的方式（江文雄，1997）。

　　推費德勒於1964年提出了「權變理論」（Contingency Theory），權變領導理論基本上係採取「特質論」和「情境論」的觀點，並強調領導者的人格特質與情境的交互作用，方能產生效能。他基於多年實徵研究的結果，強調領導效能取決於情境狀況，因而建立了一個影響領導效能的權變模式（contingency model of leadership effectiveness）。權變模式的理論基礎，認為領導效能係視領導者的需求結構（need structure）及領導者在特定情境中控制及影響的程度而定。因此，其可作為權變模式架構的因素有四項：(1)領導型式；(2)領導者與部屬的關係；(3)工作結構；(4)領導者的職權。第一個因素乃在確認領導者的動機，其他三個因素則在敘述對領導者的有利程度，此一架構如圖8-1所示（陳慶瑞，1986）。

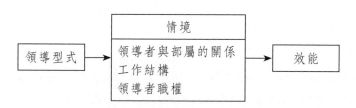

圖8-1　費德勒權變領導理論主要架構

資料來源：Yukl, G. A. *Leadership in Orgaizations*（臺北：華泰書局，1981：137）

二、費德勒權變領導模式之基礎及基本假定

(一) 費德勒權變領導理論的基礎

費德勒權變領導理論基礎可由哲學、心理學和行政學三個領域來探討：

1. 哲學

以我國的「易經」和杜威的「實驗主義」（Experimentalism）為內涵，中國的「八卦」及「易經」中有「易窮則變，變則通，通則久」之說，此種通權達變，崇尚變易的哲學，足以適應不同的情境，領導者若通曉變易之道，巧妙運用，可使成員不生厭倦（陳慶瑞，1989）。而就實驗主義而言，變易就是環境，而此變化之世界即為經驗的世界，故方法亦重彈性，不宜有一成不變之型式可茲套用。

2. 心理學

以Lewin（1936, 1951）的場地論（Field Theory）B = f(L) = f(P.E)的理論內涵，說明領導的型式與情境因素之交互作用為主。其中行為（B）係由代表可能事件全體的心理生活空間（L）所決定，而心理生活空間則由個人（P）與環境（E）所組成。Lewin認為個體內在情況與外在環境所架構成的心理力場（fieldforce），是意識的、動態的，而且是人人不同的。

3. 行政學

以Luthans（1973）之開放系統理論（Open System Theory）的動態平衡和殊途同歸性，作為探討的對象，則導引出領導並無唯一且普遍性、最佳的原則。若視組織為一個動態的歷程，則整個系統的構成要素不斷地生長和複雜化，必得因時因地因事而制宜。系統方法就是權變，組織系統應就本身之特殊需要選擇最適當的方法。

(二) 費德勒權變領導理論的基本假定

費德勒認為一味要探究領導模式何者較為有效並無意義，最重要的是在何種情境中採用何種領導方式最具效能，因此有下面幾項基本

假定：

　　1. 領導者的人格特質或動機決定其領導型式。

　　2. 領導效能是領導型式與情境有利度交互作用的功能。

　　3. 領導型式相當穩定而不易改變，但情境則可變。

　　4. 領導者以其態度及語言等行為，將其領導者等有關訊息傳遞給成員，俾使影響團體的實際表現。

(三) 費德勒權變領導模式型態

　　費德勒的「權變模式」以為處於各種不同人際情境中的領導者之行為或所持目標，係由於其基本的需求結構（need structure）所激發而產生的，所以在此理論中，領導型式被認為是領導者的一項人格特質，它是領導者想要在其交互作用中予以實現的一種需求型態（pattern of needs）。

　　費德勒以「最不受歡迎同事量表」（LPC）分數的高低來鑑別領導者的領導型式，此一問卷要求領導者描述他最不喜歡的共事者，或他在工作上處得最不好的共事者之某些屬性（羅虞村，1999）。藉由間接隱含人格理論迂迴投射領導者的內隱人格來表示，這比直接描述領導者的人格特質來得客觀與正確（陳慶瑞，1987）。

　　理論上而言，有兩種需求可以激發領導行為：其一為與他人維持良好關係的需求；其二為達成工作的需求。雖然所有領導者均具有這兩類需求，惟必有其一為其主要之需求，此一主要需求便決定了該領導者係「關係導向」的領導型式，或是「工作導向」的領導型式。

　　「關係導向」的領導者是以維持良好的人際關係為主要需求，而以完成工作之需求為輔的領導者（LPC分數64分以上）。「工作導向」的領導者是以圓滿達成工作為主要需求，而以維持良好個人關係的需求為輔的領導者（LPC分數在57分以下）。若LPC分數介於58-63分者，稱為「社會自主導向」，領導者即必須決定在上述兩群人中（關係導向、工作導向），選擇自己究竟屬於何種取向的領導者。

(四) 權變領導理論的領導情境因素

費德勒相當強調情境因素對領導效能之重要性，其以領導者的立場界定為：(1)領導者與部屬關係之好壞；(2)工作結構明確與否；(3)職權的大小，藉上述三種情境因素架構成八種（2×2×2）的情境類型、情境控制及情境有利度，如表8-1所示：

表8-1　領導情境架構

領導者與部屬關係	好				壞				極差
工作結構	高		低		高		低		高
職權	強	弱	強	弱	強	弱	強	弱	強
情境 分類	1	2	3	4	5	6	7	8	8-A
情境 控制力	高控制		中控制				低控制		
情境 有利程度	相當有利 ◄————————————► 相當不利								

資料來源：陳慶瑞（1989：104）。

依費德勒等人（1977）情境量表設計，係以4LMR + 2TS + PP之4：2：1之比例架構其情境因素比重，分類其情境類型。而情境控制分數最高為70分，最低為8分。費德勒認為51分以上為高度控制，31-50分為中度控制，30分以下為低度控制（Fiedler, Chemers & Mahar, 1977），而其分數係由LMR量表、TS量表與PP量表依4LMR + 2TS + PP之比重加總而得。

(五) 領導效能與情境利度的協調

費德勒強調「領導效能取決於情境狀況」，領導者的人格特徵或動機決定了他的領導型式，領導者是用姿勢及語文等行為，將領導者的方向、考評及態度等，傳遞給團體成員，俾使能影響團體的表現。

依費德勒的說法，團體係指為了達成某些任務而行交互作用，以及相互依賴的人們，且此一理論所指之任務，特指構成團體存在之主

要理由的一些活動。領導者的效能是領導型式與情境的有利程度交互作用的功能，個人屬性與組織屬性對領導效能具有同等重要性。依費德勒的說法，人事流動率、工作滿意、士氣，以及個人的適應對團體的實際表現均可能有影響（林輝煌，1994）。

　　由上述可知，依費德勒的說法，要充分提升團體績效或效能，領導型式是否適宜，得看情境利度而言；其強調「沒有一個領導型式在所有情境中均能成為有效的領導」，亦即一個有效的領導要視工作情境而定。

　　費德勒認為在確定效能的定義、兩種領導型式（LPC），以及八種情境有利度之後，繼而求取團體的實際表現或效能與領導型之相關，從此一相關中可約略看出領導型式應與情境利度取得配合，才能求取最高的領導效能，如表8-2所說明：

表8-2　情境有利度與領導者風格的協調

情境類型	情境變項			有利程度	領導者型式
	職位權力	工作結構	領導者與部屬的關係	情境對領導者所具有利度	有效能的領導型式
I	強	明確	好	有利	工作導向的領導者（低LPC分數）
II	弱	明確	好	有利	工作導向的領導者（低LPC分數）
III	強	不明確	好	有利	工作導向的領導者（低LPC分數）
IV	弱	不明確	好	中度有利	關係導向的領導者（高LPC分數）
V	強	明確	差	中度有利	關係導向的領導者（高LPC分數）
VI	弱	明確	差	中度有利	關係導向的領導者（高LPC分數）

（續）

情境 類型	情境變項			有利程度	領導者型式
	職位 權力	工作 結構	領導者與 部屬的關係	情境對領導者 所具有利度	有效能的領導型式
VII	強	不明確	差	中度有利	關係導向的領導者 （高LPC分數）
VIII	弱	不明確	差	不利	工作導向的領導者 （低LPC分數）

資料來源：羅虞村（1986：258）。

三、費德勒權變領導理論變項分析

費德勒的權變領導理論強調領導型式與情境因素的交互作用的特色，是領導研究上的創舉。依費德勒的權變領導理論之理論模式而觀，其理論之變項，主要包含：領導型式、領導情境因素（內含情境有利度和情境控制力），和領導效能等三個部分。

(一) 領導型式

費德勒認為認為，領導行為（Leadership Behavior）與領導型式（Leadership Style）是有所區別的。領導行為是表示領導者在指揮和控制團體成員的工作時，所表現的特殊行為。領導型式是一種人格特質，它不是描述領導者行為的一種類型。Fiedler認為二者之差異主要在於：同一個人的各種重要領導行為是隨情境不同而改變的，但是激勵這些行為的基本需求結構，卻被視為不變（Fiedler, 1967）。

LPC乃是「最不受歡迎同事量表」（Least Preferred Co-worker Scale）之簡稱，係費德勒用以衡量其領導型式之工具。有關權變領導理論的研究中，皆以高低LPC作為該理論領導型式劃分之依據，高LPC者為關係導向的領導，低LPC者為工作導向的領導。至於介於高低LPC的中介區域者，即為中度LPC（middle-LPC），Fiedler稱其為社會自主（socio-independent）的領導，因此LPC應包含這三種類型：

1. 低LPC－工作導向（task-motivated）的領導

通常我們將LPC解釋為一個人對另一位阻礙其工作完成者的態度或情緒反應。低LPC者乃是一位得到非常低LPC分數者，因為他把最不受其喜歡的同事，描述成非常消極和拒絕團體的人。事實上，低LPC領導者認為「工作的達成是非常重要的，因此，假如你阻礙了我工作的完成，那你將是一無可取，而我將對你全然排斥。」這種強烈的反應，將足以蒙蔽領導者對該位工作拙劣同事的任何良好人格特質的評價。

因此，得低LPC分數者（63分以下），反映出對這位拙劣同事的一種強烈的情緒反應，而非理性的評估（rational assessment），它顯示出一種對完成工作的高度需求，亦即人們所稱為高度工作導向者（Fiedler & Garcia, 1987）。

2. 高LPC－關係導向（relationship-motivated）的領導

即使是最不受其喜歡的同事，也將之歸因於比較好的人格特質者，是很少因工作的因素而影響其情緒的。事實上，此人認為「你可能是非常拙劣的同事，你可能是挫敗、無效率與懶惰的，但無可否認，這只是很多角色之一而已。它並非意味著在其他方面，你亦將不可能是愉快或有價值的。」因此，他以為這位不受歡迎的同事可能看似遲鈍卻不激動、笨拙卻是誠實、不快樂卻可信任。他寧可從多方面而非單層面去觀察一個人的人格特質。所以，像這樣一位得到高LPC分數（75分以上）的人，我們稱其為關係導向的領導者（Fiedler & Garcia, 1987）。

(二) 領導情境因素

費德勒的權變領導理論，強調情境因素對領導效能的重要性。因此，乃在眾多影響領導效能的情境因素中，以領導者的立場，將其界定為領導者與部屬的關係（leader-member relations）、工作結構（task structure）及職權（position power）三種，藉以架構其情境類型（situational style）、情境控制（situational control）及情境有利

度（situational favorableness）（陳慶瑞，1993）。以下分別就權變領導理論中的三個情境因素——領導者與部屬的關係、工作結構，以及職權分別說明之：

1. 情境因素內涵

(1) 領導者與部屬的關係

領導（leadership）一詞，實際上含有對別人控制與影響之意義在內。因為如果領導者能夠得到部屬的支援與信賴，那麼他的控制與影響力顯然比不受支持者為大。此種領導者控制和影響力的個人因素，吾人稱之為「領導者與部屬之關係」（leader-member relations, LMR）。領導者與部屬之關係，乃是情境控制中最重要的因素，雖然領導者與部屬有良好的關係，並不一定保證其領導效能一定較高，不過顯然較具影響力（Fiedler Chemers & Maher, 1977）。

(2) 工作結構

工作結構（task structure, TS）乃是情境控制之第二個重要因素，其涵義乃是指對工作目標、方法及績效標準，能詳加說明之程度（Fiedler & Garcia, 1987）。因此，準確度高、穩定性大、難度低，與例行性之工作，工作結構較高；反之，則工作結構較低。當領導者明確了解工作目標與流程之後，在決策時，就能確實掌握工作的進度與結果。如果領導者能明確指示工作的目標和結果，只有一種方法能達成目標，正確的工作結果也很容易考核，如此則表示這個領導者的工作結構性高。

(3) 職權

職權（position power）係情境控制的第三個主要構面；基本上，職權乃是組織賦予領導者之權力，其目的則在於有利工作的推行（Fiedler & Garcia, 1987）。一般而言，領導職權的大小，往往與其所處的管理階層，以及工作的性質有很大的關係。就前者而言，往往是職位愈高職權愈大；就後者而言，正式組織領導者顯然比非正式組織領導者，擁有較多的職權。因此，職權乃是指領導者在職務上所擁有的權威與控制力，亦即為貫徹其職務所能運用的各種手段，獎懲之

使用則爲其方式之一。

2. 情境利度

費德勒等人（1967）權變領導理論，將情境因素界定爲領導者與部屬之關係、工作結構與職權三種，爲求能進一步闡述其理論內涵，乃進一步將其架構成八種情境類型和三種情境有利度。

(1) 情境類型

情境類型的建立，係將領導者與部屬之關係、工作結構、職權三種情境因素，各以其三種情境因素量表的實際測量所得之個別平均數爲依據，將其個別區分爲高低兩類，然後再以2×2×2方式，組成八種情境類型，基於此一理念，可知作爲劃分依據之平均數並無固定的數據，完全依個別研究之結果而定。

(2) 情境利度

Fiedler（1967）將情境有利度（situational favorableness）分爲對領導者非常有利、中度有利及非常不利三種。依費氏的研究結果顯示，情境一、二及三屬於非常有利情境，情境四、五、六及七爲中度有利，情境八爲非常不利情境（陳慶瑞，1993）。

表8-3　情境利度的分類

領導者與部屬關係	好				壞				極差
工作結構	高		低		高		低		高
職權	強	弱	強	弱	強	弱	強	弱	強
情境　類型	1	2	3	4	5	6	7	8	8-A
有利度	非常有利				中度有利				非常不利

資料來源：陳慶瑞（1993），修改自Fiedler（1967）。

(三) 領導效能

費德勒等人（1987）認爲其研究的皆是工作團體（task groups），而工作團體存在的主要理由，乃在完成所分配的工作，因

此乃將領導效能（leadership effectiveness）界定為團體成功完成其主要分配工作的程度（Fiedler & Garcia, 1987）。陳慶瑞（1986）的研究亦發現，在非常不利的情境中，有效領導的型式，卻依內外效能指標的不同而有所差異：其中，內效為工作導向，外效為關係導向。因此，針對不同的效能指標，而採用不同的領導型式以茲配合，乃變得相當的重要。

費德勒等人（1987）亦認為應依所處的情境作為衡量領導效能的起點，本研究以臺北市公立幼兒園園長及教師為研究對象，以工作滿足感、成員士氣、園務績效，以及適應力作為領導的效能指標。

第三節 園長領導型式評析

一、研究方法

首先藉由文獻分析，蒐集有關費德勒「權變領導理論」的相關文獻，期能從中分析探討該理論在臺北市公立幼兒園園長之領導型式、領導情境與領導效能之啟示與應用，文獻來源主要包括：期刊、雜誌、圖書、論文及其他研究報告。

其次，問卷調查法包括：

(一) 園長領導型式、領導情境調查問卷：採自Fiedler與Garcia於1987年的「最不受歡迎同事量表」（Least Preferred Co-worked Scale, LPC）。

(二) 採用費德勒等人於1977年所出版的《如何增進領導效能》（*Improving Leadership Effectiveness: The Leader Match Concept*）一書之「領導情境問卷」量表內容，加以修正其適合幼兒園之情境因素量表：「園長（領導者）與教師（部屬）關係量表」（Leader-Member Relations Scale, LMR）、「工作結構量表」（Task Structure Scale, TS）10題，最高20分、「職權量表」（Position Power Scale, PP）。

(三) 園長領導效能調查問卷：本研究採用陳慶瑞（1998）「權

變領導理論整合研究——以我國國民中小學爲例」研究之量表，量表包含以下三部分：「工作滿足感量表」、「成員士氣量表」、「園務績效量表」，以及「適應力量表」。

　　最後爲避免依賴理論與文獻，本研究將再由問卷資料統計結果，找出符合費德勒權變領導理論所提之情境有利度與領導者型式搭配之有效能的領導型式的八個幼兒園，藉以深入了解該園園長之領導情境因素、領導情境類型、情境有利度、領導型式及領導效能。以該園的園長、教師一名爲訪談對象，以電話聯繫，說明訪談目的及方式，徵得該園園長及教師同意後，進行個別訪談，從訪談中蒐集園長領導型式、領導情境、領導效能之資料，並進一步的比較分析，以作爲實證研究分析之參考。

二、園長背景變項與領導型式分析

(一) 不同年資的園長與領導型式無顯著差異

　　臺北市公立幼兒園園長其個人背景變項差異性小，且同爲學校團體，其學校組織及成員背景同質性很高，因而較難看出年資與領導型式的差異性。擔任園長年資1至2年的園長，或許想有所表現，以採取「工作導向」的領導型式爲多；擔任園長的年資3年以上的園長，由於與教師們建立良好的情誼，以採取關係導向的領導型式爲多。

(二) 園長領導型式偏向工作導向的領導型式

　　由調查問卷統計分析及訪談資料分析得知，臺北市公立幼兒園園長，其領導型式偏向工作導向的領導型式。但任何一位領導者不可能完全是採取工作導向或關係導向的領導型式，因此領導者須依領導情境權變領導型式，方可有更佳的領導效能。

三、園長領導情境特色

(一) 園長與教師的關係好、工作結構高，以及職位權力強處於非常有利的情境。

(二) 園長與校長、各處室的互動及溝通協調良好有助於園務經營管理與領導。

(三) 園長的工作結構性高，能注重歷程表現及評估，同時能檢核工作績效。

(四) 大多數園長的職權強，少部分的園長職權有待強化。

四、園長背景變項與情境因素感受分析

(一) 不同年資的園長與情境因素－職權感受未達顯著差異

不同年資的園長對情境因素－職權感受無顯著性差異可能的原因如下：

1. 園長的職務是兼任的，且大部分園長年資為1至2年，每個園長在任內，其園務經營管理常以和為貴，因此，不同年資的園長對領導情境－園長與部屬關係好壞之感受，並無顯著性差異。

2. 由於臺北市公立幼兒園教師其學經歷背景、專業能力較一致，每位教師並兼任部分行政業務，因此大部分的教師很快地就能了解園長所欲完成的工作目標，並主動地協助園長完成工作目標。不同年資的園長對領導情境－工作結構高低的感受力，並無顯著性差異。

3. 由於臺北市公立幼兒園的園長定位不明確，更談不上有何職權。如果校長很尊重園長，且賦予園長比照小學部主任職權，如此一來，園長才能感受自己擁有職權。臺北市公立幼兒園不同年資的園長，對情境因素－職權感受並無顯著性差異。

(二) 不同產生方式的園長與情境因素感受－園長與教師關係好壞感受，並未達顯著差異

本研究樣本中，不同產生方式的園長其對情境因素－園長與教師的關係好壞之感受，由不同產生方式的園長對情境因素－園長與教師的關係好壞感受之單因子變異數分析摘要表之資料得知，就園長的不同產生方式（依變項）而言，F值未達顯著（F = 1.45；P > .05）。

(三) 不同產生方式的園長與情境因素感受－工作結構高低及職權之感受達顯著差異

不同產生方式的園長對情境因素－工作結構高低之感受達顯著差異可能的原因如下：園長的產生方式如由校長指定有能力、有領導特質且有意願的人擔任園長，一方面較能獲得校長及各處室主任支援及肯定，另一方面也可使園內教師較信服，其職權較強，相對地工作結構性高，也較能永續經營。用抽籤方式產生的園長，依研究結果可發現其職權很弱，工作結構性亦低。由教師互推或其他方式產生的園長其任期以1至2年為多數，由於園內教師異動率低，不論以哪一種方式產生的園長，因其身兼教師與園長角色，總會以同理的心態去與其成員相處，再則，由於此方式產生的園長，其工作結構性高，職權強。由上述資料可發現，不同產生方式的園長其對情境因素感受－工作結構高低、職權強弱之感受無顯著性差異。

五、園長背景變項與領導效能感受分析

研究報告顯示：不同年資、不同任期，以及在學校不同定位的園長，對領導效能的感受，均有顯著差異，這與當時園長係教師輪流擔任與異動性較大有關；近幾年情境已大有改變，因此園長領導效能感受應與當年呈現的有異。

六、不同園長產生方式有其優缺點

(一) 由教師推選產生方式的園長易流於鄉愿

被推選出來的園長為了討好教師，以與教師維持良好關係為主，而不敢有突破性的措施或計畫，易流於鄉愿。

(二) 輪流及抽籤產生方式的園長在園務的傳承上易有斷層

抽籤產生方式的園長覺得是有點心不甘情不願；輪流的優點是人人有機會當園長，但是，如果輪到的人沒有意願，或是輪到新調來的人接任園長職務，對園務環境及運作不熟悉，園務銜接會有問題，相對的領導效能也會受到影響。

(三) 自願擔任產生方式的園長宜考量領導特質

根據文獻指出「領導者的特質可分為與生俱來及後天習得兩類，惟後天習得，占較大比重。」（陳慶瑞，1995；羅虞村，1989；邱怡和，1998）「具有任何一種人格特質的人，不一定成為一位好領袖，但是一個領袖的個人特質，對他所領導的組織而言，無論就目標、行為或風格來說，必然會發生相關的影響。」（Gibb, 1954）雖然領導者的特質後天習得的比重較大，但與生俱來領導者的特質，也是不容忽視的，如果一個幼兒園教師其本身的特質及能力都很適合擔任園長，而且又是自願擔任園長，則對該園情境的有利度與組織效率，都有很大的助益。

七、園長領導型式及領導情境搭配得宜，領導效能較高

園長的領導情境包括：園長與教師間的關係、工作結構與職權，以及情境利度的配合情形。因人事物地制宜，則園長領導會有較高效能，以下八位園長的分析結果：

(一) 情境一A園長及情境二B園長其領導情境利度 —— 非常有

利，採用工作導向的領導型式，搭配得宜，其領導效能高。

(二) 情境三C園長其領導情境利度──非常有利，採用工作導向的領導型式，搭配得宜，其領導效能高。

(三) 情境四D園長及情境五E園長其領導情境利度──中度有利，採用關係導向的領導型式，搭配得宜，其領導效能高。

(四) 情境六F園長其領導情境利度──中度有利，採用工作導向的領導型式，搭配較不得宜，領導效能低。

(五) 情境七G園長其領導情境利度──中度有利，採用關係導向的領導型式，搭配得宜，領導效能高。

(六) 情境八H園長其領導情境利度──非常不利，採用關係導向的領導型式，搭配不得宜，但其領導效能高。

八、不同情境的領導型式有不同的領導效能

(一) 在非常有利的情境下，採取工作導向的領導型式較有效能。

(二) 在非常不利的情境下，採取工作導向的領導型式較有效能。

(三) 在中度有利的情境下，以關係導向的領導型式較有效能。

(四) 在非常不利的情境下，只採用一種領導型式，可能無法因應此情境下的複雜狀況，應採取更具彈性化的領導措施。

九、權變領導理論適用於幼兒園園長領導

(一) 研究結果大致符應費德勒及其他學者的研究結論

本研究總效能與陳慶瑞、費德勒相關圖比較，由調查問卷分析資料得知，八種情境下，LPC與領導效能之相關中可發現：

1. 在情境一很清楚地可看出領導成效是工作導向；情境二則接近零相關；由情境三至情境五，則為工作導向的領導型式，因此，在非常有利的情境下，以工作導向的領導效能較高；而在中度有利情境下，則以關係導向的領導型式較有效能。

175

2. 在非常不利的情境六、七及八中，雖然情況稍有不同，但仍偏向工作導向的領導型式。

3. 就一般而言，本研究與陳慶瑞、費德勒的相關圖相似，顯示本研究與權變領導理論相當吻合。

(二) 領導者應因時、地、人而權變領導

依「權變模式」的說法，為充分提高團體的實際表現或效能，領導型式是否具有適宜性（appropriateness），要看「團體－任務」情境的有利程度而定。換言之，一個「關係導向」或「工作導向」的領導者是否較具效能，要看工作環境對他的有利程度而定（羅虞村，1999），因此，領導者應因時、地、人的變異而權變領導。

(三) 費德勒在情境因素強調園長與教師關係的重要

費德勒在情境因素方面，採用4LMR＋2TS＋PP之公式，強調園長與教師關係的重要性。由調查分析資料得知，園長與教師關係相當好，工作結構逐步邁向高結構化，而園長的職權有待強化，還好職權對領導情境的有利度影響不大，由此可知費德勒權變領導理論適用於園長領導。

(四) 應用權變領導理論時宜考量各園的情境因素

臺北市公立幼兒園的教師及園長大都師專、師範院校等的教育背景，其背景雖相似亦有小異，因此在應用權變領導理論時，除了考量各園的情境因素外，更應考量各園園長及教師的個人背景變項特徵，而予以權宜變通，不宜太過僵化領導。

☺第四節　園長領導權變的應用

根據研究的結論，擬提出以下的建議，以供參考：

(一) 園長產生方式由校長遴選或指派的，校長往往會全力支援

園長是一個園的領導者，其領導型式及領導情境與領導效能息息相關，校長是學校的首長，應該有遴選園長的行政裁量權，但校長應慎選園長人選。

(二) 校長在遴聘園長時，除考量具有園長任用資格外，並應考量園內的情境因素

校長在遴聘園長時應先考量園內的情境因素——領導者與部屬的關係、工作結構、領導者的職權，再選用具有此領導者特質，且其領導型式符合領導情境有利度的人擔任園長。

(三) 強化園長比照國小處室主任的職權

由研究結果得知，園長職權大多有比照處室主任的定位、獎賞權，和指派工作能力，因為園長並未列為學校考核委員會的當然考核委員，因此有的園長根本沒有考核權，園長也沒有升貶權。園長應擁有一定在校的角色與定位，有了明確的角色與職權，園長才會有權威、賞罰與考核權，才能分派成員的角色與工作。

由於目前臺北市公立幼兒園園長的職權微弱，園長的職權顯見相對的偏弱，那麼在三種情境因素中的園長與教師的關係、工作結構兩者間，也就成了改善情境有利度的籌碼，改善園長與教師的關係，以及促進工作的結構化，將是提升情境利度的不二法門。

(四) 園長與教師保持良好關係有助於情境利度的提升

園長平日可透過以下方式來維繫與教師間良好的互動及關係，藉以提升領導情境的有利度及領導效能，例如：為教師慶生、口頭鼓勵

177

教師、利用下班時間舉辦期末聚會、康樂活動、踏青郊遊、唱歌或到同事家聯誼等等來維繫與教師的關係，提高教師間的良好氣氛、工作士氣、工作滿足感，將是提升情境有利度的方法。

(五) 園長與校長及國小各處室良性互動，有助於園務經營及領導效能的提升

幼兒園是學校的一個單位，因此校長及各處室主任應主動關懷、支持協助幼兒園。而園長也應主動與校長及各處室互動及溝通協調，園長與校長及各處室的互動及溝通協調情形良好，其情境有利度愈高，相對的在園務經營領導上所獲得的支援度、協助與配合愈多，領導效能愈高。

(六) 園長在經營園務時，宜注重歷程及績效評估，強化工作結構以提升領導效能

園長的工作結構高，並能注重歷程、評估、以及檢核工作績效，將有助於園長作為下次計畫擬訂與執行的參考資料，藉以增進領導效能。因此，園長在推動園務工作時一定要落實行政工作的計畫→執行→考核的過程，透過會議溝通協調，讓教師了解工作內容、方法或執行的步驟，並允許教師用不同的途徑或方法達成工作目標，工作執行完畢後亦應透過會議、書面紀錄來評估，檢討工作的績效。

(七) 園長應依不同情境的有利度，採取權變領導型式

依據本研究及其他學者的研究結論顯示，園長應依不同的情境有利度，採取不同的領導型式：

1. 在非常有利的領導情境下，採用工作導向的領導型式其領導效能高。

2. 在中度有利的領導情境下，採用關係導向的領導型式其領導效能高。

3. 在非常不利的領導情境下，採用工作導向的領導型式其領導效能高。

(八) 園長的領導型式在有利的情境中，宜兼顧工作的完成與關係的維持

在有利的情境中，「工作導向」的領導者亦應多表現關懷的行為，而「關係導向」的領導者則往往過分忽略工作之完成，因而，應多表現與達成工作有關之行為。換言之，在有利的情境中，不論何種類型的領導者，均應兼顧工作之完成與關係之維持，庶幾可臻完美之境，如此有助提升領導效能。

(九) 在不利的情境中，應採取更具彈性與多元化的領導

在不利的情境中，領導者的職位權力弱、工作結構差，領導者不宜只採用一種領導型式，應採取更具彈性化的領導。在非常不利情境中，「關係導向」的領導者比「工作導向」的領導者感受到較少的壓力，所以該園的園長與教師因為沒壓力，相對的工作士氣、工作滿足感、園務績效都很高，領導效能也相對的提高。因此，在非常不利的情境中，應採取更具彈性化的領導措施。

(十) 透過研習活動讓園長熟悉權變領導理論及其應用

費德勒及其他學者的研究結論大致一致，顯示此理論可適用性及其普遍性。在訪談結果中發現有園長對自己的領導情境利度，以及領導型式並不清楚，教育當局應舉辦有關園長領導研習課程，讓園長認識費德勒權變理論的內涵及應用之道，藉由LPC量表讓園長了解自己的領導型式，透過採用「領導情境問卷量表」及「領導效能量表」，了解自己所處情境利度，因地制宜地採用領導型式，以利領導效能的提升。

幼兒園教師教學
專業檔案指標建構

CHAPTER 9

🐣第一節　教師教學專業檔案的重要性

　　諸多的文獻顯示教學檔案（teaching portfolio）的實施，主要著眼於透過教師對教學檔案的計畫和創造的過程，有系統的引導教師自我反思、產生專業成長的動機和意願，逐漸淬鍊出專業的教學判斷和行為（James & Sheryl, 1996）。因此，期許現場教師留下「強調省思」、「重視實證資料」、「結構而彈性」、「鼓勵專業對話」等精緻而專業教學的檔案，以建立專業的教學生涯註記（張德銳等，2004）。

　　教師個人的教學經驗知識，具有高度隱含（implicit）及情境脈絡的特性（陳美玉，2002），如何藉助教學專業指標，將最能代表教學現場的珍貴教學訊息，有系統的彙整成可分享、流通與應用的有效教學專業檔案，為教師專業留下見證實有其必要。

　　有關國內外諸多教學檔案的研究，皆以中小學教師為對象，關切的焦點亦集中於希望了解中小學教師經由教學檔案的建構所產生的專業改變。對於落實以幼兒園教師專業為核心的檔案建構，其相關資訊不僅少人關切，也少有相關研究。常見的幼兒園教師教學檔案，內容固然豐厚，也見建置者的用心，惟在整體規劃以及條理系統上仍顯不足，尤其是檔案中最可貴的省思與分析的成長軌跡與脈絡，也少見著墨。

　　在研究者歷經多年的教學工作與園務評鑑之後，仍無法覓得一份能一窺教師深層思考，與教學脈絡的紮實教學專業檔案，以佐證教師一步一腳印的永恆事蹟。再思之乃覺可藉此反思人我的教學，以促進專業成長。以下引鄒慧英（2002：137）對檔案重要性的說明：

　　檔案所呈現的教學圖像應能反映教師的教學哲理，應有專業反省、反應教學哲理的教學實務與方法、學生的回饋、同儕的回饋、其他有關效能更客觀的資源，以及專業發展六個向度的資料證據。

　　要如何將教學專業檔案聚焦在現場教學的動態脈絡？如何呈現教師教學的思考風格？正當研究者陷入迷思時，指導教授適時的提醒：「研究方向不要在沉甸甸的文本打轉，想想是否可以朝向專業指標來構思。」

　　一語驚醒夢中人的驚訝與喜樂，讓研究者再次閱讀文獻，從臺北市六位國小教師參與張德銳教授帶領的發展性教學檔案實作，覺得需要較多的時間才能蒐集資料、整理資料，有系統的呈現資料，因而有了將來可朝透過制度的設計，讓教學檔案可以發揮更大功能的建議（張德銳等，2004）。何謂教學檔案制度的設計？如何讓幼教師有一個具體可行的教學專業檔案建構依據？以簡單、明確的指標，據以整理自己最佳的專業事蹟，實有深層探究之必要性。

　　基於以上動機，本研究目的如下：

一、探究幼兒園教師教學專業的內涵。

二、建構幼兒園教師教學專業的指標。

三、分析幼兒園教師教學專業指標，可以呈現教學專業之程度。

第二節　幼教師教學專業檔案意涵與目的

　　教學檔案（teaching portfolio）的發展是近幾年教育界的盛事，有感於教師評鑑時代來臨，教師教學專業檔案的建立，普遍被認為是建立專業績效與形象，具有可評鑑性的一種可行策略。本研究聚焦於一位公立幼兒園現職教師教學專業檔案的指標系統建構檢視，因此，文獻探討以學習型的教學專業檔案為主。茲分述如下：

一、檔案的背景

　　portfolio國內譯為檔案、卷宗。在英文字典其中之一的解釋是：適用於比賽或應徵時所攜帶的圖片、照片等作品（劉淑雯，2003）。最早應用於設計師、建築師、作家和畫家等領域，他們以

自己保存的圖畫、照片、手稿等縱向系列的作品，一方面為自己的創作保存成長與發展的歷程，也讓顧客了解他們的創作能力、技巧與成果。直到1980年末期，檔案才開始有系統的被運用在教育領域上。

二、教學專業檔案的意義

教學檔案是一種有思慮、有組織、具持續性（Winsor & Ellefson, 1995）、有目的、具合作與省思的組合體（Guillaume & Yopp, 1995）。在此組合體中包括：個人信念、知識、能力、經驗與成就等真實性文件紀錄資料（張德銳，2002）。教學檔案的定義很多，也可以從不同的觀點來探討。羅綸新（2001）曾以教學反思觀與過程－成品觀及綜合觀，闡述「教學檔案」的真諦，綜合整理如下：

(一) 教學反思觀

綜合反思觀的學者（Richert, 1990; Wolf, et al., 1995; Borko, et al., 1997; Shulman, 1998）對教學檔案的看法如下：

1. 經由討論與對話的觀點，涵蓋教師教學成就、學生學習例證，以及透過深思熟慮及討論後，所產生之結構性具體化的歷史文件。

2. 強調教師自我導向學習，協助教師思考如何成為優良教師的習慣，促使教師統整其各階段多元性經驗，與時俱進發展、描述自己教學結構的相關資料，加速教師的專業知能。

3. 反應教師行為的是何（what）、如何（how）及為何（why）等機會。提供給教師一個擴展教學經驗及見解的機會，使自己的教學更為成功的一種方式。

(二) 過程－成品觀

Loughran與Corrigan（1995）從過程（process）與成品（product）兩個角度來看教學檔案。當教學檔案為過程時，它可以提供給教師各種學習的經驗，並鼓勵教師在其間思考何者為有效的教與學。

教學檔案可以被視為小組討論、分享教學經驗，或實驗新的教學策略，以及透過同儕的不同觀點來檢視自己的教學等活動，這些就是思考如何教與如何學的過程。

　　當教學檔案為成品時，它便是最佳的元素，足以展示給他人了解其所表現的狀態。它包括了建構的型式、分類、內涵、項目及設計的成果，也就是在檔案中編列了哪些項目、資料、如何編排，以及各個資料代表了什麼訊息等具體的表現。

(三) 綜合觀

　　文獻顯示，絕大部分的學者均將教學檔案以一個綜合體看待。Pascal與Wilburn（1986）指出教學檔案旨在蒐集並展示特定證據，以作為決策者決策考量，以及教師自我成長的參考架構。Bird（1990）認為教學檔案是教師顯示其個人教學知識、技巧或特長的統整文件。Seldin（1991）主張教學檔案是教師描述個人優點及教學成就的事實。江雪齡（1995）進一步指出教學檔案可幫助教師自我進步與評量教學績效，以作為個人及事業進步的指針。Green與Smyser（1996）表示教師的教學檔案是儲存與表現教師之教學知識與技巧事證的容器；但它不只是容器，還包括一種態度，這種態度是基於從多方蒐集來的資訊，以便動態的增強教師教學專業之表現。

　　秦麗花（2000）認為教學檔案是指教師有目的的將教學作品蒐集在一起成為一個檔案，藉由這些作品展現教師整學期或整學年的教學用心，以及教學發展與結果。

　　李順銓（2001）認為教學檔案是教師依據專業性的內容標準，以及個人或學校的發展目標建構而成。它是教師透過長時間蒐集彙整而成的一份具有結構性的檔案，可以有效呈現教師專業成長的過程與教學成果。

　　綜合上述學者之觀點，研究者認為教師教學專業檔案應具有三個向度的意涵：在概念上，教師教學專業檔案是一種兼重過程與結果的動態性作品，是一種持續發展、不斷批判、反思的歷程，而非僅是一

種靜態成果的堆疊。在實體上，教師教學專業檔案包含著教師的專業知識、能力、經驗、成就，和特色等多方面的真實紀錄。在社會互動上，教師教學專業檔案代表教師與檔案指導者間、教師同儕間，共同分享、省思與對話的歷程。

三、教學專業檔案的目的

歸納學者（Seldin, 1991; Wolf, Lichtenstein & Stevenson, 1997）提出之教學檔案目的如下：(1)是蒐集與呈現具體的證據與資料，作為教師評鑑時，判斷教學效能表現的必要條件依據；(2)是提供自我反省所需的架構，作為專業成長時決定教學表現需要改善之領域；(3)是協助受聘任的機會。

教學檔案目前已在教師評鑑與專業發展兩個領域成為漸受歡迎的工具，主因在於支持者認為檔案能真實呈現長期的學習觀點與教學觀點，為教師所知與所能提供較為完整而有效的圖像，提供教師一個結構與過程，方便其記錄與省思教學活動，進而促進其專業發展與成長（鄒慧英，2002）。

綜合文獻得知，教學專業檔案的目的不只在建立豐厚的教學資料，更在培養沉澱自己與充實自己的教學者與學習者。其最終目標是透過教學檔案的建構過程，改善教師的教學品質，提升學生的學習效果。藉著教學表現的種種證據與能力表徵，將教師的專業觀點完整而真實的呈現。本研究的教學專業指標建構，目的即在於透過蒐集與分析幼師教學現場的師、生學習過程例證，以及幼教師反思教學歷程的結構性具體文件，將幼教師專業觀點，以系統化的指標呈現的一種專業成長歷程。

四、教學專業檔案的特性

教學專業檔案既是教師長時間有系統、有架構的蒐集與整理的一種結構性檔案，它呈現的是一種連續與具體可徵的動態評量過程，綜

合學者（房柏成，2003；許啟耀，2003；秦麗花，2000；張德銳，2003；陳惠萍，1999；薛瑞君，2001；鄒慧英，2002）等的研究，歸納教學專業檔案具有幾個重要的特性：

(一) 系統性與結構性

教學專業檔案主要在為個人專業成長留下紀錄，因此要依據個人的專業成長目的，做結構性的選擇和系統化的建立，才能蒐集到有效的教學事證資料。

(二) 歷程性與脈絡性

教學專業檔案清楚呈現一位教師教與學的實際歷程，以及深耕教學的成長軌跡，它必須是長期連續耕耘才能累積的成果。

(三) 多元性與具體性

教學的過程是複雜且多樣的，為呈現教學的整體性，舉凡教學準備、教學內容、教學技巧、教學評量、教學相關知能進修、學生、家長、同事、長官與學者的回饋等，均涵蓋在教學專業檔案中。

(四) 溝通性與互動性

教學專業檔案既是展露教師辛勤奮鬥過程與專業能力的寫真集，是一種教學成果的展現，也因此具有與人分享的概念。教學專業檔案可讓教師從不同的角度審視自己的教學表現，經由「社會省思」（social reflection）的互動方式，透過彼此的對話、協助與討論，經驗共享，有利提升教師專業的學習成長。

(五) 批判性與反省性

教學專業檔案最重要的一個特點就是自我省思（self reflection）。自我省思是一種「後設認知」（thinking about thinking），也就是教師要能以一種旁觀者的超脫角度，來思考教學的歷程，找出

187

已經有的一些改變，和需要再改進的地方。

　　本研究以建構教學專業指標為探究重點，幼教師能否以專業指標，在複雜而多變的幼兒教育現場，蒐集到兼具上述五種特性的專業教學檔案？建立過程歷經哪些問題？亟待進一步解答。

五、教學專業檔案建立的方向

　　一本促進教師專業成長的教學專業檔案，它的製作過程需要經過所謂「三T」的過程，也就是：蒐集（collet）、選擇（select）與省思（reflect）的程序（葉興華，2002）。

　　關於教學檔案的發展，秦麗花（2000：213-216）指出，教師在發展教學專業檔案時，必須考慮三個向度：一是目的，二是事證，三是評鑑規準。分別敘述如下：

　　(一) 所謂「目的」，它包含整體與部分的意義。從整體來看，是要了解檔案建立的目的，因為教學專業檔案的建立，是從自我成長到正式評鑑，它是兩個極端的連續體，若檔案建立的目的是著重在「自我成長」一端，則教學專業檔案內容要能清楚看到教師在一段時間內的成長向度與努力；若檔案著重在「教師評鑑」一端，則應兼顧不同向度資料的蒐集，包括不同時間點，或不同範疇的教學表現，以提高資料的代表性。從部分來看，是要清楚教學目標與計畫的契合度，也就是根據自己設定的教學目標，來檢視學生學習成果符合的程度。

　　(二) 所謂的「事證」，是指在檔案發展過程中，要依照檔案目的所建構的具體內容，蒐集各式各樣具體可徵、編排有序，而且能真正反應教師個體之知識與能力的脈絡紀錄，避免流於龐雜，失去檔案的目的與焦點。一些外在的舉證，例如：相關人士的對話、公開發表的作品、學生或家長的回饋，或學者的指導等，皆是教學專業檔案的多元事證。

　　(三) 所謂「評鑑規準」，是指對照教學專業檔案的呈現與內容

來說，它應有一些明確的專業規準，讓人能以較宏觀的角度審視檔案內容。

James與Sheryl（1996）提出建立良好的教學檔案，可從五個「I」開始（張德銳等，2004：238）：

(一) 簡介（introduction）：完整的描述教師、學生、學校情境等相關的內容，並將焦點聚集在反映出這些內容對教師所發生的影響。

(二) 影響（influence）：教師的班級經營、常規處理的方法、教材設計，以及如何影響教師的教學及學生的學習。

(三) 教學（instruction）：包含活動計畫、教材內容、實際教學的錄影帶等。

(四) 個別化（individualization）：檔案中呈現的脈絡，是否符合教師個人成長的目的？教學的行為是否滿足學生需求？哪些地方需要提升？

(五) 整合（integration）：教師在反省之後，藉由發現與界定良好教學的定義，在檔案中找出這些證據，並能檢討缺失，提出改進計畫。

單小琳（2000）曾以五「I」，將老師的成長檔案實作舉例如表9-1：

表9-1　利用五個I建立資料及項目舉例一覽表

五個「I」	資料內容舉例	項目內容舉例
介紹（introduction）	背景資料	自傳、個人學校文件
	專業經驗	履歷表、教學相關證件
	教育哲學	教導及學習信念陳述
	個人教學情境	描述學校、學生、班級剪影

（續）

五個「I」	資料內容舉例	項目內容舉例
影響 （influence）	教室環境	公布欄照片、學習角、學習中心
	使用教材	加註解的主題書單、電腦軟體清單、教師自製教材、卡片檔
	管理方式	經營哲學、訓練計畫
	分組安排	教室行事曆、分組合作照片
教學 （instruction）	計畫課程	課程計畫、腦力激盪學習單、教學進度
	執行計畫	課程所需視聽媒體、草稿及學習單、投影片、家庭作業、學生成品、學生活動照片
	整合課程	主題教學單元、課程地圖、學習中心
個別化 （individualiza-tion）	教室組織	分組安排、學習中心、運用特殊資源
	學生評量	學生學習單範例、評量工具、個案研究、他人回饋單
	課程彈性	各類課程、適當評量、個別化安置、學生回饋單、修正學生的學習單
整合 （integration）	個人信念陳述	教育哲學
	成長的證據	形成性評鑑、同儕評鑑、個別化安置、學生和家長的備忘錄、獎勵與榮耀
	繼續成長計畫	修正目標、付諸行動方案

資料來源：單小琳（2000：51）。

　　綜合文獻的觀點，研究者認為幼教師教學專業檔案的製作，若能從蒐集、選擇、省思的「三T」過濾，再到目的、事證、評鑑規準三個向度的考量，以及簡介、影響、教學、個別化、整合「五I」的反省，則所蒐集的資料，必定相當的齊備。研究者也將以這樣的檢視方

式，逐步建構幼兒園教師的教學專業指標。

第三節　教學專業檔案之評量指標及其內涵

陳惠萍（2004）指出，一般而言，可運用教學專業標準來指引教學檔案的建構。陳惠萍綜合各學者（Martin, 1999; NBPTS, 1999; NAEYC; Lyons, 1998; Perkins, 1998; Howard & McClosky, 2001）研究，並參照教師教學檔案建置時之特點，提出以下綜合性教學檔案評鑑規準，整理如表9-2所示：

表9-2　教學檔案評鑑規準

表現層面	專業規準
檔案設計形式	1. 作品標題 2. 內容描述 3. 相關脈絡與評論
教學資料呈現	1. 課程架構 2. 課程計畫 3. 相關在職進修活動
教學表現	1. 對目前教授課程具正確的知識 2. 能有效針對學生應達成之學習目標加以設計、規劃 3. 能運用適當的教學資源與教材以符合學生需求與能力 4. 能使學生目前的學習結合舊經驗、實際生活並加以運用 5. 能有效的與學生溝通並做示範 6. 能運用多樣的教學策略來提升學生的學習 7. 針對學生的個別差異提供適當的學習機會
教學評量	1. 能運用多樣的、活動的、連續性的評量來了解學生的表現 2. 能提供及時性的回饋來鼓勵學生 3. 能運用評量的結果來做每日與長期的教學決定
班級經營	1. 能善用教學時間來提升學生學習 2. 可作為不同學生的楷模 3. 能有效的組織班級、學術及物理環境 4. 能明確的溝通對學生的期望

（續）

表現層面	專業規準
專業發展	1. 呈現專業行為 2. 有專業發展的學習策略 3. 對學校及社群目標有所貢獻 4. 不斷與家長及專業人員溝通與學生相關問題
教學省思	1. 普通性的反省（學習哲學、自我定位、如何教學） 2. 根據教學單元所做的反省 3. 根據個人目標所做的反省

資料來源：整理自陳惠萍（2004）。

　　陳惠萍所整理的教學檔案綜合性規準，包括：檔案設計形式、教學資料呈現、教學表現、教學評量、班級經營、專業發展，以及教學省思等表現層面。這些教學表現層面，幼兒園教師亦適用。

　　張德銳（2004）主張擁有周延且合理的教學專業規準作爲搭配，教學檔案才能滿足有用的、精確的、可行的和倫理的四個重要條件，才稱得上是一份良好的教學檔案系統。張德銳所率領的發展性教學檔案研究小組，根據有效能教學及教師專業發展的各項研究發現，再輔以實證調查，發展出以專業責任爲核心的教學檔案教學專業規準，共分爲六大領域、25個教學行爲。如表9-3所示：

表9-3　發展性教學檔案的教學規準

教學領域	教學行為
精熟學科	1. 了解任教學科領域的內容知識 2. 具備統整相關學科領域的能力 3. 能將任教學科概念轉換成教學活動 4. 能清楚教導任教學科概念及技能
活潑多樣	1. 引起並維持學生學習動機 2. 運用多元的教學方法及學習活動 3. 使用各種教學媒體 4. 善於各種發問技巧

（續）

教學領域	教學行為
有效溝通	1. 運用良好的語文技巧 2. 適當地運用身體語言 3. 用心注意學生發表，促進師生互動
班級經營	1. 塑造良好的學習氣氛 2. 妥善布置教學情境 3. 建立良好的教室常規和程序 4. 有效運用管教方法
掌握目標	1. 充分完成教學準備 2. 有效利用教學時間 3. 應用多元的評量 4. 提供學生回饋與指導 5. 達成預期學習效果
專業責任	1. 了解學生的學習發展和個別差異 2. 結合家長協力教學 3. 善用社區資源於學生的學習活動 4. 經常反思教學，主動尋求成長機會 5. 與同儕教師合作，形成夥伴關係

資料來源：張德銳（2004：18-19）。

　　張德銳（2004）所發展的教學檔案教學專業規準，是採用六個教學領域，來檢視教師的教學行為。其中的精熟「學科」領域，在幼兒園則指統整課程，其餘則有相通之處。至於教學專業檔案使用規準或指標這兩個名詞，呂鍾卿（2000：49-50）於《國民小學教師專業成長的指標及其規劃模式之研究》之博士論文指出：

　　「規準」是一組比較抽象的特徵，「指標」則沒有那麼抽象。在社會科學研究中，所謂「指標」（criteria），是一種評定抽象事物優劣或程度差異之依據。抽象事物或概念，例如「教師專業程度」，欲判斷其優劣，從「教師專業程度」的定義中，歸納出：(1)獨特的知識系統；(2)長期的培養訓練；(3)嚴格的入會標準等指標，就可以這些指標來衡量，藉以比較不同教師的專業發展情形。

193

　　呂錘卿的研究建立了18個層面103個項目的教師專業成長指標，這18個層面如表9-4所示：

表9-4　國民小學教師專業成長指標

項目	專業層面	內容
一	教育理念	能建構自己的教育理念
二	教育改革	能了解教育改革的趨勢
三	學生發展	能了解學生的發展與學習心裡
四	課程設計	能了解課程設計原理與發展趨勢
五	教學目標	能正確掌握教學目標
六	學科教材	能精通所教學科的教材
七	教學活動	能有效進行教學活動
八	教學方法	能活用適當的教學方法
九	教學媒體	能善用進步的教學媒體以輔助教學
十	教學資源	能充分利用教學資源
十一	教學評量	能有效進行教學評量
十二	學生輔導	能做好學生輔導工作
十三	班級經營	能有效經營班級
十四	溝通表達	具有良好的表達與溝通能力
十五	學校經營	能熟悉並參與學校經營
十六	行動研究	能從事行動研究
十七	專業態度	具有良好的教育專業態度
十八	生涯規劃	能做好生涯規劃

資料來源：出自呂錘卿（2000：135-137）。

　　呂錘卿（2000）之研究結論指出：溝通表達、專業態度、班級經營、教學活動、教學目標是教師專業成長較優的五個層面。比較不足的五個層面是：教育改革、課程設計、教學資源、教學媒體，以及行動研究。整體而言，國民小學教師專業成長的表現並不理想。若以

此結論觀察幼兒園教師，則其專業成長的表現，與國小教師是否有差別呢？實有待探究。

　　潘慧玲、王麗雲、簡茂發、孫志麟、張素貞、張錫勳、陳順和、陳淑敏及蔡濱如（2004）在其《國民中小學教師教學專業能力指標之發展》提出依據教師效能、教師素質、教學反思、彰權益能、專業發展及績效責任等相關理論觀點，並考量本土教學情境，而發展出分為層面－向度－指標三層次的教師教學專業能力指標系統。

　　歸納各學者（陳惠萍，2004；張德銳，2004；呂鍾卿，2000；潘慧玲等，2004）研究結果，發現研究對象雖多為中、小學教師，然而關於教師的教學專業，卻有共同之處，例如：課程規劃、教學規劃、教材呈現、教學方法、學習評量、班級經營、教學評鑑、專業成長等向度。

　　研究者重循蒐集（collet）、選擇（select）、省思（reflect）的三T過濾，以及簡介（introduction）、影響（influence）、教學（in-struction）、個別化（individualization）、整合（integration）的五I之「三T五I」思維，以及學者們的研究看法，決定採用「指標」（indicator）一詞，將「幼兒園教師教學專業能力」與「指標」兩個概念結合，成為「幼兒園教師教學專業指標」，意指在幼教師教學專業檔案中，要衡量一位幼教師的教學專業是否達到專業水準，所據以評量的一組行為、能力、表現特徵。研究者並依據張德銳書面授權，循發展性教學檔案的教學規準發展模式，將其綜合整理成四I、六個表現層面，23項觀察幼兒園教師教學發展的幼兒園教師教學專業指標，如表9-5所示：

表9-5　幼兒園教師教學專業觀察指標

四「I」面向	表現層面	教學指標
介紹 （introduction）	教學信念	1. 教學設計融入教學理念 2. 教學設計結合課程願景

195

（續）

四「I」面向	表現層面	教學指標
教學 （instruction）	教學知能	1. 將課程概念轉換成教學活動 2. 具備統整六大領域的能力 3. 善用教學媒體輔助教學 4. 運用多元的教學方法，提供個別幼兒學習 5. 適當地運用身體語言，用心注意幼兒發表
	教學評量	1. 運用多樣、連續的作品了解幼兒表現 2. 提供及時性的回饋來鼓勵幼兒 3. 運用評量的結果做教學修正 4. 有他人的回饋
	教學省思	1. 教學紀錄呈現自我教學剖析 2. 教學紀錄呈現幼兒學習狀況檢視 3. 經由省思提出教學修正 4. 經常與合班教師專業對話
影響 （influence）	班級經營	1. 塑造獨特的學習氣氛 2. 布置合宜的教學情境 3. 建立良好的教室秩序 4. 與合班教師互動良好
整合 （integration）	專業責任	1. 善用時事進行機會教育 2. 結合社區資源融入幼兒學習活動 3. 訂有個人教學生涯專業發展計畫 4. 對幼兒園有專業貢獻

資料來源：研究者整理。

　　關於「幼兒園教師教學專業指標」的發展，研究者將從「四I面向」的過濾、「六個表現層面」以及「23項教學指標」的內涵，逐步加以說明：

一、四「I」面向

　　研究者從James與Sheryl（1996）的簡介（introduction）、影響（influence）、教學（instruction）、個別化（individualization）、整合（integration）五I裡，選擇教育工作價值觀的簡介（introduc-

tion）、展現統整六大領域教學技巧與智慧之教學（instruction）、
如何經營師生團隊的影響（influence）、專業省思與責任的整合
（integration），發展「四I」的思考脈絡。其中個別化（individual-
ization）未放入，主要是考量幼教師的教學專業檔案原本就是以個人
的成長為目的，因此就將此面向省略不用。

二、六個表現層面（domains）與教學指標（indicator）內涵

　　教師教學專業，是指幼兒園教師綜合呈現在教學信念、教學知
能、教學評量、教學省思、班級經營、專業責任六個教學表現層面的
教學能力。

　　在社會科學研究中，所謂「指標」是一種評定抽象事物優劣或程
度差異之依據。本研究的指標則指在幼教師教學專業檔案中，要協助
教師教學發展所達到的一組行為、能力和表現特徵。

　　「教學專業指標」包含六個教學層面，23個教學指標，主要內
涵為：

　　教學信念層面：是指幼教師在教學設計鋪陳時，能融入個人的教
學理念，並結合自己所服務的幼兒園課程願景，所呈現之課程內在構
思能力。

　　教學知能層面：是指幼教師實際展開教學時，教學活動明顯延伸
課程概念，並且能夠運用多元的教學方法，靈活統整六大領域，適
時、適當地使用教學媒體，經常以肢體語言，用心注意幼兒的發表，
提供團體與個別的幼兒學習需求之教學技巧能力。

　　教學評量層面：是指幼教師進行評量時，能夠運用多樣、連續的
作品來了解幼兒的學習表現，並且提供及時性的回饋來鼓勵幼兒；同
時尋求服務所在地的幼兒園園長或同事進行教學回饋，以作為教學修
正的後設思考能力。

　　教學省思層面：是指幼教師藉由個人的教學紀錄，檢視幼兒的學
習狀況，剖析自我的教學，從這些教學脈絡的抽絲剝繭，以及與同事

的專業對話中，修正個人教學走向的課程省思能力。

　　班級經營層面：是指幼教師依幼兒心理需求觀點，從與合班教師良好的互動示範裡，帶領幼兒一起共塑班級的學習願景，共創細緻的物理教學情境，共建良好的教室秩序，展現教師圓融經營班級的能力。

　　專業責任層面：是指幼教師充分結合社區資源，運用社會時事，致力擴充幼兒與社會脈動連線的認知，並能規劃個人的教學生涯，邁向專業的圓滿，盡個人最大熱忱對服務的幼兒園能有專業貢獻，勇於追求終身學習的義務與承諾之專業承擔能力。

(一) 教學信念

　　包含「教學設計融入教學理念」，以及「教學設計結合課程願景」兩項指標。

　　教師的教學信念，有如教師內心深處的過濾系統，它會影響教師對每件事的知覺與感應。在本研究裡此一層面所指的是幼教師的核心工作價值觀。教學信念包含兩部分，其中之一是教師個人的內在教學理念展現，包含對教育目的、園內課程內容、有效能教學、學習環境的師生關係、學習評量方式、如何激勵幼兒喜愛學習、如何展現個人特質等的個人深層想法介紹。研究者並整理「教師個人資料」，方便教師以文字敘述自己的教育理念。

　　教學信念另一部分指的是，教師必須了解自己服務幼兒園的課程願景。當一個幼教師的課程發展，與服務園所的願景緊密契合時，則其教學設計才有方向可循，課程也才有生命張力可言。

　　江麗莉（1997：5）主張價值觀是個人真正渴望並認為值得的事物，是個人所尊崇的信仰目標和態度。同時，價值觀更是引導個人行動的準則、決策的依據。

　　從學者的主張觀之，教學信念的澄清，實為幼教師教學專業的首要指標。

(二) 教學知能

包含「具備統整六大領域的能力」、「將課程概念轉換成教學活動」、「善用教學媒體輔助教學」、「運用多元的教學方法，提供個別幼兒學習」，以及「適當地運用身體語言，用心注意幼兒發表」五項指標。

增進教學自主與專業風格，是幼兒教育最須檢討改進的方向之一（盧美貴、蔡春美、江麗莉、蕭美華，1995）。幼教師展現教學自主最好的方式，就是在實際發展教學時，能夠依循課程的概念去發展豐富的教學活動，並以多媒體的科技視訊，豐富幼兒的感官學習，同時能夠運用多元的教學方法，靈活統整幼兒園六大領域的教學內容，再加上幼教師特有的善解人意肢體語言，擁抱個別幼兒的學習與情感需求，不但慧眼獨具的支持、注意個別幼兒的表現，更能兼顧團體幼兒的共同學習需求。

當幼教師能夠施展上述的教學專業時，其風格也同時間呈現了。

(三) 教學評量

包含「運用多樣、連續的作品了解幼兒表現」、「提供及時性的回饋來鼓勵幼兒」、「運用評量的結果做教學修正」，以及「有他人的回饋」四項指標。

一個成功的幼教師進行教學評量時，在了解幼兒的學習效果層面，所依據的是幼兒多樣與連續的作品，同時能夠在評量幼兒表現的過程中，在教學當下回饋與鼓勵幼兒；此外，也能以向上提升的思維，尋求同班同事或服務所在地的幼兒園園長進行教學回饋，以作為教學修正的參考。這裡所指的教學評量，綜合來看，是一種展現幼教師兼顧認知、情緒、身體及社會等發展的評量能力。

(四) 教學省思

包含「教學紀錄呈現自我教學剖析」、「教學紀錄呈現幼兒學習狀況檢視」、「經由省思提出教學修正」，以及「經常與合班教師專

199

業對話」四項指標。

當幼教師完成一天的教學之後，在公立幼兒園的大環境裡，教室裡協同教學的夥伴，通常是最佳與即時的專業對談對象。幼教師能夠善用「教室裡另一對眼睛」的見聞，找出個人教學的盲點，對個人的專業成長自然大有助益。經由外在的教學回饋之後，再透過字裡行間的文字教學紀錄，這正是幼教師逐一檢視幼兒學習狀況，剖析自我教學的大好時機；從這些教學脈絡的抽絲剝繭沉澱，幼教師擁有勇於接受批判的後設反思能力，勇於改變、修正個人教學走向的專業精神。

(五) 班級經營

包含「塑造獨特的學習氣氛」、「布置合宜的教學情境」、「建立良好的教室秩序」，以及「與合班教師互動良好」四項指標。

谷瑞勉（1999）主張幼兒因生、心理皆尚在成長，幼教師必須運用更多的策略和耐心、保育與教育，才能成功的引導幼兒。此外，一班兩位教師之間的合作關係與理念實作的差異，也會對班級經營造成影響。因此，幼教師如何與同班的教師良好的互動，以身作則帶動班級的和諧，似乎是幼教師經營級務的首要思考點。在兩位教師溫馨的帶領下，班級願景自然垂手可塑，班級常規的建立也能以師生取得共識的雙贏來展現，在這樣一個師生和樂融融的學習環境裡，學習情境的布置，很自然的也能擁有獨樹一幟的風貌。

(六) 專業責任

包含「善用時事進行機會教育」、「結合社區資源融入幼兒學習活動」、「訂有個人教學生涯專業發展計畫」，以及「對幼兒園有專業貢獻」四項指標。

張德銳（2004）主張教師專業發展是以專業責任為核心。在本研究的專業責任，特別是指幼教師能夠充分將社區資源、家長專長引進幼兒園；並以面對大千世界需要的明辨觀點，自小訓練幼兒藉由社會時事擴充其與社會脈動連線的認知，及早建立幼兒濃厚的地球村概

念意識。同時，幼教師個人能規劃自己的教學生涯，盡個人最大的熱忱，以邁向專業的圓滿，勇於追求終身學習的義務與承諾，對服務的幼兒園能有專業的承擔與貢獻。

第四節　教師專業發展以專業責任為核心

一、結語

本研究經文獻分析確定研究架構，並進一步發展觀察幼兒園教師教學專業共六個層面，23項指標系統，作為資料蒐集與分析的基礎。透過各類研究資料的分析與整理，獲得以下結論：

(一) 幼兒園教師教學專業的表現

1. 教學信念足以影響幼教師的專業走向。
2. 幼教師擁有統整與個別尊重的教學知能。
3. 幼教師擁有連續與多元的評量能力。
4. 教學省思促進幼教師專業剖析與修正的能力。
5. 幼兒園的班級經營首重良好的師生互動。
6. 勇於承擔責任是幼教師專業的最佳展現。

(二) 幼兒園教師教學專業指標反應幼教師專業的情形

在幼兒園教師教學專業指標23項裡，完全呈現的有18項，部分呈現的有5項，也就是說幼兒園教師教學專業指標，可以呈現幼教師約略八成以上的專業表現。

綜合上述結論，研究者認為「幼兒園教師教學專業指標」可以了解幼教師的教學專業，也能展現教學中的省思與分析的專業事蹟。最後，根據本研究所得提出建議。

二、建議

本研究以個案的方式，探究幼教師教學專業檔案指標內容，是否能夠反映幼教師的教學專業歷程。過程中研究者與小玉老師有多次深入的對談，從中讓研究者認識一位資深的公幼教師，依然擁有滿載的教育熱忱，沉浸在經常試驗和重組自己概念與信念的專業成長樂趣裡；也讓研究者重新體認幼教工作的真諦與價值。

由於幼兒園教師教學專業指標的相關研究，在國內是亟待開發的領域。建議未來可朝下列面向探討：

(一) 在研究對象方面

本研究由於人力、時間的限制，只以一位臺北市資深公幼教師為研究對象，研究結果的推論會受到限制。因此，研究者認為未來研究可擴大研究的範圍，納入私立幼兒園資深教師，或公私立幼兒園初任教師，藉以探討在行政體系、教學環境皆有差異之公私立幼兒園教師，在教學專業檔案指標表現之差異，交叉比對公私立幼兒園教師邁向教學專業之脈絡與歷程，讓研究更能呈現整體效果。

(二) 在研究設計方面

本研究僅對資深公幼教師的教學專業檔案進行概括性研究，共歸納出幼教師教學專業應具備的六個層面，23項指標，並逐項檢視這些指標能否在幼教師的教學現場真實反映。至於這些指標能否足以反映初任或不同背景教師之教學專業，則須進一步探究。因此，建議未來的研究，可以針對這些指標做後設研究，進一步探究幼教師教學專業檔案指標的廣度與深度，以作為師資培育機構或幼兒園教師對教學專業檔案的規劃參考，使研究結果更有價值。

此外，建議未來的研究朝E化評量的方式，將幼教師教學專業檔案指標設計成觀察量表，透過現場觀察將幼教師各教學表現層面的指標達成度，轉化成量化的數字後，藉助電腦軟體完成圖像式的教學專

業表徵，使研究更有前瞻性。

(三) 在研究方法上

本研究採教室觀察與訪談作為蒐集資料的方式，對資深公幼教師的教學檔案進行概括性研究，研究期間研究者透過教室觀察與訪談，欣賞一場場精采的師生互動，瀏覽一次次動人的教學場景，聆聽一遍遍的真情告白，身、心、靈皆接受大洗禮。深深察覺這種貼近教學現場的真實，才能找出幼教工作獨有的脈動。因此，建議未來的相關研究可朝行動研究的方式，對促進幼教師教學發展的教學專業指標做更深層的了解，以蒐集到更完整的訊息。

幼兒園教師專業
核心素養指標建構

CHAPTER 10

🙂第一節　專業核心素養的意義

　　《師資培育法》於1944年公布後，將師資培育的權力下放至全國大專校院，我國的師資教育正式邁向「市場自由競爭」與「多元化」的新紀元。如此一來雖可一本教育自由化與師資來源多元化之初衷，然而師資培育市場的開放，導致過去專責師資培育的師範校院產生眾多市場的競爭者；自此之後，教師素質之良窳、師資培育機構及其培訓課程之品質自然成為社會大眾所關切，亦成為近年來教育改革的重要目標與鬆綁的政策。以國際比較的觀點而言，在全球化的潮流之下，世界各國目前亦相當重視教師專業素養的提升，藉以提高教育品質。

　　為促使大眾對於幼兒園教師培育及幼兒園教師專業素養的重視，本研究以幼兒園教師專業核心素養知能，與專業倫理作為根基，建構幼兒園教師專業核心素養指標，提供幼教及幼保兩個培育體系，其專業有所依據與檢視的規範。

一、核心素養之意義與內涵

　　「素養」一詞源自於拉丁文cum（with）和petere（to aspire），是指伴隨著某件事或某個人的素養（Jager & Tittle, 1980），德國學者Weinert（2001）主張competence的拉丁文字根可被理解是具有「認知覺察」（cognizance）、「履行義務」的才能與「勇於負責」（responsibility）的態度（蔡清田，2012，2014；Weinert, 2001）。

　　核心素養（core competencies，簡稱CC），又稱關鍵素養（key competencies or critical competencies）、必要素養（necessary competencies）或重要素養（important competencies）（Rychen & Salganik, 2001, 2003），是指較為核心而重要的素養，指個體為了發展成為一個健全個體，必須因應生活情境需求，所不可欠缺的知識、能力與態度之全方位國民的核心素養，具有「關鍵的、必要的、重要

的」三個核心價值之必備條件（陳伯璋、張新仁、蔡清田、潘慧玲，2007；蔡清田，2012），也是國民為適應新世紀社會的生活必備涵養。透過學校課程培養國民核心素養，已經成為世界主要國家的課程實施與教育改革焦點（陳聖謨，2013）。

國內外學者對於核心素養之內涵、使用名稱與定義，仍存在不同的看法，以下將國內外學者對「核心素養」內涵與定義彙整如表10-1：

表10-1　核心素養內涵與定義分析

研究者（年代）	定義	內涵				
		認知	技能	情意	價值	行動
Weinert（2001）	多功能、跨領域，有助於達成多項重要的目標、熟練不同的工作或任務，以及能在不熟悉的情境中自主行動。	＊	＊			＊
Rychen（2004）	是人處於社會中的一種重要能力，能在複雜的環境中完成活動與任務，健全成功的生活與促進社會發展的能力。	＊	＊			＊
歐盟（2005）（European Union, EU）	「能在特定的情境下，應用適切的知識、技能與態度。」亦即一個人要在知識社會中自我實現、社會融入，以及就業時所需的能力；此能力包含知識、技能與態度。	＊	＊	＊		
洪裕宏（2011）	培養一個人成為一個獨立個體的過程中，所建立人格發展的基礎；這個人格發展的基礎預設一組可發展或學習的能力，此最基本的能力即為核心素養。	＊	＊	＊	＊	

（續）

研究者（年代）	定義	內涵				
		認知	技能	情意	價值	行動
王保進（2011）吳清山（2011）	應用核心知能所應具備一般性、基本和最重要的知識、能力與態度，包括：認知、技能、情意、價值和行動等層面。	*	*	*	*	*
李坤崇（2013）	個人實現自我、終身學習發展、融入主流社會和充分就業所必需的知識、技能、態度、價值觀和人格，亦指個人成就、作為公民，和社會一分子所應具備核心、關鍵與可遷移的能力。	*	*	*	*	
蔡清田等人（2013）	「核心」的素養，不僅是「共同」的素養，更是「關鍵」與「重要」的素養，被認為是最根本、不能被取代、量少質精的少數，且居於最核心地位的素養，具有「關鍵性」、「必要性」與「重要性」的核心價值，並可透過課程設計的專業，將「學科知識」與「基本能力」取得均衡，並加以精密組織，以及安排先後順序，是可學習、可教學與可評量。	*	*		*	

資料來源：研究者整理。

二、「聯合國教科文組織」核心素養之內涵

「聯合國教育科學文化組織」（United Nations Educational, Scientific and Cultural Organization，簡稱UNESCO），以及二十一世紀國際教育委員會（The International Commission on Education for the

Twenty-first Century）為探討並規劃人類未來的教育走向，特於1996年以「學習：內在的財富」（Learning: The Treasure Within）為題發表報告書，一般稱為《德洛爾報告書》，其中提到終身學習是社會的核心，更將是二十一世紀的一項關鍵能力（Delors et al., 1996），其後聯合國教科文組織教育研究所（UNESCO Institute for Education）在2003年出版《開發財富：願景與策略2002-2007》一書，提出核心素養的培育需要終身學習，終身學習亦須具備核心素養，並提出終身學習五大支柱，此五大支柱包括：對知識、對事、對人、對自己以及對改變的能力，各方面所需包含的素養彼此緊密關聯，且均與學習息息相關（UNESCO Institute for Education, 2003；方德隆、張宏育，2011；蔡清田，2012；郭淑芳，2014）。五大支柱之核心素養層面及內涵如表10-2所示：

表10-2 「聯合國教科文組織」核心素養內涵

素養層面	具體內涵	
學習求知 （learning to know）	1.學習如何學習 3.記憶力	2.專注力 4.思考力
學習做事 （learning to do）	1.職業技術與能力 3.團隊合作 5.冒險精神	2.社會行為 4.創新進取
學習與人共處 （learning to live together）	1.認識自己的能力 3.同理心	2.認識他人的能力 4.實現共同目標的能力
學習自我發展 （learning to be）	1.促進自我實現 3.多樣化的表達能力	2.健全人格特質 4.責任與承諾
學習改變 （learning to change）	1.接受改變 3.積極改變	2.適應改變 4.引導改變

資料來源：修改自Nurturing the treasure: Vision and strategy 2002-2007 (pp.15-17). by United Nations Educational, Scientific and Cultural Organization Institute for Education, 2003. Hamburg, Germany: Author.

三、「經濟合作暨發展組織」（OECD）邁向2030教育架構內涵

OECD（2016）為因應2018年的PISA「全球素養」（global competence）的評量，在2030教育架構中，將素養視為學習歷程的一部分，是根植於個人知識、技能、態度與價值觀而來，最終進入核心同心圓，以達成個人與人類社會的幸福感為最終目標（羅寶鳳，2017；王志弘，2019）。

第二節　臺灣幼兒核心素養與國民核心素養之關係

為因應「經濟合作暨發展組織」（OECD）、「聯合國教育科學文化組織」（UNESCO）與「歐洲聯盟」（EU）等國際組織致力於培育具核心素養的高素質國民與公民之潮流，臺灣自2000年於國民中小學九年一貫課程綱要中制定十大基本能力，學者陸續著力於國民素養建構之研究（方德隆、張宏育、薛郁蓉，2012；吳清山，2011；洪裕宏，2008；蔡清田、陳延興、吳明烈、盧美貴、陳聖謨、方德隆、林永豐、李懿芳，2012；張鈿富、吳慧子、吳舒靜，2010；陳伯璋，2010；歐慧敏、李坤崇，2011）。

一、臺灣幼兒核心素養與國民核心素養、DeSeCo內涵比較

當前「國民核心素養」研究，因2014年臺灣正式實施十二年國民基本教育，乃以「學生主體」、「垂直連貫與橫向統整」，和「培養核心素養」為理念，以多元適性發展為核心，培養學生知識、能力和態度，使其具有國民核心素養，以協助學生能獲得成功生活，進而建立功能健全的社會。籌備期間即成立「教育部提升國民素養專案辦公室」專責研究，以學校教育為中心，研究學生面對10年後的生活，現在的學生需要什麼樣的素養，依據此一理念提出：(1)認識

自己、社會、文化，以及在個人生活上及生產過程中，表現「眞、善、美」的能力與習慣；(2)有效溝通與學習的語文能力；(3)基礎的數學、科學、數位能力；(4)學習如何學的習慣與能力等四大基本素養，與(1)語文（中／英）；(2)數學；(3)科學；(4)數位；(5)教養／美感等五大素養向度（教育部提升國民素養專業辦公室，2021；郭淑芳，2014）。

本研究謹將「經濟合作暨發展組織」（OECD）所推動之核心素養三維層面（DeSeCo）、「臺灣國民核心素養」，以及「臺灣國民核心素養四個關鍵教育階段具體內涵重點」中有關之幼兒核心素養，彙整如表10-3。

二、臺灣核心素養的內涵

核心素養（key competencies）定義爲：一種共通、可遷移、跨領域，並須透過長期培育得以具備之高階複雜的心智思考與行動學習的能力，此能力是一種運用知識與技能於工作情境的能力，同時包括態度與價值觀。

核心素養的綜合概念涵蓋知識、能力與態度等層面，同時具備可促進個人與社會發展的多元功能，並且可依據核心素養發展出核心課程或能力本位的專業訓練方案。個人要在知識社會中達到個人發展、自我實現、融入社會，以及就業時所需之結合核心知識、技能與態度的多功能與跨領域，且具有關鍵、不可取代、量少質精、可教可學，以及可評量等的特性。幼兒核心素養內涵，則依「自主行動」、「溝通互動」，以及「社會參與」三個面向、18個項目作爲參考，而發展其縝密可行的核心素養指標。

表10-3 臺灣國民核心素養及幼兒核心素養具體內涵

面向	主軸	具體內涵	DeSeCo內涵	國民核心素養	幼兒核心素養
A 自主行動	A1 身心素質與自我精進	1. 具備良好身心質、知能與行為習慣 2. 具備選擇、分析與運用新知 3. 有效規劃生涯發展，不斷自我精進	1. 生活自理與管理 2. 挫折容受與樂觀 3. 好奇與主動探索 4. 感恩與惜福 5. 品德與誠信	1. 反省能力 2. 問題解決 3. 創新思考 4. 獨立思考 5. 主動探索與研究 6. 組織與規劃能力 7. 為自己發聲 8. 了解自我	1. 具備良好的生活自理與習慣 2. 表達自我與需求選擇
	A2 系統思考與解決問題	1. 具備問題理解、思辨分析、推理批判、系統思考 2. 能行動與反思，有效管理及解決問題			1. 具備探索環境的能力 2. 嘗試解決生活上的問題
	A3 規劃執行與創新應變	1. 具備規劃及執行計畫的能力 2. 試探與發展多元專業知能 3. 充實生活經驗、發揮創新精神，因應社會變遷、增進個人競爭力			1. 具備以圖示或符號精思工作計畫的能力 2. 因應生活情境調整活動的進行

（續）

面向	主軸	具體內涵	DeSeCo內涵	國民核心素養	幼兒核心素養
B 溝通互動	B1 符號運用與溝通表達	1. 具備理解及使用語言、文字、數理、各種符號等運用符號之能力 2. 會運用符號進行表達、溝通及互動，並應用在日常生活及工作	1. 使用語言、符號與文本溝通互動 2. 使用知識與資訊溝通互動 3. 使用科技溝通互動	1. 閱讀理解 2. 溝通表達 3. 使用資訊科技 4. 學習如何學習 5. 審美能力 6. 數的概念與應用	1. 具備運用肢體、口語與圖像的素養 2. 對日常生活進行繪圖表達或記錄
	B2 科技資訊與媒體素養	1. 具備善用科技、資訊與各類媒體之能力 2. 培養媒體識讀與批判、思辨、分析能力與科技、資訊關係			1. 具備運用生活中基本的科技與資訊操作素養 2. 豐富生活擴展經驗
	B3 藝術涵養與美感素養	1. 具備藝術感知、創作與鑑賞能力 2. 體會藝術文化之美，進而將美感展現在生活層面			1. 具備感官探索、覺察與賞析生活中各種美好的事物 2. 運用各種媒材表現創作

（續）

面向	主軸	具體內涵	DeSeCo內涵	國民核心素養	幼兒核心素養
C 社會參與	C1 道德實踐與公民意識	1. 具備道德實踐的知能與社會意識，從個人小我到社會公民，循序漸進，養成社會責任感及公民意識。 2. 主動關注與參與社會活動，並關懷自然生態與人類永續發展。	1. 團隊合作 2. 與人建立良好關係 3. 處理與解決衝突	1. 團隊合作 2. 處理衝突 3. 多元包容 4. 國際理解 5. 社會參與及責任心 6. 尊重與關懷	1. 主動參與團體活動及遵守規範 2. 在生活中展現尊重與關懷
	C2 人際關係與團隊合作	1. 具備友善的人際情懷及與人溝通協調、包容異己、社會參與及服務等團隊合作素養。 2. 與他人建立良好的互動關係。			1. 會與人協商及關心他人 2. 會調整自己的態度與行為
	C3 多元文化與國際理解	1. 積極關心全球議題及國際情勢。 2. 能順應時代脈動與社會需要，發展個體或國際理解、多元文化價值觀與世界和平的胸懷。			1. 具備理解與欣賞人己之間的差異 2. 能接納多元文化的態度

資料來源：研究者整理。

第三節　幼兒園教師專業核心素養指標

一、幼兒園教師專業核心素養意涵

　　教師爲從事教育活動與提升學生學習之動機與成效，所具備有相當專精程度之資格、專業知識、專業能力、專業態度與倫理、專業精神與人格特質等，即爲其專業核心素養。

　　幼兒園教師專業核心素養即指：擔任幼兒園教師，爲從事幼兒園教保活動，提供優質幼教服務，所需具備相當程度資格之教保專業知識素養、教保專業能力素養，和教保專業態度與倫理素養。

　　由此可知幼兒園教師係經過長期且有系統之專業訓練，獲得專業的教保知能，並有幼保學會或教保協會等專業組織成立，幼兒園教師在教保服務工作時須具備專業的精神與態度，更須遵守教保專業倫理，工作期間亦須不斷的自我進修與自我成長。

　　國際幼兒教育協會（The Association for Childhood Education International, ACEI）於2011年提出的國際兒童教育協會全球指南評定量表——幼兒教育與保育園所評量（ACEI Global Guidelines Assessment-an Early Childhood Care and Education Program Assessment，簡稱GGA），提出具有全球意義且質量並重的76項指標，其在領域三：幼兒教師與保育人員方面，提出教保服務人員責任重大，因此應具有良好性格，以便有效擔負起適合幼兒發展的教育與教學任務，其提出幼教師及保育人員應具有的專業標準如表10-4：

表10-4　國際幼兒教育協會幼教師及保育人員應具有的專業標準

項目	專業標準
知識與表現（Knowledge and Performance）	1. 教保人員在實踐中表現出自己具備關於幼兒成長、發展和學習的知識，並能活用這些知識 2. 教保人員在實踐中表現出自己擁有關於善用空間、教材和實踐的知識，以適當的滿足幼兒和幼兒園的需求

（續）

項目	專業標準
	3. 教保人員能有效的與人談論專業知識 4. 教保人員在工作上能互相合作並與他人建立夥伴關係 5. 教保人員能反思並適當地調整自己的教學方法
個人與專業特質 （Personal and Professional Characteristics）	1. 教保人員對他人表現出關懷、接納、善解人意、同理心和熱情等性格 2. 教保人員在幼兒有困難時能及時給予安慰和協助 3. 教保人員以尊重的態度對待幼兒，鼓勵他們自我價值發展 4. 教保人員是幼兒權益的倡導者
倫理／道德規範 （Moral/Ethical Dimensions）	1. 教保人員能尊重幼兒及其所處文化與家庭風俗 2. 教保人員須表現道德勇氣以維護幼兒權益，並在必要時挺身而出

資料來源：ACEI Global Guidelines Assessment-an Early Childhood Care and Education Program Assessment, p15-17.

二、幼兒園教師專業核心素養指標

本研究依據相關文獻分析結果，提出幼兒園教師專業核心素養指標之建構，而其定義為幼兒園教師擔任幼兒園教師乙職，進行幼教工作時所需的知識、能力、態度與行為特質的表現，同時包括幼兒園教師未來可能發展的潛在能力與學習能力，而專業核心素養指標則是一種指引與描述，能夠反映幼兒園教師在指標衡量面向的重要表現。是以本研究的專業核心素養指標為幼兒園教師進行幼教工作時所需的知識、能力，以及對教保職場環境所表現之教保專業倫理與專業態度而言，而此一專業核心素養指標，亦能作為判斷幼兒園教師是否具備專業核心素養，以及其專業核心素養程度之依據。

綜合本研究之專家效度問卷、模糊德懷術問卷，以及層級分析法問卷調查結果分析與統計，本研究所建構完成之「幼兒園教師專業核心素養指標」其構面、向度與指標內容經修正與調整後，**共有三項構面、11個向度與60個指標**。

　　幼兒園教師專業核心素養構面包含：「教保工作職場的認識」、「教保專業能力」，和「教保專業知識」三大構面。

　　幼兒園教師專業核心素養向度包含：「教保專業倫理」、「教保專業態度」「教學能力」、「保育能力」、「溝通能力」、「課室管理能力」、「輔導能力」、「行政能力」、「專業成長能力」、「教育專業知識」與「保育專業知識」11個向度；60個指標如表10-5所示：

表10-5　幼兒園教師專業核心素養指標內容

構面	向度	指標內容
1.教保工作職場的認識	1-1 教保專業倫理	1-1-1 展現教育熱忱，關懷幼兒的福祉與權益的專業倫理 1-1-2 遵守教師以及相關法律所規範的專業倫理 1-1-3 對危及或損害幼兒權益之情事能了解處置流程，並積極通報，給予相關的協助 1-1-4 確保幼兒身心健全發展的專業倫理 1-1-5 維護幼兒、家長、學校及同事的隱私權，不隨意透漏與談論的專業倫理
	1-2 教保專業態度	1-2-1 尊重、接納且無差別地對待幼兒的態度 1-2-2 主動參與各項進修，以及其專業成長活動的專業態度 1-2-3 認同教保工作為一種專業，並願意積極熱忱投入的專業態度 1-2-4 具備敬業的精神與專業態度 1-2-5 願意參與幼兒園各項活動與業務，並配合達成預期目標的專業態度 1-2-6 了解與接納自我優缺點的正向態度
2.教保專業能力	2-1 教學能力	2-1-1 依據幼兒能力及興趣，設計教學內容的能力 2-1-2 依據幼兒園教保活動課程大綱與幼兒特質，擬訂教學目標，發展課程與教學設計的能力

217

（續）

構面	向度	指標內容
		2-1-3 能依照幼兒發展與需求,彈性調整教學活動與教材的能力
		2-1-4 統整幼兒知識概念與生活經驗,活化教學內容的能力
		2-1-5 會依據教學內容目標,選擇適宜教學方法的能力
		2-1-6 使用各項教材及場地設備,以設計教學內容的能力
		2-1-7 依據教學內容與活動,選擇和使用教具的能力
	2-2 保育能力	2-2-1 協助幼兒生活自理的能力
		2-2-2 評估幼兒身心健康與安全的能力
		2-2-3 幼兒緊急事故急救與處理的能力
		2-2-4 規劃與維護幼兒學習環境安全的能力
		2-2-5 調理幼兒食物與維護用餐區域衛生的能力
2.教保專業能力	2-3 溝通能力	2-3-1 接納與尊重幼兒意見的能力
		2-3-2 針對幼兒不同狀況,運用多元溝通方式的能力
		2-3-3 傾聽幼兒與家長意見的能力
		2-3-4 建立親師溝通管道的能力
		2-3-5 與社區及家長建立良好互動的能力
		2-3-6 與同事溝通並能尊重個人教學方式的能力
		2-3-7 透過親職教育活動倡導幼教與親職教養理念的能力
	2-4 課室管理能力	2-4-1 建立班級秩序及常規的能力
		2-4-2 維持班級秩序及常規的能力
		2-4-3 掌握班級幼兒活動情形的能力
		2-4-4 建立溫馨及開放班級氣氛的能力
	2-5 輔導能力	2-5-1 輔導幼兒學習的能力
		2-5-2 輔導幼兒遵守生活常規的能力
		2-5-3 輔導幼兒問題行為的能力
		2-5-4 輔導幼兒社會行為發展的能力
		2-5-5 輔導幼兒情緒發展的能力

(續)

構面	向度	指標內容
	2-6 行政能力	2-6-1 願意因應園務需求，參與幼兒園相關行政工作的能力 2-6-2 配合政策與行政命令行事的能力 2-6-3 與行政人員協調與溝通的能力 2-6-4 向家長說明政策與法令的能力 2-6-5 資訊科技使用與E化資料處理的能力
	2-7 專業成長能力	2-7-1 參與教學研究／進修研習，持續精進教學的能力 2-7-2 自我學習與研究的能力 2-7-3 因應環境變遷而自我調整的能力 2-7-4 教師生涯規劃的能力 2-7-5 自省幼教理念與教育信念的能力 2-7-6 參加教保專業學習社群，促進專業成長的能力
3. 教 保 專 業 知 識	3-1 教育專業知識	3-1-1 具有教育基礎知識 3-1-2 有教學方法專業知識 3-1-3 有課程規劃與設計專業知識 3-1-4 能有親師溝通專業知識 3-1-5 擁有課室管理專業知識 3-1-6 具有特殊幼兒教育專業知識
	3-2 保育專業知識	3-2-1 擁有幼兒發展及保育專業知識 3-2-2 具備幼兒健康及安全專業知識 3-2-3 具備幼兒教材教法專業知識 3-2-4 能有幼兒行為觀察與評量專業知識

　　幼兒園教師專業核心素養各構面、向度與指標相對權重與排序，歸納整理如下所述：

(一) 各構面的權重與排序

　　其相對權重與排序依序為：「教保工作職場的認識」（42.23%）最為重要，其次為「教保專業能力」（29.76%），再者為「教保專業知識」（26.87%）。

(二) 各構面之向度的權重與排序

1. 教保專業知識:「3-2 保育專業知識」(50.23%)、「3-1 教育專業知識」(49.5%)。

2. 教保專業能力:教保專業能力權重排列順序為「2-1 教學能力」(19.44%)、「2-2 保育能力」(18.42%)、「2-3 溝通能力」(13.85%)、「2-4 課室管理能力」(13.2%)、「2-5 輔導能力」(12.9%)、「2-6 行政能力」(11.2%),以及「2-7 專業成長能力」(10.99%)。

3. 教保工作職場的認識:排列依序為「1-1 教保專業倫理」(52.44%)、「1-2 教保專業態度」(47.56%)。

(三) 各向度內指標方面的權重與排序

1. **教育專業知識**

各指標相對權重與排序為:

3-1-1 具有教育基礎知識(38.72%)

3-1-2 有教學方法專業知識(25.17%)

3-1-3 有課程規劃與設計專業知識(15.66%)

3-1-4 能有親師溝通專業知識(10.6%)

3-1-5 擁有課室管理專業知識(6.51%)

3-1-6 具有特殊幼兒教育專業知識(3.35%)

2. **保育專業知識**

各指標相對權重與排序為:

3-2-1 擁有幼兒發展及保育專業知識(37.1%)

3-2-2 具備幼兒健康及安全專業知識(28%)

3-2-3 具備幼兒教材教法專業知識(19.14%)

3-2-4 能有幼兒行為觀察與評量專業知識(15.76%)

3. **教學能力方面**

各指標相對權重與排序為:

2-1-1 依據幼兒能力及興趣,設計教學內容的能力(22%)

2-1-2 依據幼兒園教保活動課程大綱與幼兒特質，擬訂教學目標，發展課程教學設計的能力（19.8%）

2-1-3 能依照幼兒發展與需求，彈性調整教學活動與教材的能力（17.7%）

2-1-4 統整幼兒知識概念與生活經驗，活化教學內容的能力（14.7%）

2-1-5 會依據教學內容目標，選擇適宜教學方法的能力（9.42%）

2-1-6 使用各項教材及場地設備，來設計教學內容的能力（8.4%）

2-1-7 依據教學內容與活動選擇和使用教具的能力（7.98%）

4. 保育能力

各指標相對權重與排序為：

2-2-1 協助幼兒生活自理的能力（26%）

2-2-2 評估幼兒身心健康與安全的能力（25.4%）

2-2-3 幼兒緊急事故急救與處理的能力（20.01%）

2-2-4 規劃與維護幼兒學習環境安全的能力（17.25%）

2-2-5 調理幼兒食物與維護用餐區域衛生的能力（11.34%）

5. 溝通能力

各指標相對權重與排序為：

2-3-1 接納與尊重幼兒意見的能力（22.6%）

2-3-2 針對幼兒不同狀況，運用多元溝通方式的能力（18.64%）

2-3-3 傾聽幼兒與家長意見的能力（16.65%）

2-3-4 建立親師溝通管道的能力（16.07%）

2-3-5 與社區及家長建立良好互動的能力（12.8%）

2-3-6 與同事溝通並能尊重個人教學方式的能力（6.67%）

2-3-7 透過親職教育活動倡導幼教與親職教養理念的能力（6.57%）

6. 課室管理能力

各指標相對權重與排序為：

2-4-1 建立班級秩序及常規的能力（28.25%）

2-4-2 維持班級秩序及常規的能力（27.96%）

2-4-3 掌握班級幼兒活動情形的能力（25.77%）

2-4-4 建立溫馨及開放之班級氣氛的能力（18.02%）

7. 輔導能力

各指標相對權重與排序為：

2-5-1 輔導幼兒學習的能力（25.25%）

2-5-2 輔導幼兒遵守生活常規的能力（23.69%）

2-5-3 輔導幼兒問題行為的能力（21.7%）

2-5-4 輔導幼兒社會行為發展的能力（18.02%）

2-5-5 輔導幼兒情緒發展的能力（11.34%）

8. 行政能力

各指標相對權重與排序為：

2-6-1 願意因應園務需求，參與幼兒園相關行政工作的能力
　　　（28.67%）

2-6-2 配合政策與行政命令行事的能力（25.11%）

2-6-3 與行政人員協調與溝通的能力（17.49%）

2-6-4 向家長說明政策與法令的能力（15.37%）

2-6-5 資訊科技使用與E化資料處理的能力（13.36%）

9. 專業成長能力

各指標相對權重與排序為：

2-7-1 參與教學研究／進修研習，持續精進教學的能力
　　　（30.2%）

2-7-2 自我學習與研究的能力（21.16%）

2-7-3 因應環境變遷而自我調整的能力（15.24%）

2-7-4 教師生涯規劃的能力（12.499%）

2-7-5 自省幼教理念與教育信念的能力（11.01%）

2-7-6 參加教保專業學習社群，促進專業成長的能力（9.9%）

10.教保專業倫理

各指標相對權重與排序為：

1-1-1 展現教育熱忱，關懷幼兒的福祉與權益的專業倫理
（23.03%）

1-1-2 遵守教師以及相關法律規範的專業倫理（21.7%）

1-1-3 對危及或損害幼兒權益之情事能了解處置流程，並積極通
報，給予相關的協助（20.85%）

1-1-4 確保幼兒身心健全發展的專業倫理（19.91%）

1-1-5 維護幼兒、家長、學校及同事的隱私權，不隨意透漏與談
論的專業倫理（14.51%）

11.教保專業態度

各指標相對權重與排序為：

1-2-1 尊重、接納且無差別地對待幼兒的專業態度（29.67%）

1-2-2 主動參與各項進修，以及其專業成長活動的專業態度
（24.44%）

1-2-3 認同教保工作為一種專業，並願意積極熱忱投入的專業態
度（17.49%）

1-2-4 具備敬業的精神與專業態度（11.47%）

1-2-5 願意參與幼兒園各項活動與業務，並配合達成預期目標的
專業態度（9.06%）

1-2-6 了解與接納自我優缺點的正向態度（7.87%）

第四節　幼兒園教師專業核心素養指標分析

一、本研究核心素養與美國幼教師專業標準比較

本研究所建構之幼兒園教師專業核心素養指標與國際幼兒教育協
會（The Association for Childhood Education International, ACEI）提

出國際兒童教育協會全球指南評定量表——幼兒教育與保育園所評量（ACEI Global Guidelines Assessment-an Early Childhood Care and Education Program Assessment，簡稱GGA）之領域三：幼兒教師與保育人員方面相呼應。

本研究與「美國幼兒教師專業標準」相同之處為：

(一) 皆強調教保專業知識為教保員專業之基礎。

(二) 所強調專業能力一致如下：(1)溝通能力；(2)教學能力；(3)保育能力；(4)專業成長能力。

(三) 本研究「教保專業態度」素養指標：有敬業的精神與專業態度，與「美國幼兒教師專業標準」：展現專業精神並能貢獻專業（Exemplifying Professionalism and Contributing to the Profession）一致。

(四) 本研究「教保專業倫理」素養指標：展現教育熱忱，關懷幼兒的福祉與權益的專業倫理，與「美國幼兒教師專業標準」：促進公平、公正與多元化的觀點（Fostering Equity, Fairness, and Appreciation of Diversity）一致。其分析可歸納如表10-6所示，其中以1、2、3及第10項關係更為緊密。

表10-6　本研究幼教師專業核心素養與美國專業標準之關聯

幼教師專業核心素養 （本研究）	教師專業標準（美國ACEI）
1.教保工作職場的認識 1-1教保專業倫理 1-2教保專業態度	1. 善用幼兒發展相關知識以了解幼兒（Using Knowledge of Child Development to Understand the Whole Child） 2. 與家庭和社區合作（Partnering with Families and Communities）
	3. 促進公平、公正與多元化的觀點（Fostering Equity, Fairness, and Appreciation of Diversity）

（續）

幼教師專業核心素養（本研究）	教師專業標準（美國ACEI）
	10.展現專業精神並能貢獻專業（Exemplifying Professionalism and Contributing to the Profession）
2.教保專業能力 2-1教學能力 2-2保育能力 2-3溝通能力 2-4課程管理能力 2-5輔導能力 2-6行政能力 2-7專業成長能力	2. 與家庭和社區合作（Partnering with Families and Communities）
	5. 評量幼兒的發展與學習（Assessing Children's Development and Learning）
	6. 管理發展與學習的環境（Managing the Environment for Development and Learning）
	7. 制定發展與學習計畫（Planning for Development and Learning）
	8. 履行發展與學習方針（Implementing Instruction for Development and Learning）
	9. 教學反思（Reflecting on Teaching Young Children）
	10.展現專業精神並能貢獻專業（Exemplifying Professionalism and Contributing to the Profession）
3.教保服務專業知識 3-1教育專業知識 3-2保育專業知識	1. 善用幼兒發展相關知識以了解幼兒（Using Knowledge of Child Development to Understand the Whole Child） 3. 促進公平、公正與多元化的觀點（Fostering Equity, Fairness, and Appreciation of Diversity） 4. 熟知幼兒教學主題與教材（Knowing Subject Matter for Teaching Young Children） 6. 管理發展與學習的環境（Managing the Environment for Development and Learning） 10.展現專業精神並能貢獻專業（Exemplifying Professionalism and Contributing to the Profession）

225

資料來源：研究者整理。

二、本研究核心素養指標與教育部職前教師專業素養指標比較

為因應各教育階段課綱以素養導向作為課程發展主軸，精進教保專業課程之規劃，教育部公布有關「中華民國教師專業素養指引——師資職前教育階段暨師資職前教育課程基準」，並自107年12月1日起生效（教育部，2018）。109年3月6日修正頒布之「國內專科以上學校教保相關系科認可辦法」，並於立法修正條文說明：專科以上學校設有教保相關系科者規劃教保專業課程，應符合附件各項專業素養、專業素養指標，以及課程核心內容。其中專業素養指一位教保員勝任其幼兒教育與照顧工作，應具備之專門知識、教育專業知能、實踐能力及專業態度，並依專業素養訂定專業素養指標及課程核心內容（教育部，2020）。下面將本研究專業素養指標與教育部專業素養指標做一對照檢視，如表10-7：

表10-7　本研究幼兒園幼教師專業素養指標與教育部課程專業素養指標對照表

教保課程專業素養指標（教育部）	幼教師專業核心素養指標（本研究）
1.了解教育發展之理念與實務 1-1 了解有關教育目的及價值之主要理論或思想，以建構之教育理念及信念	**2.教保專業能力** **2-7 專業成長能力** 2-7-2 自我學習與研究的能力 2-7-5 自省幼教理念與教育信念 **3.教保專業知識** **3-1 教育專業知識** 3-1-1 具有教育基礎知識
1-2 敏銳覺察社會環境對幼兒學習影響，以利教育機會均等	**1.教保工作職場的認識** **1-1 教保專業倫理** 1-1-1 展現教育熱忱，關懷幼兒的福祉與權益的專業倫理
	1-1-3 對危及或損害幼兒權益之情事能了解處置流程，並積極通報，給予相關的協助

（續）

教保課程專業素養指標（教育部）	幼教師專業核心素養指標（本研究）
	1-2 教保專業態度 1-2-1 尊重、接納且無差別地對待幼兒的專業態度
1-3 了解我國教育政策、法規及學校實務，以作為教育實踐基礎	**1.教保工作職場的認識** **1-1 教保專業倫理** 1-1-2 遵守教師以及相關法律規範的專業倫理 **2.教保專業能力** **2-6 行政能力** 2-6-2 配合政策與行政命令行事的能力 2-6-4 向家長說明政策與法令的能力
2.了解並尊重學習者發展與學習需求 2-1 了解並尊重幼兒身心發展、社經及文化背景之差異，以作為教學及輔導之依據	**1.教保工作職場的認識** **1-2 教保專業態度** 1-2-1 尊重、接納且無差別地對待幼兒的專業態度 **2.教保專業能力** **2-1 教學能力** 2-1-1 依據幼兒能力及興趣，設計教學內容的能力
2-2 了解並運用學習原理，以符合幼兒個別之學習需求及發展	**2.教保專業能力** **2-1 教學能力** 2-1-1 依據幼兒能力及興趣，設計教學內容的能力 2-1-3 能依照幼兒發展與需求，彈性調整教學活動與教材的能力 **3.教保專業知識** **3-1 教育專業知識** 3-1-2 有教學方法專業知識 3-1-3 有課程規劃與設計專業知識
2-3 解特殊需求幼兒之特質及鑑定歷程，以提供適切之教育及支持	**2.教保專業能力** **2-1 教學能力** 2-1-3 能依照幼兒發展與需求，彈性調整教學活動與教材的能力

（續）

教保課程專業素養指標（教育部）	幼教師專業核心素養指標（本研究）
	3.教保專業知識 **3-1 教育專業知識** 3-1-6 具有特殊幼兒教育專業知識
3.規劃適切之課程、教學及多元評量 3-1 依據課程大綱、課程理論及教學原理，以規劃素養導向課程、教學及評量	**2.教保專業能力** **2-1 教學能力** 2-1-2 依據幼兒園教保活動課程大綱與幼兒特質，擬訂教學目標，發展課程與教學設計的能力 2-1-5 會依據教學內容目標，選擇適宜教學方法的能力 **3.教保專業知識** **3-1 教育專業知識** 3-1-2 有教學方法專業知識 3-1-3 有課程規劃與設計專業知識 **3-2 保育專業知識** 3-2-3 具備幼兒教材教法專業知識 3-2-4 能有幼兒行為觀察與評量專業知識
3-2 依據課程大綱、課程理論及教學原理，以協同發展跨領域課程、教學及評量	**2.教保專業能力** **2-1 教學能力** 2-1-2 依據幼兒園教保活動課程大綱與幼兒特質，擬訂教學目標，發展課程與教學設計的能力 2-1-4 統整幼兒知識概念與生活經驗，活化教學內容的能力 **3.教保專業知識** **3-1 教育專業知識** 3-1-2 有教學方法專業知識 3-1-3 有課程規劃與設計專業知識 **3-2 保育專業知識** 3-2-3 具備幼兒教材教法專業知識 3-2-4 能有幼兒行為觀察與評量專業知識

（續）

教保課程專業素養指標（教育部）	幼教師專業核心素養指標（本研究）
3-3 掌握社會變遷趨勢及議題，以融入課程及教學	**2.教保專業能力** **2-1 教學能力** 2-1-3 能依照幼兒發展與需求，彈性調整教學活動與教材的能力
3-4 應用多元教學策略、教學媒材及學習科技，以促進幼兒有效學習	**2.教保專業能力** **2-1 教學能力** 2-1-6 使用各項教材及場地設備，來設計教學內容的能力 2-1-7 依據教學內容與活動選擇和使用教具的能力 **2-6 行政能力** 2-6-5 資訊科技使用與E化資料處理的能力
3-5 根據多元評量結果調整課程及教學，以提升幼兒學習成效	**3.教保專業知識** **3-2 保育專業知識** 3-2-1 擁有幼兒發展及保育專業知識 3-2-3 具備幼兒教材教法專業知識 3-2-4 能有幼兒行為觀察與評量專業知識
4.建立正向學習環境並適性輔導 4-1 應用正向支持原理，共創安全、友善及對話之班級與學習環境，以養成幼兒良好品格及有效學習	**2.教保專業能力** **2-4 課室管理能力** 2-4-1 建立班級秩序及常規的能力 2-4-2 維持班級秩序及常規的能力 2-4-3 掌握班級幼兒活動情形的能力 2-4-4 建立溫馨及開放之班級氣氛的能力 **2.教保專業能力** **2-5 輔導能力** 2-5-2 輔導幼兒遵守生活常規的能力
4-2 應用輔導原理及技巧進行幼兒輔導，以促進適性發展	**2.教保專業能力** **2-5 輔導能力** 2-5-1 輔導幼兒學習的能力 2-5-2 輔導幼兒遵守生活常規的能力

229

（續）

教保課程專業素養指標（教育部）	幼教師專業核心素養指標（本研究）
	2-5-3 輔導幼兒問題行為的能力
	2-5-4 輔導幼兒社會行為發展的能力
	2-5-5 輔導幼兒情緒發展的能力
5.認同並實踐專業倫理 5-1 思辨及認同專業倫理，以維護幼兒福祉	1.教保工作職場的認識 1-1 教保專業倫理 1-1-1 展現教育熱忱，關懷幼兒的福祉與權益的專業倫理 1-1-2 遵守教師以及相關法律規範的專業倫理 1-1-3 對危及或損害幼兒權益之情事能了解處置流程，並積極通報，給予相關的協助 1-1-4 確保幼兒身心健全發展的專業倫理 1-1-5 維護幼兒、家長、學校及同事的隱私權，不隨意透漏與談論的專業倫理
5-2 透過教育實踐關懷弱勢幼兒，以體認專業角色	1.教保工作職場的認識 1-1 教保專業倫理 1-1-4 確保幼兒身心健全發展的專業倫理 2.教保專業能力 2-3 教學能力 2-1-3 能依照幼兒發展與需求，彈性調整教學活動與教材的能力 2-3 溝通能力 2-3-1 接納與尊重幼兒意見的能力 2-3-2 針對幼兒不同狀況，運用多元溝通方式的能力
5-3 透過教育實踐與省思，以發展溝通、團隊合作、問題解決與持續專業成長之意願及能力	2.教保專業能力 2-7 專業成長能力 2-7-1 參與教學研究／進修研習，持續精進教學的能力

（續）

教保課程專業素養指標（教育部）	幼教師專業核心素養指標（本研究）
	2-7-2 自我學習與研究的能力
	2-7-3 因應環境變遷而自我調整的能力
	2-7-4 教師生涯規劃的能力
	2-7-5 自省幼教理念與教育信念的能力
	2-7-6 參加教保專業學習社群，促進專業成長的能力

三、結論與建議

　　依據本研究結果，幼兒園教師專業核心素養包括：三個構面、11個向度，以及60個指標。在此三個幼教師專業素養構面中，教保專業職場的認識，包含：教保專業倫理與教保專業態度，其重要程度高於教保專業能力與教保專業知識。此一研究結果可提供幼教師資培育單位、師資生，以及幼教實務工作者作為借鏡，亦即一個優秀且具有教保專業知識與教保專業能力之教師，若無法保有教保專業倫理與態度，勢必無法為當前幼教職場所接受，亦可能面臨被職場淘汰之窘境，頗具參考的價值。

(一) 初任教師

　　幼兒園教師專業核心素養指標，可供初任幼兒園教師，檢視自己在各指標構面的專業核心素養是否具足，進而了解自己未來擔任此職務時應具有先備專業的核心素養。

(二) 在職進修

　　幼兒園教師可透過此指標內容，了解擔任幼兒園教師的工作倫理、專業能力及專業知識，進而透過指標內容，形塑幼兒園教師之專業形象與專業核心素養，俾使在幼兒園教育與保育工作，或專業倫理與態度上有所遵循。

231

(三) 師資培育機構

幼教師資培育機構，應提升為全面培育幼兒園教師具備此專業素養，透過素養的檢視，俾使幼兒園教師之專業提升有一方向。現階段課程架構可融入更多幼兒園教師職場的理論或實務課程；實習課程除了進行教學、保育上的實務觀察、見習、試教與臨床教學的檢討外，可增加教保職場認識之相關課程與實務困境的解決策略。職前師資生雖未直接參與現場的規劃與決策，但可提供其初步的接觸與了解，提供教學和保育的學習，做好幼教師教保專業之準備，以及提升專業倫理與態度的涵養。

幼兒園教保人員
情緒管理能力量表

CHAPTER 11

第一節　情緒管理的重要性

　　一個成熟的個體，必須理性與感性內外兼備，表現其合宜的情緒管理能力，才有可能充分展現其睿智的全方位領導能力。Steven與Koch（2011）研究發現，情緒管理是人與人互動不可或缺的元素，個人所經驗的情緒不僅影響其工作效能，也同時影響身心健康及其與人際互動的關係（Rebecca, 1999）。在2012年幼托整合制度施行之下，幼兒園教保人員為了滿足學校對己身專業能力提升和新課綱實施的要求，家長對子女未來成就愈來愈多的期待，以及須額外在課餘時間花費心力處理諸多學前補助事宜等行政工作的配合，不僅影響其穩定的身心情緒，也產生相對的情緒困擾。精神分析暨心理學家佛洛依德（Freud）表示，學習掌握自己的情緒是成為文明人的基礎（蔡秀玲、楊智馨，2007）；人文主義心理學家羅傑斯（Rogers）亦指出，情感可以促使師生知識信息和思想交流，良好的情緒可以使教學活動充滿生機與活力，即情緒管理可以帶來教學質量的增值效應，使教育價值最大化成為可能（傅玉蓉、付新民，2010）。有積極正向的教師，自然能教出快樂、活潑的學生，教保人員要因應教育生態的瞬變、面對各項工作的挑戰，以及處置伴隨壓力而來的情緒變化，不讓情緒影響自己的教學效果和工作動機，確實必須仰賴有效情緒管理的能力。若能藉由教保人員在情緒管理能力表現的分析，協助教保人員學習樂納情緒，將負向情緒昇華為發展教學專業的助力，以提升其情緒管理能力，在班級內自然能為幼兒樹立「愛與榜樣」的學習楷模。

　　研究者檢視「幼兒教育及照顧法」（教育部，2018）、「幼兒教育幼兒保育相關系所科與輔系及學位學程學分學程認定標準」（教育部，2012a）與「幼兒園教保活動課程大綱」（教育部，2012b）之內容，無不提及「情緒」二字，在在都顯見情緒管理能力的重要性；然綜觀國內外研究，針對情緒管理相關議題，大多以小學以上學生、教師或行政人員為研究對象（肖豔雙、徐大真，2010；Esra &

Seyhan, 2009; Sutton, Mudrey-Camino & Knight, 2009），且偏向於了解和分析情緒管理和教學層面、生活適應，和人際互動等其他變項的交互作用（江承曉、劉佳蕙，2008；陳世芬，2007；Niesyn, 2009; Rossiter, Slaney & Tulloch, 2011），僅有少數幾篇探討教保工作者（李宜穎，2006；楊麗環，2011；蕭淑華、孫銀苓，2012；Ahn, 2003）。此外，目前探究教保方面的量表多關注於情緒智力、幼兒身心發展或教師專業職能方面（李新民、陳密桃、張玉蓮，2004；劉惠美、曹峰銘，2010；Bajgar, Ciarrochi & Lane, 2005），對於著重「情緒管理能力」爲焦點之探討則相對顯少，更遑論研擬與建構有關情緒管理能力量表之相關研究。圍於教保專業品質源自於教學者本身，故本研究旨在探討教保人員情緒管理能力表現，並融入國內外相關研究、理論與實務分析，作爲建構幼兒園教保人員情緒管理能力量表內涵的依據，並綜合實證調查研究分析，期能提升我國幼兒園教保人員自我省思、情緒評估及其情緒管理能力。

第二節　情緒管理內涵及相關研究

一、情緒管理之理論與相關研究

(一) 情緒管理的意涵

　　「情緒管理」一詞源自於「情緒智力」（emotional intelligence, EI）的概念應用，最早是由Mayer與Salovey於1990年提出，認爲情緒智慧是體察自己與別人的情緒，處理情緒並運用情緒訊息來指引自己的思考與行動之能力，具備情緒智能的人，可視之爲具有良好的情緒管理能力（林蔚芳，2006）。本研究情緒管理定義爲「個體能對應情境，正確覺察自身與他人的情緒狀態，使用媒介合宜表達人我之情緒，採取調適策略以紓解或轉化負向情緒，並運用正向方式激勵自身與他人成長，使身心趨於平衡狀態。」再者，本研究彙整國

235

內外情緒管理構面內涵相關研究（李翠英，2008；陳雅玲，2011；陳世芬，2007；Goleman, 1998/1998; Mayer & Salovey, 1997; Sutton, Mudrey-Camino & Knight, 2009），為兼顧周延性與完整度，本研究採納「情緒覺察」、「情緒表達」、「情緒調整」及「情緒運用」等四個構面作為其內涵。

(二) 情緒管理之理論模式

分辨情緒是很重要的，唯有清楚自己的情緒，方能妥善的反應和處理（張典齊，1998）。情緒為一種主觀與複雜的心理歷程，關於情緒理論研究，迄今已逾百年歷史，因各個學派關注重點不同，理論觀點亦包羅萬象，目前尚無單一理論可以完整說明，然可確定的是因情緒管理概念源於情緒智力，多數的情緒管理理論，皆以情緒智力的架構來說明之。情緒管理同樣也是綜合性的觀念，其義為「掌控內在情緒之感受與外在情緒之表現」，指的是個人面對情緒因素，做整體覺知、表達、調適及運用的處理能力。因此，本研究為使量表內涵更為周延切要，彙整Lazarus認知評估理論、Salovey與Mayer的情緒智力理論，以及Goleman情緒智力理論中有關情緒管理能力作為主軸，綜合分析後形成本研究量表之構面。

(三) 情緒管理之相關研究

綜觀國內外研究，針對教育工作者之情緒管理議題，目前大多以國民小學以上教師為研究對象，對於教保人員之探討卻仍涉獵甚少，值得重視。本研究蒐集已包含「幼兒教師」、「情緒管理」，和「情緒智力」等相關議題為主之研究（李宜穎，2006；林紋菁，2010；林文婷、簡淑真、郭李宗文，2008；邱蓮春，2010；陳雅玲，2011；黃秋雅，2004；蔡馨慧，2007；Ahn, 2003; Ersay, 2007; Kaplan, 2002; Morris, 2010; Rabineau, 2004），並進行內容比較、分析與說明：

1. 研究對象分析

研究發現十多年來的情緒管理相關研究中，以幼兒教師或教保人員為對象之研究並不多見，顯示社會大眾或政府單位對教保人員情緒管理方面之重視與觀念提倡尚待加強，也更賦予本研究價值的空間。

2. 研究方法分析

多數研究以問卷調查法為主，部分研究也採用實驗研究法或搭配質性研究，運用觀察、深度訪談等方式，進行情緒管理之了解與探討。本研究則採用理論探討與實證調查方式，並透過嚴謹的統計考驗方式，為建構情緒管理能力量表提供更完善周延的研究方法。

3. 研究結果分析

幼兒教師或教保人員對於情緒管理的掌握度，大多趨於「中上」或「良好」的程度，且其構面大致可分為「情緒覺察」、「情緒表達」、「情緒調適」與「情緒運用」等四方面，可謂符合本研究量表之向度。

(四) 教保人員情緒管理背景變項之分析

歸納相關研究（李宜穎，2006；林文婷、簡淑真、郭李宗文，2008；林紋菁，2010；邱蓮春，2010；黃秋雅，2004；楊麗環，2011）發現，年齡、婚姻狀況、年資與教育程度等個人背景變項會影響其情緒管理現況，但對於幼兒園類別、任教年齡層等則鮮少納入討論範圍內，針對此點研究者以為頗值得深入探究。因此，本研究將探討年齡、婚姻狀況、服務年資、教育程度、任教年齡層，以及幼兒園類別等六個變項，並做進一步討論。

二、情緒管理能力及其構面內涵探討

(一) 情緒管理能力的意涵

「能力」一詞源自於1970年代初期，由哈佛大學McClelland於1973年首先提出，當時對於表現優秀人員進行一連串的研究後，發

現除了智力之外，某些概念，例如：認知及個人特質等，也是使工作者表現突出的重要因素，稱之為competency，通常被翻譯成「能力」。在本研究中，「能力」是指教保人員在「情緒管理」方面的潛在能力與實際能力，情緒管理能力則是指個體在遇到與自身發展不利的情緒時，積極尋找情緒策略，以有效的方式解決情緒不適的能力（Koole, 2009），若幼兒園教保人員在「情緒管理能力量表」的得分愈高，表示對其情緒管理能力的掌握度與表現狀況愈佳，反之則愈差。

(二) 情緒管理能力內涵探討

1. 情緒覺察能力（emotional awareness competence）

Davies、Stankov與Roberts（1998）針對100名大學生進行測驗，採用18種情緒智力測驗與10種人格、智力及認知能力測驗結果做比較，因素分析結果顯示情緒覺察能力的存在，甚至建議應該將情緒智力的定義侷限於能從視覺或聽覺刺激中覺察情緒訊息之能力。故本研究將情緒覺察能力定義為：個體能透過內在的心理變化，或外顯的反應或行為等生理狀態，正確與快速察覺、認知與辨識自身與他人的情緒之能力。

2. 情緒表達能力（emotional expression competence）

一個獲得情緒自由的人，無須尋求別人的認可，就可以採取最有利於自己的行為，順利的解決生活中出現的矛盾，然而要做到這一點，必須要自由的表達自己的情緒，如果抑制情緒，滿腔怨恨，就很難找到良好的自我感覺，進而採取有利的行動（Viscott, 1994/1995）。故本研究將情緒表達能力定義為：個體在判斷與評估情緒後，能運用語言及非語言為媒介，合宜適當的表達，與反映自身內心的真實感受，並能同理他人所表現的情緒能力。

3. 情緒調適能力（emotional accommodation competence）

Thompson（1994）對情緒調整的界定包含非常廣泛的概念，其是指所有監控、評估和調整情緒反應之內在與外在歷程，故當情緒事

件發生時，個體無論是增加、減少或維持特殊的情緒反應，目的都是為了要調節情緒（Mackelem, 2008），使情緒更具彈性，並將之調適為個體能勝任與掌握的狀態。故本研究將情緒調適能力定義為：個體能採取心理或生理的情緒調適策略，處理因刺激所引起的負向情緒，以紓解、調節與轉化情緒所產生的不舒服狀態，俾利維持良好身心狀態的能力。

4. 情緒運用能力（emotional utilization competence）

善用情緒力量時，負向的情緒其建設力可能更強。例如：恐懼可化為用心戒慎，憤怒可化為正義感，煩惱可化為周全考量，若能控制情緒、保持冷靜，心平氣和的處理事情，則效果更大，甚至減少懊悔（王淑俐，1993）。故本研究將情緒運用能力定義為：個體能運用可促進正向思考的計畫或方式，增進自我激勵、問題解決能力與人際關係管理，讓自身及他人身心立於和諧狀態的能力。

第三節　情緒管理能力量表的架構與研究工具

一、研究架構

首先探討與分析文獻，結合前導性研究所提供之意見，初擬「幼兒園教保人員情緒管理能力量表」，再檢定該量表初稿是否具備良好的信效度，並建構成情緒管理能力之驗證性因素的二階分析模式，此分析模式包含四個構面，再由此四構面建構出一更高層次之潛在變項，即「情緒管理能力」。接著，將修正完成的量表進行實證調查，以了解教保人員對本研究所建構「情緒管理能力量表」之表現狀況。最後，將所得資料進行彙整、分析與討論，獲致研究結論，並提出建議。

二、前導性研究之研究工具

參考國內外情緒相關文獻、我國教保相關法令與情緒領域課程內涵，歸納為四個構面，進而編製半結構式「幼兒園教保人員情緒管理能力現況問卷」，單一構面各5題，共20題。

三、實證調查之研究工具

邀請15位專家小組以李克特氏五點計分評量法進行題項重要性的評定，再採用Aiken（1980, 1985）提出之內容效度係數與同質性信度來計算各題的信效度，通過信效度的題項則編製成預試問卷。預試問卷回收後即進行項目分析，刪除不適當之試題，再做信度分析考驗，經修正後成為正式施測問卷。由於情緒管理已有相關理論依據，故在正式施測回收後，以驗證性因素分析技術驗證量表整體模式之適配度、檢定因素之聚合效度與區別效度、探討因素之組合信度，並檢驗其複核效度，透過以上步驟完成量表之建構效度與信度分析。

🐛第四節　教保服務人員情緒管理能力量表建構

一、情緒管理能力量表內涵分析及其建構

(一) 內容邏輯分析

量表題項在初步設計時乃依據四個構面及其定義內涵，並透過前導性研究所提供之現場資料，形成專家內容效度問卷。藉由學者與實務工作者等15位專家所提供之兩次修正建議，並實施Aiken（1980；1985）刪除題意不清及未達顯著水準之題項，最後保留34題之預試問卷。

(二) 內容效度和同質性信度計算

由於評分者有15位，當$\alpha = .05$時，V值必須大於.67，H值必須大於.43，方可達到理論上的顯著水準。就整份量表而言，其平均內容效度值為.86，平均為.62達顯著水準，代表本量表具有良好內容效度，可作為一份有效的衡量工具。

(三) 項目分析與信度分析

以SPSS 21版統計套裝軟體進行項目分析，刪除未達顯著水準之題項5題，再利用「內部一致性分析」來考驗各構面及整體的信度，依據分析結果，各構面的α值介於.803至.912之間，整體信度為.952，顯示本量表擁有相當理想之內部一致性信度，故正式調查問卷共計29題，出版時另權宜的加為30題，以強化情緒的運用能力。

(四) 驗證性因素分析

以LISREL 8.8版進行驗證性因素分析，根據Hair、Black、Babin與Anderson（2010）的建議，將1,008位樣本隨機抽樣分成兩群次樣本，每一群樣本各為504人，第一組樣本進行驗證性因素分析，另一組樣本504人則作為複核效度檢驗之分析樣本。正式問卷經分析後，雖未通過嚴謹策略的複核效度檢驗，然已通過常態性檢定、違犯估計之檢視、整體模式適配度檢定、模式內在適配檢定（組合信度、聚合效度、區別效度）與寬鬆的複核效度等檢驗，表示模式具有一定程度之信效度，是可被接受的考驗結果。

二、幼兒園教保人員情緒管理能力表現之現況分析

表11-1列出全體受試者在各層面的平均數、標準差及該層面的題數，採五點量尺計分，每題以1至5分表示情緒管理能力的符合程度，以得分愈高表示對其情緒管理能力的掌握度與表現狀況愈佳，反之則愈差。

表11-1　幼兒園教保人員情緒管理能力表現現況分析表

情緒管理能力	平均數	標準差	題數	量尺中數
情緒覺察能力	4.145	3.093	6	3
情緒表達能力	3.920	4.164	8	3
情緒調適能力	3.903	4.223	8	3
情緒運用能力	3.870	3.770	7	3
總量表	3.950	13.294	29	3

(一) 就整體而言

　　本研究整體情緒管理能力為良好程度，此與楊麗環（2011）、邱蓮春（2010）、蔡馨慧（2007），以及李宜穎（2006）的研究結果相同，顯示此1,008位幼兒園教保人員面對工作職場上的人、事、物等情緒狀況時，均擁有彈性的情緒管理能力以隨時因應或處理。此一研究結果，除了讓教保人員更有自信持續保持其正面的情緒管理能力並建立親切、和樂接納的學習環境之外，更讓幼兒能在潛移默化的接觸中，學習到教保人員正向情緒流露的良好身教，以培養幼兒自身的情緒能力。

(二) 就情緒管理能力四構面而言

　　情緒管理能力各構面以「情緒覺察能力」的掌握度與表現狀況最佳，其次為「情緒表達能力」，再者為「情緒調適能力」，較差的則是「情緒運用能力」。此與陳雅玲（2011）研究發現「教保情緒自覺」分數最高，黃秋雅（2004）研究發現「情緒覺察」表現最佳等研究結果相同；但與林紋菁（2010）研究發現「情緒覺察」分數最低、蔡馨慧（2007）研究發現「認識自己的情緒」的表現最差、李宜穎（2006）研究發現「認識自己的情緒」的表現最差等研究結果卻大相逕庭。究其原因，可能因研究對象或其所在之地域性的不同而有不一致的結果。此外，「情緒表達能力」及「情緒調適能力」的排

序雖然落在第二與第三，但因題平均數皆小於總量表，顯示此1,008位教保人員應如何正確表達其情緒，以及適時、適當的調適已身不良情緒的能力，仍有改進的空間。

(三) 幼兒園教保人員在情緒管理能力各構面上之差異分析

1. 差異分析

由表11-2可知，1,008位幼兒園教保人員在不同構面之情緒管理能力表現狀況檢定F值為171.46，達顯著水準，表示他們在情緒管理能力量表各構面上有顯著差異存在，其中情緒覺察能力分數最高、其次為情緒表達能力、情緒調適能力位居第三，分數最低為情緒運用能力。經薛費法（Scheffe）事後比較發現，「情緒覺察能力」優於「情緒表達能力」、「情緒調適能力」及「情緒運用能力」；在「情緒表達能力」優於「情緒運用能力」，而在「情緒調適能力」則優於「情緒運用能力」，至於在「情緒運用能力」則沒有顯著差異存在。

表11-2　不同構面在整體情緒管理能力表現狀況單因子重複量數變異數分析摘要

構面	平均數	標準差	F值（p）	事後比較
A.情緒覺察能力	4.15	.52	171.46**	A > B, C, D
B.情緒表達能力	3.92	.52		B > D
C.情緒調適能力	3.90	.53		C > D
D.情緒運用能力	3.87	.54		

註：**p < .01

2. 討論

因缺乏類似的研究結果可供比較與討論，故就本研究結果而言，透過重複量數單因子變異數分析，結果發現幼兒園教保人員在情緒覺察能力、情緒表達能力與情緒調適能力等構面皆顯著大於情緒運用能力，亦即1,008位幼兒園教保人員較會使用情緒覺察、情緒表達與

情緒調適等能力。分析其原因，可能是教保人員在職場上每天要面對不同的對象，爲了能正確判別自己應採用何種最合宜的態度與對方互動，首要之道是本身必須具備較佳的情緒覺察能力，一方面辨別自己當下最眞實的感受與理解自我情緒變化的原因，另一方面則在最短時間內辨識出對方的情緒，以採取適當的回應方式。此外，教保人員經常會面臨較急迫且須立即處理的緊急狀況，爲了使突發事件中的關係人都能感受到教保人員臨危不亂的處理方式，故須優先表現同理對方情緒，讓對方知道其情緒可被理解與關懷、表達其情緒關心與用適當的方式回應對方情緒……等情緒表達能力；其次，教保人員本身要保持穩定與和緩的情緒，以利將負面情緒快速轉化以調整自我情緒變化……等情緒調適能力；最後，才能以冷靜、沉著與理性的態度處理每一個狀況並正向思考解決問題的方式。

(四) 不同背景變項幼兒園教保人員在情緒管理能力量表上之差異分析

1. 不同背景變項幼兒園教保人員在情緒管理能力之差異分析

由表11-3可知，年齡、教育背景、任教幼兒年齡、幼兒園類別等變項在情緒管理能力皆未達顯著水準。婚姻狀況變項則達顯著水準，已婚者的情緒管理能力高於未婚者。在服務年資變項方面達顯著水準，從事後比較可知，服務年資「20年以上」的幼兒園教保人員情緒管理能力高於「未滿2年」者。

表11-3　不同背景變項之幼兒園教保人員與情緒管理能力之差異分析

自變項	組別	人數	平均數	標準差	t/F值	事後比較
年齡	A. 30歲（含）以下	315	3.93	.48	F = 1.60	
	B. 31-40歲	384	3.93	.44		
	C. 41-50歲	228	3.99	.44		
	D. 51歲（含）以上	81	4.01	.50		

（續）

自變項	組別	人數	平均數	標準差	t/F值	事後比較
婚姻狀況	A. 未婚	447	3.89	.48	t = -3.69*	B > A
	B. 已婚	561	4.00	.43		
服務年資	A. 未滿2年	170	3.89	.50	F = 3.35*	E > A
	B. 2年-未滿5年	183	3.90	.43		
	C. 5年-未滿10年	205	3.96	.44		
	D. 10年-未滿20年	298	3.96	.45		
	E. 20年以上	152	4.05	.47		
教育背景	A. 專科或高職幼保科	193	3.96	.48	F = 0.63	
	B. 大學幼兒保育系	349	3.93	.49		
	C. 大學幼兒教育系	362	3.95	.43		
	D. 研究所以上	104	4.00	.40		
任教幼兒年齡	A. 滿2足歲	72	3.92	.49	F = 1.70	
	B. 滿3足歲	138	3.91	.51		
	C. 滿4足歲	222	3.94	.45		
	D. 滿5足歲	310	4.00	.46		
	E. 混齡	266	3.93	.42		
幼兒園類別	A. 公立	302	3.95	.42	t = 0.02	
	B. 私立	706	3.95	.47		

註：*p < .05

2. 不同背景變項之幼兒園教保人員在情緒管理能力各構面之差異分析

由表11-4可知，經單因子多變量分析，婚姻狀況變項達顯著性差異，進一步進行單因子變異數分析，在「情緒覺察能力」之F檢定為9.17達顯著差異，事後比較得知已婚者高於未婚者。在「情緒表達能力」之F檢定為12.27達顯著差異，事後比較得知已婚者高於未婚者。

在「情緒調適能力」之F檢定為9.15達顯著差異，事後比較得知已婚者高於未婚者。在「情緒運用能力」之F檢定為11.56達顯著差異，事後比較得知已婚者高於未婚者。

服務年資變項之單因子多變量分析達顯著差異，進一步進行單因子變異數分析，在「情緒覺察能力」之F檢定為4.91達顯著差異，事後比較得知服務年資「未滿2年」者小於「10年-未滿20年」及「20年以上」者。在「情緒表達能力」之F檢定為2.32達顯著差異，事後比較得知服務年資「未滿2年」者小於「20年以上」者。在「情緒調適能力」之F檢定為1.98未達顯著差異。在「情緒運用能力」之F檢定為2.89達顯著差異，事後比較得知服務年資「未滿2年」及「2年-未滿5年」者小於「20年以上」者。

表11-4　不同背景變項幼兒園教保人員在情緒管理能力各構面之差異分析

自變項	組別	依變項			
		情緒覺察能力	情緒表達能力	情緒調適能力	情緒運用能力
年齡	A. 30歲（含）以下	4.10(.51)	3.92(.52)	3.89(.54)	3.83(.56)
	B. 31-40歲	4.15(.53)	3.90(.51)	3.88(.51)	3.85(.53)
	C. 41-50歲	4.20(.49)	3.95(.49)	3.94(.52)	3.93(.52)
	D. 51歲（含）以上	4.20(.53)	3.95(.63)	3.96(.57)	3.96(.57)
	Wilk's Λ	.99			
婚姻狀況	A.未婚	4.09(.53)	3.86(.54)	3.85(.54)	3.81(.56)
	B.已婚	4.19(.50)	3.97(.50)	3.95(.52)	3.92(.52)
	Wilk's Λ	.98*			
	F值	9.17*	12.27*	9.15*	11.56*
	事後比較	B > A	B > A	B > A	B > A

（續）

自變項	組別	依變項			
		情緒覺察能力	情緒表達能力	情緒調適能力	情緒運用能力
服務年資	A. 未滿2年	4.05(.55)	3.85(.54)	3.87(.58)	3.82(.59)
	B. 2年-未滿5年	4.06(.47)	3.89(.50)	3.85(.52)	3.82(.50)
	C. 5年-未滿10年	4.17(.52)	3.94(.50)	3.90(.49)	3.87(.52)
	D. 10年-未滿20年	4.19(.51)	3.92(.51)	3.91(.52)	3.86(.54)
	E. 20年以上	4.23(.50)	4.02(.54)	4.00(.54)	4.00(.53)
Wilk's Λ		.97*			
F值		4.91*	2.32*	1.98	2.89*
事後比較		A < D,E B < D, E	A < E		A, B < E
教育背景	A.專科或高職幼保科	4.15(.51)	3.95(.53)	3.93(.58)	3.87(.58)
	B.大學幼兒保育系	4.13(.54)	3.92(.55)	3.89(.56)	3.83(.58)
	C.大學幼兒教育系	4.14(.51)	3.90(.49)	3.90(.49)	3.88(.49)
	D.研究所以上	4.20(.44)	3.96(.49)	3.93(.45)	3.95(.49)
Wilk's Λ		.99			
任教幼兒年齡	A.滿2足歲	4.08(.57)	3.88(.58)	3.89(.56)	3.85(.53)
	B.滿3足歲	4.10(.58)	3.89(.58)	3.86(.58)	3.81(.59)
	C.滿4足歲	4.12(.49)	3.93(.50)	3.90(.52)	3.85(.54)
	D.滿5足歲	4.22(.51)	3.97(.52)	3.94(.54)	3.93(.54)
	E.混齡	4.12(.49)	3.88(.49)	3.89(.47)	3.85(.50)
Wilk's Λ		.98			
幼兒園類別	A.公立	4.13(.47)	3.92(.49)	3.91(.49)	3.88(.49)
	B.私立	4.15(.53)	3.92(.53)	3.90(.54)	3.87(.56)
Wilk's Λ		.99			

註：表內依變項數據代表平均數（標準差）

3. 綜合討論

綜合上述，可知情緒管理能力會因為個人背景的不同而有所差異。其中，不同婚姻狀況者在整體情緒管理能力及各構面均達顯著水準，且已婚者均大於未婚者，此與李宜穎（2006）、林紋菁（2010）、林文婷、簡淑真與郭李宗文（2008）、楊麗環（2011）、蔡馨慧（2007）研究發現婚姻狀況與情緒管理能力有顯著關係部分相符，故已婚者之婚姻歷程，將會影響其生活態度、價值觀與情緒管理能力，使其成為更圓融的個體以因應情緒相關問題。此外，不同服務年資者在「整體情緒管理能力」、「情緒覺察能力」、「情緒表達能力」及「情緒運用能力」均達顯著水準，且服務年資「20年以上」者均優於「未滿2年」者，而在「情緒調適能力」則未達顯著水準。此與李宜穎（2006）、林紋菁（2010）、蔡馨慧（2007）研究發現服務年資與情緒管理能力有顯著關係部分相符，符合Katz（1986/1995）提出：「教師本身的成長歷程有階段性⋯⋯大體上，可分為四個階段：(1)求生階段；(2)強化階段；(3)求新階段；(4)成熟階段。」因此，年資最多者比起年資最少者，在事件處理方面較為沉著應對且上手，除了不易將個人情緒帶入工作，也少有負面情緒波動之狀況發生，使情緒不致影響自身對工作的熱忱和對幼兒教保的使命感。

三、情緒管理量表的建構與應用

(一) 結論

1. 本研究建構之幼兒園教保人員情緒管理能力量表具有良好信效度，為有效之衡量工具。

2. 幼兒園教保人員的整體情緒管理能力表現狀況為良好程度，各構面表現以情緒覺察能力最佳，情緒運用能力較為不足。

3. 幼兒園教保人員在情緒覺察能力、情緒表達能力，與情緒調適能力等構面之表現狀況有顯著的不同。

4. 已婚之幼兒園教保人員的情緒管理能力優於未婚者；資深之幼兒園教保人員的情緒能力優於資淺者。

5. 幼兒園教保人員之情緒管理能力不會因其年齡、教育背景、任教幼兒年齡與幼兒園類別等變項而有影響。

(二) 建議

1. 量表運用方面

(1) 可供幼兒園教保人員作為了解自己本身情緒管理能力之重要指標。

(2) 可供教保專家學者進行情緒管理相關研究之參考工具。

2. 對輔導幼兒園教保人員情緒管理之建議

(1) 定期評估幼兒園教保人員之情緒管理能力。

(2) 鼓勵幼兒園教保人員參與「情緒運用能力」之相關研習活動。

(3) 增進未婚幼兒園教保人員情緒管理能力相關知能。

(4) 建置新手幼兒園教保人員之情緒管理輔導系統。

3. 對後續研究之建議

(1) 研究對象方面

‧將專任園長納入探討範圍。

‧研究對象擴展至離島幼兒園教保人員。

‧進行全國性普查，比較不同地區、角色的情緒管理能力現況和差異情形。

(2) 研究向度方面

‧加入性別變項，比較不同性別之間的異同。

‧增加人格特質變項，以了解情緒管理能力因「人」而異的表現狀況。

‧情緒管理能力面向牽涉到複雜且多元化的相關因素，例如：情緒智慧、認知評估、人際關係和身心健康等，都值得深入探討。

(3) 研究工具方面

未來研究可以本量表作為發展模式，擴大分析複核效度、測量恆

249

等性、重測及效標關聯效度檢驗等，以更加穩定研究工具之信效度。

(4)研究方法方面

本研究係量化研究，建議後續研究可兼採質性研究方式，輔以深度訪談、觀察、焦點座談、民俗誌研究等方法，使質的探究與量的分析更能相互對話驗證。

(三) 情緒量表的建構與應用

表11-5　幼兒園教保人員情緒管理能力量表

情緒覺察能力	完全符合	大致符合	部分符合	很少符合	全不符合
1. 我能從自我生理變化（例如：心跳加速、呼吸急促），察覺自己的情緒起伏	5	4	3	2	1
2. 我能辨別自己內心真實的情緒感受	5	4	3	2	1
3. 我能說出自己產生某種情緒起伏的前因後果	5	4	3	2	1
4. 我能察覺影響自己當下情緒變化的可能原因	5	4	3	2	1
5. 我能試著找出他人產生某種情緒的可能原因	5	4	3	2	1
6. 我能察覺出自己受到他人（例如：臉部表情／語調變化／身體動作）影響後的情緒狀態	5	4	3	2	1
情緒表達能力	完全符合	大致符合	部分符合	很少符合	全不符合
7. 我能先評估自己的情緒狀態，再表達情緒	5	4	3	2	1
8. 我能以適當的言語／表情／動作／文字回應他人的情緒	5	4	3	2	1
9. 我能掌握自己的負面情緒，表現出合宜的言行舉止	5	4	3	2	1

（續）

10.我能同理他人所表現的情緒	5	4	3	2	1
11.我能建立自我適切的情緒表達管道	5	4	3	2	1
12.我能表達對他人情緒的關心	5	4	3	2	1
13.我能表達自己真實的想法和感受	5	4	3	2	1
14.我能依據不同對象,例如:主管、同事、幼兒、家長等,合宜表達自我的情緒	5	4	3	2	1
情緒調適能力	完全符合	大致符合	部分符合	很少符合	全不符合
15.我能保持穩定的心情來面對各種情境的變化狀況	5	4	3	2	1
16.我能轉換思考角度以調整自我的情緒變化	5	4	3	2	1
17.我能以正面的態度看待事情,避免負面情緒的過度起伏	5	4	3	2	1
18.當負面情緒出現時,我能轉換注意力以調適心情	5	4	3	2	1
19.我能以適當的方式紓解因情緒引發身心的失衡狀態	5	4	3	2	1
20.遇到突發狀況時,我能轉化自身情緒避免影響他人	5	4	3	2	1
21.當負面情緒出現時,我能緩和情緒以調適心情	5	4	3	2	1
22.面對他人情緒發洩時,我能保持適當的情緒因應	5	4	3	2	1
情緒運用能力	完全符合	大致符合	部分符合	很少符合	全不符合
23.我能善用正向情緒迎接各項任務及挑戰	5	4	3	2	1
24.我能根據不同對象,例如:主管、同事、幼兒、家長等,善用正向情緒策略,加以解決問題	5	4	3	2	1

251

(續)

25.我能引導他人以正向策略解決情緒困擾	5	4	3	2	1
26.我能在分析自己情緒不佳的原因後，正向思考解決問題的方式	5	4	3	2	1
27.我能運用溝通技巧，以增進人際關係	5	4	3	2	1
28.面對衝突事件時，我能掌控自我情緒並理性溝通	5	4	3	2	1
29.我能保持冷靜與理性，避免負面情緒影響自我判斷的能力	5	4	3	2	1
30.面對他人爆發情緒時，我能保持鎮定處事，採取適當的解決方式	5	4	3	2	1

臺灣幼兒教育義務化
主要問題及解決對策
CHAPTER 12

☺第一節　5歲幼兒教育義務化的必要性

　　受到各國民主思潮及教育機會均等的影響，先進國家莫不致力於提供全體國民較長年限、普及、全民，以及免費的國民教育，此乃為各國共相努力的目標。國民教育向下延伸以提早接受教育是適宜的，是幼兒受教權的伸張，也是國家人力資本開發往下扎根的具體表現。

　　美國「國家教育政策委員會」在1996年（民85）提出「普及幼兒教育機會宣言」（Universal Opportunity for Early Childhood Education），訴求讓下一代從幼兒階段受到良好的教育，同時指出孩子到6歲才開始接受教育為時已晚，他（她）們應該享有從4歲起就接受教育的權利（Austin, 1976）；因為6歲前對孩子未來的發展具有決定性的影響。

一、落實5歲幼兒免費教育的理想

　　1987年（民76）臺灣政治解嚴後，「教育自由化」、「機會均等化」，與「資源分配公平化」就成為教育改革的重要訴求。民國82年「幼兒教育十年發展計畫」，幼兒教育公立化與義務化係重要議題與發展方向；民國83年教育部第7次全國教育會議中「建立彈性學制」，在幼兒教育的子題裡，也針對「將5歲幼兒教育納入國民教育體系」；民國84年教育部在出版的《中華民國教育報告書》中，回應教改人士對目前公私立學校教育資源分配不均之批評，首度提出研議推動「教育券」制度的實施，並認為教育券的實施，對「增進教育機會均等及促進學校良性競爭發展」將有助益。

　　民國88年8月，教育部依據「教育改革行動方案」頒定「發展與改進幼兒教育中程計畫」，5年內投入新臺幣9億2,400萬元，從幼教法令、幼教行政、幼教師資、幼教課程與教學，以及幼教評鑑與輔導等五方面，建立幼教完整體制，使幼教師資之培育、任用、待遇及退撫等均納入「正規教育」體制，以改善幼兒教育的生態與環境，作為

免費或義務教育向下延伸基礎的準備工作。「2001年教育改革檢討與改進」會議上，教育部提出「5歲幼兒入學率達80%以上」，以及「建議幼兒教育正式納入學制，爲免費但非義務教育」等議題。教育部第一階段工作係與內政部共同成立「幼托整合推動委員會」，研擬幼托整合架構可行模式，時間爲民國91年元月到91年12月；第二階段，教育部將比照國外推行「K教育」的理念，將5歲納入正規教育體制規劃，並於92年元月到93年12月修訂相關法規，94年及95年進行試辦，進而展開實施。在此次政策之下，雖然只是現階段規劃5至6歲幼兒教育納入國民教育的體系，採非義務化、非普設公立幼兒園之方式辦理，惟在此次政策規劃，我們可預見國民教育向下延伸已成爲教育當局重要政策之一。一個有計畫性與務實可行性的「5歲幼兒免費教育」政策，也應該積極展開。

二、重新關注5歲幼兒的身心發展

　　5、6歲幼兒在幼兒整體的生理發展、認知發展，與情緒、人格，以及道德發展等皆爲進入下一階段發展的關鍵，此時期的發展反應與表現成爲決定下一個階段成功與否的要件（鍾宜興、蕭芳華等，2006）。在生理發展方面，5歲幼兒進入正規國民教育階段，在學習上可能呈現些許的困難與挫折，因爲其智能發展略低於6歲幼兒，且在淋巴系統方面須達到7歲才有其成熟度；在肢體發展上，0至6歲是幼兒動作發展的關鍵時期，有許多重要的肢體能力都在此一階段發展；在知覺發展方面，5歲幼兒在視覺、空間與時間的知覺等構面，明顯較7歲幼兒不成熟；在記憶發展上，若讓5歲幼兒進入國民教育體系，在教育的影響下，記憶的質變會迅速發展；在語言發展方面，5歲幼兒的語句結構逐漸複雜，語意層次也顯見更明確與容易理解，但是仍並不穩定；在智力發展面向，5歲幼兒智力發展正值前運思期進入具體運思期的過渡階段，正符合5歲幼兒從學前幼兒教育階段轉換到國民教育階段；在情緒發展上，5歲幼兒能以語言文字來替代肢

體表達情緒上的反應，若將5歲幼兒提前進入國民教育階段進行正規教育學習，可讓5歲幼兒進入自我控制情緒調節機制的階段，使得情緒從外顯行為的表現逐漸成為內隱成熟的表達；在人格發展方面，5歲幼兒人格發展會轉為具有優越感或是自覺不如人的處境，所以在這個時候幼兒的成就和社會接納性變得相當重要；在道德發展上，5歲幼兒處於他律期或是前習俗道德階段，若是提前一年列入國民教育體系，則不宜用灌輸和說教的方式。基本上，5歲幼兒是處於兩階段「轉銜過渡」且極具潛能的開發。

三、望聞問切體檢國內「新5歲的幼兒教育」

2002年教育部「全國幼兒教育普查報告」呈現：89學年度（2000年），我國5歲幼兒就學率已高達96.3%；教師學歷具有學士學位者占67.76%，班級師生比為1：12（教育部，2002）。就世界重要國家而言，或已普遍實施免費幼兒教育，或已成為義務教育，無不在為幼兒教育而努力的發展下，我國自2002年1月加入WTO組織，如何強化國民之基本素質，促進科技產業升級，邁入知識經濟的新時代，方能與國際比較並接軌。

其次，就重要國家無不追求「免費」時代的幼兒教育，國內如何借鑑他山之石因應國內環境及需求，採取近程或長程以明確「K教育」的定位與發展；同時接續自民國76年至今系列優質政策，使「免費教育」的幼教理想得以實踐並落實。

再者，就幼兒園、國民中小學歷年經費的預算而言，也可看出編列的懸殊與不足；就民國85年而言，幼兒園經費占全國教育經費2.90%，國民小學占28.39%，國民中學則占18.87%；民國95年幼兒園降至2.82%，和國民小學、中學的26.17%及16.42%仍相去甚遠。逐年提高幼教的經費比例，且保障「固定」的經費來源是我們堅持的，因為歷年來幼教經費常是變動而不足的。

四、國教向下延伸是幼兒教育質量發展的重要指標

政策分析在確保國家採用正確政策，達到正確的目標，透過政策分析可使我們了解公共政策的前因後果，進而達成理想的目標；由於國民教育向下延伸一年的政策規劃，所面臨的問題將非只是政策上所要突破的困境，業者及政府公部門間、營利及非營利之間的糾葛亦是另一種困境，在此種利害關係的糾葛下，幼兒的學習權及發展，亦有可能在這不確定的環境中逐漸耗損，而此也將影響未來幼兒各階段的發展及轉銜（曹翠英，2002）。因此，國民教育向下延伸一年，勢必成為幼兒教育品質發展的重要指標，在塑建延伸性的幼兒教育品質時，勢必以朝向未來公民素質奠基的方式為規準，並兼顧公私共榮的均衡發展，進而建立適合且優質普及的幼兒教育。

我國教育基本法第11條規定「國民基本教育應視社會發展需要延長其年限；其實施另以法律定之。」此項規定為未來國民基本教育之延長，提供了法源的依據。實施5歲幼兒納入正規教育體制之定位，一是納入「免學費和義務」的國民教育；一是納入「免學費和非義務」的國民教育。前者符合國民教育的本質，因為國民教育主要特質係表現在「全民性」、「義務性」和「免費性」等方面，所以凡是5歲幼兒都是以一種免學費和義務的方式，接受國民教育，以實現教育均等的理想。

第二節　臺灣幼兒教育發展源流

臺灣幼兒教育義務化努力與發展，歷經近20年來一步一腳印的耕耘與催生，此時應已接近水到渠成時刻，下面分從臺灣幼兒教育義務化發展的歷史背景與現況分析：

一、歷史背景

臺灣第一所幼兒園於1897年（明治30年12月1日）在臺南市西區祀典武廟六和堂內的「關帝廟幼兒園」，臺南教育會蔡夢熊先生考察日本京都、大阪當地幼兒園保育活動的施行，返臺後推動「關帝廟幼兒園」的成立（林佳賢，2013）。爾後私立臺北幼兒園、公立臺北幼兒園等陸續設置，私立幼兒園發展迅速但尚未獲得普遍的重視與推展。

西元1943年公布「幼兒園設置辦法」招收4至6歲幼兒，至1944年全臺共有95所幼兒園，保母273人，幼兒8,762人。當時幼兒園有如下特色：私立多於公立、保母與幼兒的師生比例漸減、臺籍與日籍幼兒入學比例懸殊、相較於小學教師不僅待遇低且無退休金。1921年（大正10年）「臺灣公立幼兒園規程」明文規定園長和保母，須具備小學校教員或幼兒園保母免許狀；1941年修正規程，只要具有臺灣國民學校訓導、初等科訓導及幼兒園保母免許狀皆可，亦即具備國民小學教師資格者，即為合格的幼兒園教師；這項修正影響臺灣幼兒園教師資格很長的一段時間（盧美貴，2018）；或許這也影響著幼兒園5歲幼兒實施義務教育時「師資」資格與「課程」內容的討論。臺灣幼兒教育義務化較明確發展是1984-2018年期間，以下分為醞釀期（1984-1992）、發展期（1993-2009），與行動期（2010-2018），茲將此三個時期重要紀事臚列如下：

(一) 醞釀期（1984-1992）

此一時期係在學制改革方案中，以及各種部務會議提出普設公立幼兒園，希望逐步達成國民教育向下延伸的理想。

1. 1984年《學制改革方案》針對「幼兒教育義務化」提出近程及中長程方案，近程規劃將「幼稚教育改為幼兒教育，納入學制；但不屬於義務教育。」中長程規劃「幼兒教育招收3歲至入國民小學前的幼兒，並將5歲以上幼兒納入義務教育。」

2. 1985年前教育部長李煥於「幼兒園教育研討會」中提出：公立國民小學如有空餘校地、校舍，應鼓勵其附設幼兒園。

3. 1986年臺灣省政府教育廳推動「鄉鄉有幼兒園」政策，以期達成促進城鄉幼兒教育均衡發展，以及實現幼兒教育機會均等的理想。

4. 1987年的《幼兒教育十年發展計畫》中，將幼兒教育公立化及義務化列為重要的發展方向，以擴大幼兒接受教育機會。

5. 1987年臺北市政府教育局擬定《普設公立幼兒園計畫》，擴大辦理國小附設幼兒園，為幼兒教育普及化奠定基礎。

6. 1988年「第六次全國教育會議」指出擴大幼兒接受教育之機會，期望國民教育向下延伸一年。

7. 1992年教育部國教司擬定公私立幼兒園增班設園計畫，以達到擴大幼兒接受教育的機會，並逐步達成國民教育向下延伸之理想。

(二) 發展期（1993-2009）

在這期間提出《幼兒教育十年發展計畫》，將「公立化」及「義務化」列為幼兒教育發展重點；研議辦理國民教育「幼兒班」的實施計畫，著手「扶持5歲弱勢幼兒及早教育計畫」，以及主張推動5歲幼兒免費教育之政策。

1. 1993年《幼兒教育十年發展計畫》提出：擴大幼兒受教育的機會，將幼兒教育公立化與義務化列為發展方向。

2. 1994年第七次全國教育會議，提出「將5歲之幼兒教育納入國民教育體系」，為國教向下延伸做準備工作，以達成國教向下延伸的理想。

3. 1995年教育部公布《中華民國教育報告書——邁向二十一世紀教育願景》，提出增設公幼以及降低入園年齡。

4. 1996年《教育改革總諮議報告書》的中程目標為實現普及且免費之幼兒教育，並提出設置專責單位，負責規劃、協助及督導幼兒教育的發展。

5. 1998年《教育改革行動方案》將「普及幼稚教育」有關5歲幼兒入園率設定在達80%以上的目標。

6. 1999年《發展與改進幼兒教育中程計畫》目的係強化幼教法令、提高幼教行政效能，期望於2004年底，能奠定國民教育向下延伸之基礎。

7. 2000年針對年滿5足歲，實際就讀已立案私立幼兒園及托兒所之幼兒發放幼兒教育券。此為推動國民教育向下延伸一年，促進教育資源的合理使用。

8. 2001年「教育改革之檢討與改進會議」，決議將幼兒教育列入學制之正規教育，並定調幼兒教育普及化，未來朝向「免費」但仍屬非義務性教育。

9. 2003年教育部「12年國教暨國教往下延伸K教育計畫」專案報告，將5歲幼兒納入國民教育體制，促進教育機會均等，為未來義務教育向下扎根奠定基礎。

10.2004年起教育部實施「扶持5歲弱勢幼兒及早教育計畫」。

11.2008年馬英九競選總統時主張提供5歲兒童免費的學前教育。

12.2009年吳清基部長在立法院進行施政報告，提出優先推動5歲幼兒免費入學重點工作。

(三) 行動期（2010-至今）

2010年臺灣於離島及54個偏鄉地區，實施5歲幼兒免費政策；2011年全國實施5歲幼兒「免學費政策」、幼兒教育公平指標之建立（盧美貴、孫良誠，2010），以及委託各種有關5歲幼兒義務教育化政策，並與行政院「擴大幼兒教保公共化政策」呼應，展開臺灣幼兒教育新紀元的系列行動。

1. 2010年臺灣於離島及54個偏遠鄉鎮市，實驗5歲幼兒免費政策。

2. 2011年臺灣全國實施5歲幼兒「免學費政策」，此時並未訂定排富條款；到目前為止僅實踐國民教育向下延伸一年，因此幼兒教育成為義務教育延伸的熱門議題。

3. 2012年國家教育研究院著力於幼兒教育公平指標之建立與實踐。

4. 2016年行政院賴清德院長力推「擴大幼兒教保公共化政策」，4年內增設公共化幼兒園1,000班，增加30,000個名額；公共化比例由2016年3：7，至2019年提升至4：6；2012-2016年2至5歲幼兒入園率為58%，至2020年提高至60%以上，且40%以上進入公共化幼兒園就讀。

5. 2018年至今，黃昆輝教授教育基金會委由盧美貴、孫良誠及黃月美教授等團隊，研擬「臺灣幼兒教育義務化主要問題及解決對策」，這是繼2016年教育部委託吳毓瑩教授等研究團隊「國民教育向下延伸一年新學制探究」，提出臺灣5歲幼兒義務教育的研究與推動努力。此計畫同時檢視臺灣實施5歲幼兒義務教育在現有「教室空間」、「教育經費」、「師資資格」、「私幼招生」，以及「5歲幼兒義務教育」法律及定位的問題。此外，公辦民營及非營利幼兒園，也在此時積極蓬勃的設立與擴展中。

二、我國幼兒教育的現況

(一) 各縣市幼兒園數量

2018年8月8日研究者查詢全國教保資訊網有關幼兒園的數量情形，發現全國共計6,650所幼兒園，其中公立幼兒園2,415所：私立幼兒園4,148所、非營利幼兒園87所。公立幼兒園：私立幼兒園：非營利幼兒園=36.32：62.38：1.31。各縣市不同類型幼兒園的數量如表12-1，係2021年將出版此書時，教育部統計處的更新資料：2021年全國有6,447所幼兒園，公立2,104所、私立2,849所，以及非營利幼兒園在政府政策鼓勵下增加至232所。

表12-1　各縣市不同類型幼兒園數量

縣市	公立幼兒園	私立幼兒園	非營利幼兒園	準公共幼兒園	縣市總計
基隆市	40	34	3	24	101
臺北市	150	396	40	108	694
新北市	243	668	23	145	1,079
桃園市	157	243	30	123	553
新竹市	28	112	7	16	163
新竹縣	68	130	6	32	236
苗栗縣	81	35	11	68	195
臺中市	188	382	20	119	709
彰化縣	73	124	17	99	313
南投縣	101	22	5	47	175
雲林縣	50	23	6	51	130
嘉義市	16	31	3	20	70
嘉義縣	92	16	1	32	141
臺南市	198	257	9	81	545
高雄市	215	273	30	159	677
屏東縣	124	37	12	87	260
宜蘭縣	58	22	6	23	109
花蓮縣	85	27	2	15	129
臺東縣	95	10	1	9	115
澎湖縣	18	4	0	1	23
金門縣	19	3	0	3	25
連江縣	5	0	0	0	5

資料來源：教育部統計處（2021）。
https://depart.moe.edu.tw/ed4500/cp.aspx?n=1B58E0B736635285&s=D04C74553DB60CAD

(二) 各縣市幼兒人口數

2016年臺灣生育率僅1.1為全球倒數，衛生福利部成立「少子化辦公室」試圖扭轉國人不敢生、不想生、不願生的想法。2000年臺灣新生兒出生人數為305,312人，其後新生兒出生人數不再超過30萬，2010年出生人數只有166,886人，2012年至2020年每年平均新生兒出生人數如表12-2所示（內政部統計處，2021），2020年全國出生人口更僅剩下157,307人。

表12-2 我國近年新生兒出生人數

年度	新生兒出生人數	粗出生率（‰）
2012	218,944	9.39
2013	183,744	7.86
2014	199,275	8.50
2015	201,523	8.58
2016	196,873	8.36
2017	183,442	7.78
2018	170,572	7.23
2019	168,211	7.13
2020	157,307	6.68

資料來源：內政部統計處（2021）。
https://ws.moi.gov.tw/001/Upload/400/relfile/0/4405/31e905b8-7149-4a85-84ef-59dbef4c35df/year/year.html

(三) 幼兒教育經費

教育是一種投資，現因社會貧富差距擴大，家庭經濟負擔沉重，因此藉由國家的力量投資幼兒的照顧、學習與發展，使其不致因家庭經濟導致幼兒沒有公平的機會接受或不能接受學前教育。儘管幼兒教育目前仍非義務教育，但政府對幼兒教育及照顧是應該做的，且是不

可忽視的責任與義務。從教育部（2020）教育統計資料顯示，近5年國內教育經費占國民所得毛額（GNI）與國內生產毛額比率（GDP）呈現逐年下滑的現象（如表12-3），顯示政府對教育的投資比率應有提高的空間。

表12-3　歷年教育經費占國民所得（國內生產）毛額比率

比率 年度	教育經費總支出 （單位千元）	占國民所得毛額 比率GNI	占國內生產毛額 比率GDP
2012	817,856,782	5.41	5.57
2013	832,633,478	5.31	5.45
2014	843,545,864	5.05	5.19
2015	856,766,171	4.90	5.02
2016	873,281,648	4.85	4.97
2017	886,970,355	4.81	4.93
2018	907,010,190	4.84	4.94
2019	899,492,920	4.65	4.76

資料來源：教育部（2020：表A3-1）。教育統計2020。
　　　　　http://stats.moe.gov.tw/files/ebook/Education_Statistics/109/
　　　　　109edu_EXCEL.htm

其次，就歷年來中央編列各級學校經費比例而言，幼兒園顯然是懸殊而不足（如表12-4、12-5）。

表12-4　各級學校教育經費比例

學校別 年度	幼兒園	國民小學	國民中學
85	2.90%	28.39%	18.87%
90	3.17%	27.61%	17.31%
95	2.82%	26.17%	16.42%

（續）

學校別\年度	幼兒園	國民小學	國民中學
100	5%	43%（國民中小學合計）	
105	7.68%	42.33%（國民中小學合計）	
106	7.94%	42.08%（國民中小學合計）	
107	8.27%	41.83%（國民中小學合計）	

資料來源：整理自教育部（2019：表A3-1）。

http://stats.moe.gov.tw/files/ebook/Education_Statistics/109/109 edu_EXCEL.htm

表12-5　學校整體經費及幼兒園教育經費情形

學年	學校經費總支出	幼兒園經費		公幼經費		私幼經費	
		總支出	比例	總支出	比例	總支出	比例
101	708,881,400	49,007,110	6.91%	13,042,834	26.61%	35,964,276	73.39%
102	703,181,164	47,807,343	6.80%	12,990,499	27.17%	34,816,844	72.83%
103	705,076,554	48,866,832	6.93%	13,278,390	27.17%	35,588,442	72.83%
104	714,812,286	51,833,721	7.25%	14,084,571	27.17%	37,749,150	72.83%
105	720,109,707	55,314,280	7.68%	15,030,329	27.17%	40,283,950	72.83%
106	731,676,280	58,130,354	7.94%	15,795,530	27.17%	42,334,824	72.83%
107	740,863,714	61,279,863	8.27%	16,651,334	27.17%	44,628,529	72.83%

資料來源：整理自教育部（2019：表A3-3）。

http://stats.moe.gov.tw/files/ebook/Education_Statistics/109/109 edu_EXCEL.htm

註：單位新臺幣千元。

　　由上表觀知，幼兒園在各級學校教育經費所占比例仍屬偏低，公立幼兒園和私立幼兒園教育經費與其數量是不成比例的。

　　當時的行政院賴清德院長（2017）提出「私幼公共化」，希望私幼納入「公共化」幼兒園，或「準公共化」幼兒園。教育部也在同年公布「擴大教保公共化計畫」，推動以「非營利幼兒園」為主，

「公立幼兒園」為輔的政策。

　　林騰蛟次長曾說明「準公共化幼兒園在減輕家長負擔育兒的費用」（吳佩旻、林良齊、修瑞瑩，2018），其實施的地點為公共化教保服務比例仍不足的地區；規劃試行與一定品質的私幼合作，將其視為準公共化幼兒園，並於民國106年宣布106-109年要增設12,000班的「非營利幼兒園」或「公立幼兒園」。但時至4月中旬，要提出「準公共化幼兒園」的具體時間表和規劃均跳票，「三百多億」的「撒錢」政策要提升教保公共化的品質看來頗令人堪憂，且教保產業工會指出「準公共化幼兒園」的作法，恐降低幼教品質（林良齊，2018）。

　　政府長期投入5歲幼兒免學費，但無法控管品質，更有超過二成八的業者提高學雜費。教保產業工會簡瑞連理事長認為：政府不應該把錢都砸在私立幼兒園，政府宜再深入的了解人民的「需求」，否則「私幼公共化」很容易淪為「假公共化幼兒園」（林良齊，2018）；至於「私幼公共化」、「非營利幼兒園」、「準公共化幼兒園」，以及5歲「幼兒免學費」等眾多名詞不僅混淆家長的視聽，預估2018年新增2,284所「此類」的幼兒園，提供219,801個幼兒入學名額，能否掌握其「品質」或是為衝「量」而濫竽充數？「進場」容易「退場」難的後果，必須有見微知著的警覺。王麗雲和陳美芳分別針對5歲幼兒教育義務化提出下列理由：

　　王麗雲（2018）研究指出實施5歲義務化的理由，如下：

　　1. 幼兒教育對個人及社會是高報酬率之投資。

　　2. 5歲幼兒義務化是未來的趨勢。

　　3. 幼兒教育能有效協助高風險、家庭不利等弱勢學生。

　　4. 5歲幼兒教育義務化能確保幼兒教育品質，創造良性競爭空間。

　　陳美芳（2018）研究指出，實施5歲幼兒教育義務化的困難與問題包括以下各項：

　　1. 幼兒園辦學品質參差不齊。

　　2. 公立幼兒園嚴重數量不足且分布不均。

3. 幼兒園收費逐年攀升，家庭負擔沉重。

4. 私立幼兒園反彈的阻力。

第三節　世界主要國家幼兒教育義務化現況與趨勢

本節主要探討歐洲、美洲和亞洲實施5歲教育義務化的現況和趨勢，包含：歐洲英國、荷蘭和法國；美洲的美國和阿根廷，以及亞洲的中國和菲律賓。

一、歐洲5歲教育義務化的經驗

OECD（2009）所列國家之義務教育與入學率（如表12-6），英國、荷蘭、法國、比利時、瑞士、義大利、澳洲、紐西蘭、愛爾蘭等5歲幼兒入學率已高達99%至100%；荷蘭、法國、比利時、瑞士、義大利4歲幼兒入學率亦高達99%至100%，其中英國和荷蘭之5歲義務教育已行之有年，法國更宣布將於2019年將義務教育向下延伸至3歲，為的就是消除因教育機會不均造成的不平等。可見，世界各國皆致力於教育向下延伸以及提高幼兒入學率。

表12-6　OECD所列國家義務教育與入學率

國家	義務教育年齡	入學年齡及比例		備註
		4歲	5歲	
英國	4(5)-16	91	100	5歲開始義務教育
荷蘭	5-18	99	99	
法國	6-16	100	100	4和5歲入學率達100%
比利時	6-18	100	100	
瑞士	7-16	100	100	

（續）

國家	義務教育年齡	入學年齡及比例		備註
		4歲	5歲	
義大利	6-15	99	100	5歲入學率達100%
澳洲	6-15	52	100	
紐西蘭	6-16	95	100	
愛爾蘭	6-16	46	100	

資料來源：OECD(2009).

　　然而，義務教育向下延伸所帶來的另一個問題，即教育方式和教育內涵的爭議。Krieg與Whitehead（2015）指出，雖然國際間將幼兒期界定為出生至8歲，但在這個年齡段的教育，除了有些國家例如：芬蘭的幼兒至7或8歲才開始接受正式教育之外，大部分國家將0至8歲年齡段的教育劃分為非義務教育（通常是0至5歲或6歲）和義務教育（5歲或6歲之後），5至8歲的幼兒教育方式有其獨特性，值得被重視。

　　此外，West與Nikolai（2013）對於教育經費的研究也值得我們借鑑。West與Nikolai指出北歐國家，在教育的公共支出比例相當高，提供多元且機會均等的教育，學前教育的入學率很高，而且有綜合的義務教育體系。以教育成果而言，這些國家學生在15歲閱讀能力表現不佳的比例遠低於平均值，而且學生提早離開學校就業的比例也是相對較低。德國是世界上最早實施強迫教育的國家，也是實施義務教育的濫觴，但義務教育向下延伸的趨勢，則以英國和荷蘭5歲義務教育可為參考，而近年來法國致力於提高幼兒入學比例，甚至在2019年已將義務教育向下延伸至3歲。

(一) 英國

　　英國1870年的《初等教育法》規定兒童5至12歲入學，1871年有117個教育委員會制訂法律，要求實施某種程度強迫入學制度。1880年實施5至10歲義務教育，1893年提高到11歲，1899年提高到12歲，

1891年完全實行初等免費教育。在學制方面《1944年教育法》規定，英國公共教育制度，分初等教育、中等教育和繼續教育三個相互銜接的階段，初等教育以前爲學前教育階段，年齡係從2至5歲。

　　托兒所招收2歲幼兒入學，幼兒園招收3歲幼兒入學。據1980年統計，接受學前教育機構教育的幼兒共220,000人，約占2至5歲幼兒總數的18%。在2000年代初期，受到教育補助方案的刺激，學前教育機構急速拓展，到了2008年入學率已達95%，遠高於OECD的平均值72%（OECD, 2012）。英國政府提供3至4歲的幼兒教育資助並確保其靈活性，有93%的3歲幼兒獲得教育資助；97%的4歲幼兒獲得教育資助。同時，從2010年起，英國政府推出3至4歲幼兒免費的教育，時間爲每週15小時，全年38週，共570小時；時間的選擇由學區教育機構與家長共同制定，確保免費幼兒教育的靈活性。

　　英國義務教育年齡由5歲開始，5至11歲之間爲初等教育階段。5至7歲爲第一階段（key stage 1, KS1）、7至11歲爲第二階段（KS2）、11至13歲爲第三階段（KS3）、13至16歲爲第四階段（KS4）。在課程方面，英國1967年公布《卜勞頓報告》（Plowden Report），揭示教育過程的核心是兒童，兒童成爲教育的主體性開始受到重視。學校課程的規範從1967年由地方教育當局（Local Education Authority, LEAs）決定，轉變到1988年國定課程（national curriculum）公布實施後，所有義務教育階段的學校均必須遵循國定課程的規範，將以往授權地方政府自行規定、轉變爲收編中央管理（QCDA, 2011）。國定課程設定四個基礎階段，分別設定不同學科學童應該達到的基本能力分級（QCDA, 2011），並將5歲幼兒的學習內容納入國定課程的規範，不過小學化的學科設計是否符合幼兒的學習特質，值得我們再進一步探討。

(二) 荷蘭

　　荷蘭的義務教育在1900年爲6至12歲，到1969年《義務教育法案》（the Compulsory Education Act）提出後，向上延長至16歲，

1985年的《初等教育法案》（the Primary Education Act）再向下延長，為5至16歲，共11年（Education Encyclopedia - StateUniversity.com, 2013）。從2008年開始，荷蘭義務教育再次向上延長至18歲，義務教育前後長達13年。根據UNESCO（2013）的統計，目前全世界義務教育最長的國家為荷蘭、德國、比利時與阿根廷，均為13年。

荷蘭的學前階段為2至4歲，由社會福利與勞工部（Ministerie van Sociale Zaken en Werkgelegenheid, SZW）提供此階段的服務機構與監督（Broekhof, 2006; De Rijksoverheid, 2011）。4歲以下幼兒的學前階段並未涵蓋在其正式學制之內。荷蘭的正式初等教育學制階段共8年，含4至5歲的學前教育與6至12歲的小學教育。

在荷蘭，一般幼兒在4歲以前的「學前階段」，屬於對幼兒的照護與托育。由於荷蘭正式的學前教育體系不含4歲以下的幼兒，所以4歲以下的幼兒除了由家人照顧外，滿6週以上而未滿4歲之幼兒可聘請保母，或安置於日間托育中心，2至4歲幼兒還可選擇參加幼兒活動中心的活動。因此，家長可依據需求選擇將2至4歲幼兒安置於日間托育中心（de kinderdagverblijven）、托交專業保母（de gastouders）照護或參加幼兒活動中心（de peuterspeelzalen）所舉辦的托育服務（Broekhof, 2006）。荷蘭提供4歲以下的幼兒多元且完善的托育服務型態供家長選擇，讓勞工能安心托育幼兒，積極投入勞動市場。

為了提升並規範4歲以下各類型托育機構的品質，荷蘭於2005年通過《兒童托育法》（De Wet Kinderopvang），規範上述服務之兒童照護與托育品質、管理及收費補助等相關事務，並由社會福利與勞工部（Ministerie van Sociale Zaken en Werkgelegenheid）管轄（De Rijksoverheid, 2011），惟自2007年3月之後，有關幼兒在托育機構中的學習與教育，則移交給教育文化與科學部統理（Eurydice, 2007），可以看到荷蘭政府對4歲以下幼兒學習內容的重視。

荷蘭政府提供4歲幼兒免費教育，幼兒年滿4歲即可進入教育系統的基礎學校（de basisscholen）就讀，但因為4歲幼兒的教育不屬於強迫教育，是幼小銜接的轉銜期，政府只是提供入學的機會，並不

強迫，可由家長自由選擇讓其孩子留在家中或進入小學就讀，家長可以視狀況選擇要不要讓孩子進小學接受學前教育，雖然如此，目前4歲兒童的入學率仍高達99%。正式的義務教育是從5歲開始到18歲，共13年，因此幼兒從5歲開始即屬強迫教育階段，家長必須讓孩子入學，進入教育體制的學校就讀（Ministerie van Onderwijs, Cultuuren-Wetenschap, 2009）。

　　在荷蘭，幼兒自5歲開始至18歲止爲義務教育（leerplicht）階段。基礎教育共8年，第1年仍屬學前教育階段，主要提供幼小銜接的機會，讓幼兒提早參與及適應小學的團體生活；第2年開始，才正式接受系列性的認知教育（Ministerie van Onderwijs, Cultuuren Wetenschap, 2009）。荷蘭境內的小學，荷文稱之爲基礎學校（Basisschool），即提供基礎教育的學校。這些基礎學校根據不同的辦學理念而有不同的學校類型，包括：普通學校（openbarescholen）、特別學校（bijzonderescholen）、特別教育概念學校（Scholen met eenpedagogischeopvatting）及特殊教育學校（speciaalbasisonderwijs）。在教育法規之下，不同行政區有其條例來規範所管轄之學校，使學校方面在進行校務運作時有所依據。原則上，政府授予各類基礎學校有選擇教學課程與教育方法的自由（Ministerie van Onderwijs, Cultuuren Wetenschap, 2009）。

　　荷蘭的義務教育從5歲開始，值得注意的是荷蘭政府對於5歲之前的幼兒，提供普惠的托育和學前教育機會，但是對於進入義務教育階段的5歲幼兒而言，仍然屬於學前教育階段，提供符合其身心發展的學習型態和轉銜課程，值得我國規劃義務教育向下延伸時的參考。

(三) 法國

　　法國目前義務教育年齡爲6至16歲，其中6至11歲爲初等教育階段，學制爲5年。法國相當注重幼兒教育，將幼兒教育3年和小學教育5年合爲一體，構成初等教育體系，分爲三個階段：第一階段爲幼兒教育前兩年，招收3至5歲的幼兒，稱爲準備學習階段；第二階段

爲大班和小學前兩年，招收6至8歲的幼兒，稱爲基礎學習階段：第三階段爲小學三、四、五年級，招收8至11歲的兒童，稱爲鞏固深化學習階段。三個階段合而爲初等教育體系，但卻又各自有其教學目標。雖然目前法國的義務教育年齡尚未涵蓋6歲之前的幼兒，但將幼兒教育和小學教育進行一體化的銜接與整體考量，也爲義務教育年齡向下延伸奠定了基礎。

法國0至3歲幼兒的托育主管機關爲社會事務與健康部門：3歲至學齡前幼兒的教育主管機關則是國家教育部（OECD, 2015）。近年來，法國政府投入了大量的公共教育經費，占其GDP的5.3%，尤其是在幼兒教育階段更是占了GDP的0.8%，對於3歲以下的學前機構則是投注了GDP的0.6%（OECD, 2017），2015至2016年，3歲幼兒入學率高達98%。

雖然在法國3歲幼兒入學率已高達98%，但因爲法國較貧窮地區，以及海外法屬領地的家長經常選擇不送子女上學，因此法國於2019年9月開始，將義務教育年齡向下延伸至3歲，希望藉著降低義務教育年齡，改變教育不平等現象，以確保教育公平。

在法國3歲幼兒的高入學率是降低義務教育年齡的基礎，重視幼兒教育更是全民的共識，降低義務教育的年齡更是政府對經濟不利幼兒受教權的保障。但是依據OECD（2017）的研究指出，在歐洲私立托育機構相當普遍，政府如何與私立托育機構合作，共同成就義務教育向下延伸，也將是我國規劃義務教育向下延伸，面臨私立幼兒園業者意見時的參考。歐洲實施5歲義務教育的國家在經費挹注方面，中央政府負擔了大部分的經費比例，以2015年爲例，中央政府負擔的經費比例爲法國93.4%、荷蘭89%、英國（UK）54.4%（OECD, 2018）。

二、美洲實施5歲教育義務化的經驗

(一) 美國

美國最早的義務教育法出現在1852年，但是直到1918年才完成所有州的義務教育法案，提供所有人民接受義務教育的權力（Rauscher, 2015）。美國的教育體系和其他國家不太一樣，雖然聯邦政府負擔大約10%的國家教育經費，但教育主要還是州政府和地方政府的責任。

目前美國的教育主要授權州政府和地方政府，各州義務教育的起始年齡不盡相同，但從5歲開始，就進入了義務或免費的教育階段（稱為5歲幼兒義務教育）。美國的義務（免費）教育，稱為K-12，也就是從Kindergarten到12年級（高中）。每個州的入學規定不同，大部分的州政府規定入學年齡為5歲，至少要念到18歲（高中畢業）。多數人從小學一年級的前一年（通常5至7歲）開始接受初等教育，但是典型的教育開始於一年級，直到12年級（通常18歲）完成中等教育。

在美國0至5歲為pre-k（或稱pre-school）階段，美國沒有強制性的公立托兒所和日托中心，聯邦政府提供Head Start Preschool方案資助低收入家庭的兒童，但是大部分家庭需要自己給付托兒所或日托中心的費用。在美國，幼兒教育的形式相當多元，包括：保育班（nursery school）、托兒所（preschool）、日間托育中心（day care centers）、托兒所（prekindergarten）以及幼兒園（kindergarten）。聯邦政府資助的啟蒙計畫（Head Start）提供低收家庭3至4歲的幼兒免費學習，尤其是提供讀寫的技巧以利其後續學習，可見美國希望透過對經濟不利幼兒的教育照顧，來彌補其因為經濟條件而造成的教育落差。

在2005年，3至5歲幼兒的入學率約有64%，其中約52%的孩子參與全日的學習活動。多數5歲的幼兒就讀免費的公立幼兒園，而對於

273

已將5歲納入義務教育的州政府而言，5歲幼兒義務教育仍保有幼兒教育的特色，提供故事、遊戲、身體動作、語言發展、戲劇遊戲、藝術創作和音樂以及自由遊戲等（Spellings, 2005）。

美國對於5歲之前幼兒教育的照顧，雖然著重於低收家庭的補助，但5歲開始的義務（或免費）教育，也全面照顧了5歲幼兒的教育需求，尤其5歲幼兒義務教育的特色，讓幼兒即便進入義務教育階段，也能保有適合其身心發展的課程內涵。

(二) 阿根廷

在1990年代，拉丁美洲的教育體系開始進行改革，這樣的改變過程與區域經濟的重構有關，也奠定了國家社會和市場的關係。在1990年代，拉丁美洲有三分之一的人口處在貧窮線以下，更有13.4%（約800萬人）處於極度貧窮的經濟條件（Didriksson, 2012），因而在1990至2010年之間，希望透過教育改革提供人民平等的教育機會（Muscará, 2013）。

阿根廷是拉丁美洲教育制度發展頗為完善的國家，也是拉丁美洲實施5歲義務教育的國家，目前的義務教育年限為5至14歲，其中5歲為學前教育。義務教育是一年的學前教育加上9年的基礎教育，這10年又劃分為3年一個循環（EGB1, EGB2 and EGB3），依照阿根廷2008年教育部資料，5歲幼兒的入學率已達94%（Ministry of Education, 2008）。

阿根廷的學前教育包含托兒所（prekindergarten）和幼兒園（kindergarten），招收滿45天至5歲的幼兒；日間托育中心（day care）招收滿45天至2歲的幼兒，公立和私立托兒所和幼兒園招收3至5歲的幼兒（Ministry of Education, 2008; Education system, 2015）。

阿根廷對教育的重視不只大量普及小學教育，也擴及到學前教育，將3至5歲的幼兒教育併入正式教育體系，並將義務教育拓展至中等教育的最後一年（Ley de Educación Nacional, 2006）。在阿根廷，兒童必須接受13年的教育，其中10年為義務教育，1年的啟蒙教

育（5歲開始），6年的小學教育（6至11歲），以及6年的中等教育
（12至17歲）（Muscará, 2013）。

　　阿根廷將3至5歲的幼兒教育併入正式的教育體系，加上從5歲開
始展開10年的義務教育年限，義務教育的第一年仍為學前教育，定
位為啟蒙教育，也為幼兒進入小學教育進行了充分的銜接，可見其對
幼兒教育的重視。

三、亞洲實施5歲教育義務化的現況以及未來趨勢

(一) 菲律賓

　　普及學前教育已成為一種重要的國際趨勢，近年來，菲律賓政府
為加快普及幼兒教育的步伐，於2012年1月頒布了《幼兒園教育法》
（Kindergarten Education Act），正式對全國5歲幼兒實施免費義務
的幼兒園教育，該法強調學前一年教育的免費與義務，注重保障特
殊兒童群體的教育權利，並規範幼兒園教育經費的投入（胡恒波，
2013）。

　　菲律賓的義務教育原本是6至16歲，2011年通過《幼兒教育法》
制訂了在學前教育階段一年強制的5歲幼兒義務教育，2013年又通過
了《公共法案》（The Republic Act 10533）以及實施《基礎教育法
案》（the Enhanced Basic Education Act）有關「K-to-12計畫」，將
義務教育年齡向上延伸2年和向下延伸1年，成為5至18歲，包括：1
年幼兒園、6年小學教育，以及6年中學教育。

　　菲律賓雖將5歲幼兒納入義務教育的實施對象，但是定位在學前
教育階段一年強制的5歲幼兒義務教育，保有了幼兒教育的特性，也
提供5歲幼兒普及和全面的教育保障。

(二) 中國大陸

中國大陸於1982年通過的《中華人民共和國憲法》，即規定中國大陸實行義務教育。隨後在1986年4月12日第六屆全國人民代表大會第四次會議通過的《中華人民共和國義務教育法》中有九年制義務教育的條款，此為中國政府推行的教育政策，旨在幫助全民都有機會接受9年的免費教育，以利於提高國民素質。《義務教育法》第10條規定國家對接受義務教育的學生免收學費。九年制義務教育，一般指小學6年、初級中學3年（或小學5年、初級中學4年）共計9年的教育。該法於1986年7月1日起施行，標誌著從法律上中國大陸已確立了義務教育制度。

目前中國大陸為九年義務教育（6至15歲），學前教育一般從3歲開始，進入幼兒園。學前教育一般分為小班（3至4歲）、中班（4至5歲）、大班（5至6歲）三個階段。有的幼兒園和小學中還辦有「學前班」，為不滿6歲的幼兒進行適應學校生活的教育。在幼兒園生活包括一日三餐和遊戲為主；學前班類似小學校的上課，但時間短，會有許多戶外活動。

近年來，中國以縣為單位連續實施兩期學前教育三年行動計畫，國家實施了一系列學前教育重大專案，重點支援中西部農村地區和城市較薄弱的區域，推動學前教育快速發展。截至2016年，中國境內共有幼兒園近24萬所，在園幼兒規模4,414萬人，學前三年粗入園率達到77.4%；與2009年相比，幼兒園數量增長了74%，在園的幼兒規模增長了66%，粗入園率增加了27%。2017年，教育部會同國家發展改革委員會、財政部、人力資源社會保障部等聯合印發《關於實施第三期學前教育行動計畫的意見》，提出到2020年全國學前三年粗入園率達到85%、普惠性幼兒園覆蓋率達到80%左右的「雙普」目標，確保適齡幼兒就近接受學前教育（中華人民共和國教育部，2017）。

在2017年第十二屆全國人大第五次會議，建議將學前教育納入義務教育體系，提議實施下至學前班、上至高級中等學校的13年義

務教育。《教育規劃綱要》提出2020年基本普及學前教育目標，全國學前教育財政投入從2010年的244億元增長到2016年的1,325億元，增長了4.4倍，占比從1.5%提高到4.2%。爲了提升學前教育的素質，中國擬定《幼兒園教職工配備標準》、《幼兒園教師專業標準》、《幼兒園園長專業標準》和《關於加強幼兒園教師隊伍建設的意見》。中央財政投入29億元，實施幼兒園教師國培計畫，培訓中西部地區農村幼兒園骨幹教師100多萬人次。在幼兒園管理規範方面，修訂《幼兒園工作規程》、《幼兒園收費管理暫行辦法》和《3-6歲兒童學習與發展指南》等規範性檔案，指導地方加強幼兒園准入、收費和保教品質的監管和指導。

　　中國目前對於6歲前的學前教育，雖未納入義務教育的規範，但卻擬定階段性的計畫，和提供普惠和普及的幼兒教育機會，以及提升教師的素質爲要務，對於學前教育的經費挹注更是年年攀升，足見其對學前教育的重視。

四、實施5歲教育義務化國家師資培育現況

　　大部分OECD國家相當重視幼兒教育階段的師資素質，要求學前教育階段的教師需要具備ISCED（國際教育標準分類）Level 5的教育水平；法國的保育人員需要具備ISCED Level 4的職業訓練，嬰幼兒階段的專業人員分爲保育人員、助理保育員和教師，其中教師需要具備ISCED Level 7的教育水平，可以任教於小學（OECD, 2015）；在英國，照顧3歲以下幼兒的專業人員需要具備ISCED Level 3的職業訓練，而從事3歲以上的幼兒教育則是需要具備ISCED Level 5的教育水平。

　　以美國和歐洲實施5歲教育義務化的國家而言，幼兒教育階段師資培育課程大約分爲普通課程（博雅課程）、教育課程（一般教育課程和幼兒教育階段專業課程），以及實踐課程。美國教師培訓制度和教師資格認證制相結合，以資格認證提升學前教育教師品質，其幼

277

兒教師職務分為助理教師、協同教師及專業教師。幼兒園的師資養成是由教育相關學校或科系培育，日托機構的師資養成則是由幼兒發展相關的學系或科系所培育。各州皆明訂幼兒教師的任用資格，專業化是當代的重要趨勢。一般來說，各州皆要求進公立學校任教者須為合格師資，且須持有州政府所頒發之證書。要獲得證書的資格標準，一般以完成學院或大學幼教專業訓練之學位為準，有些州還要求除了修得學位外，尚須通過教師能力測驗（teacher competence test）（李建興、盧美貴等人，2009）。因為美國對學前教育兒童年齡界定的區段較長（為0-8歲），各州存在對幼教政策的差異，有些州同意為0-8歲兒童設置的幼教專業，和為K-G3年級設置的學前教育專業都能取得幼教執照，有些州則同意持有K-12教師資格證教師都能從事幼教。

英國學前教育的師資方面，4到5歲幼兒的學前教育班，其師資與教學內容已經與小學教師日趨合流。合格幼教師必須經由一系列的專業教育，然後在大學階段選擇師範學院或大學內的教育系就讀，再經過3年的「教育證書」課程或是4年的「教育學士」課程後，還必須到幼兒保育學校實習一年，若成績合格，教育和科學部會發給教師資格證書（PGCE），拿到證書後即成為一位合格的幼教教師（李建興、盧美貴等人，2009）。

法國幼兒園和小學低年級師資的培育及訓練方式一樣，高中畢業生要經過會考，進入學校接受2年幼兒教育與小學低年級課程的專門訓練及教學實習，此種幼小教師聯合培育師資的方式是法國教育制度上的一大特色。主要目的在消弭幼兒園和小學低年級之間的課程銜接差距。幼兒教育師資課程主修的科目包括普通心理學、遺傳心理學、幼兒醫學、營養學、心理學、社會學、神經學及數學專題研究等（李建興、盧美貴等人，2009）。

荷蘭的幼兒教師為高中畢業後進入大專接受4年教育專業課程，專業課程包含教育原理、課程研究、幼兒教育方法、心理學、社會學、語言和溝通、社會政策（輔修課程）等。師資培育課程不僅包

含幼兒教育階段，也納入一般教育理論，提供任教於幼兒教育階段和小學階段的專業基礎。荷蘭近年來致力於師資的提升，以更好的條件和具有彈性的職涯發展吸引優秀的人才（OECD, 2014）。本研究整理美國與歐洲實施5歲義務教育的國家之師資培育現況，摘要如表12-7。

表12-7　歐美各國實施5歲義務教育師資培育現況摘要表

國家　　内容	培育年限	教育對象的年齡
法國	大學（3+2）年 大學+專業培養 （在綜合大學中設立師資培訓學院）	3-18歲
英國	大學4年 （高中畢業+大學專業培養）	3-12歲
美國	大學4-5年 （高中畢業+大學專業培養）	0-8歲
荷蘭	大專4年 （高中畢業+大專專業培養）	4-12歲

五、世界各國實施幼兒教育義務化現況與趨勢

　　從上述各國對幼兒教育的重視，以及將義務教育向下延伸至幼兒教育階段的趨勢，體現了延長義務教育提供人民受教平等的機會，實踐社會的公平正義；義務教育向下延伸，奠定且強化幼兒學習能力的基礎；5歲義務教育保有幼兒教育的主體性，其雖屬義務教育範疇，但仍提供家長較為彈性選擇權的發展趨勢。表12-8呈現各國實施義務教育的現況。

表12-8　世界各國5歲教育義務化現況摘要表

區域	國家	5歲教育義務化現況
歐洲	法國	1. 2019年9月開始義務教育延伸至3至18歲。 2. 2015-2016年，3歲幼兒入學率高達98%。但因為法國較貧窮地區，以及海外法屬領地的家長經常選擇不送子女上學，因此法國希望藉降低義務教育年齡，改變教育不平等現象。
	英國	1. 義務教育年齡5至16歲。 2. 提供3至4歲幼兒教育資助並確保其靈活性：93%的3歲兒童獲得幼兒教育資助；97%的4歲兒童獲得幼兒教育資助。同時，從2010年起，英國政府開始為3至4歲幼兒推出免費幼兒教育。
	荷蘭	1. 義務教育年齡5至18歲。 2. 提供未滿4歲幼兒多元的托育機構與補助，目前4歲兒童的入學率仍高達99%。
美洲	美國	1. 美國的義務（或免費）教育，稱為K-12，從Kindergarten到12th Grade（高中）。 2. 每個州的入學規定不同，大部分的州政府規定入學年齡為5歲，至少要念到18歲（高中畢業）。
	阿根廷	1. 義務教育年齡從5歲開始至14歲，1年學前教育加上9年基礎教育。 2. 學前教育包含托兒所和幼兒園，收托滿45天至5歲的幼兒，採取自願入學。多數幼兒園附設於師院學校。勞工和社會安全部門為勞動婦女子女設立托兒所和幼兒園。
亞洲	中國	1. 目前為9年義務教育（6至15歲），目前致力於提供普惠和普及的學前教育，以及提升教師專業素質為要務。 2. 學前教育一般從3歲開始，進入幼兒園。學前教育一般分為小班（3至4歲）、中班（4至5歲）、大班（5至6歲）三個階段。有的幼兒園和小學中還辦有「學前班」，為不滿6歲的兒童進行適應學校生活的教育。
	菲律賓	1. 義務教育年齡為5至18歲（K-12），包括1年幼兒園，6年小學教育，6年中學教育。 2. 義務教育的第一年為幼兒園，保有幼兒教育的特質。

　　至於實施5歲義務教育國家與人民年均所得多寡，相關性不大，例如：亞洲的泰國、菲律賓、越南、汶萊；東歐的匈牙利、波蘭；以及中南美洲的阿根廷、祕魯等，人民年平均所得不如臺灣，但5歲幼兒已實施義務教育。請參考表12-9所示：

表12-9　各國實施5歲義務教育國家與人民年均所得一覽表（2017）

國家		GDP年均所得（萬美元）	實施義務教育年齡	說明
亞洲	臺灣	2.43	6	（約計年均73萬元）
	韓國	2.97	5	2005年試辦，2007年全面實施
	泰國	0.63	4	
	菲律賓	0.302	5	
	越南	0.23	5	2009年《教育法》規定5歲義務教育
	汶萊	2.789	5	
中東	以色列	3.99	5	
歐洲	荷蘭	4.827	5	
	法國	3.967	3	2019年義務教育向下延伸至3歲
	英國	3.884	5	
	比利時	4.32	5	
東歐	匈牙利	1.345	5	
	波蘭	1.34	5	
北美	美國	5.949	5	5歲免費教育，各洲規定是否為義務教育
	加拿大	4.477	5	
中南美洲	阿根廷	1.406	5	
	巴哈馬	2.45	5	
	祕魯	0.659	5	

(一) 向下延伸義務教育提供人民受教機會，實踐社會的公平正義

不論從歐洲、美洲到亞洲，各國政府莫不致力於提供與保障低收入家庭的幼兒有提早接受教育的機會，以縮短因為經濟造成的教育落差，例如：美國行之有年的Head Start Preschool方案，即有顯著的效果。而荷蘭、英國、阿根廷和菲律賓則是將5歲納入義務教育，普及與保障幼兒的受教權。法國在3歲幼兒98%高入學率的基礎上，即將實施義務教育向下延伸至3歲，以確保全國的3歲以上的幼兒都有公平的教育機會。美國雖然並非全面將5歲納入義務教育範疇，但是卻也全面實施義務（或免費）教育，並定義為5歲幼兒義務教育。中國現階段則是計畫性的提供普及和普惠的幼兒教育機會。可見向下延伸義務教育提供人民平等的機會，實踐社會的公平正義，是世界各國努力的方向。

(二) 義務教育向下延伸，奠定幼兒學習能力的基礎

在實施5歲義務教育的國家，義務教育向下延伸的主要目的除了全面保障幼兒教育的機會和品質，更是提供幼兒學習能力的基礎，例如：英國已將5歲教育納入國定課程的範疇；而法國則是將3至6歲的幼兒教育和小學教育視為一完整的體系；荷蘭5歲的義務教育著重於與小學教育的轉銜；阿根廷、菲律賓和美國則是將5歲階段的5歲幼兒義務教育保有幼兒教育的特色，提供幼兒學習能力的基礎。

(三) 5歲實施義務教育，仍應保有幼兒教育的主體性

在實施5歲義務教育的國家當中，除了英國將5歲教育也納入國定課程的範疇，形成課程小學化和學科化的現象之外，其他國家對5歲納入義務教育階段的政策，皆維持5歲幼兒教育的主體性，以符合幼兒學習的特質。

(四) 5歲幼兒教育雖屬義務教育範疇，但仍提供家長較為彈性的選擇權

在較早實施5歲義務的歐美國家，5歲幼兒教育雖屬義務教育範疇，但仍提供家長較為彈性的選擇權，例如：英國、荷蘭和美國，家長可以選擇就讀私立教育機構或公立學校，重點在於教育主管機關對不同教育機構的規範與品質管理，以確保幼兒在不同的教育機構一樣可以接受高品質的教育。

(五) 實施5歲幼兒教育幼小師資合流培育，兼顧教育理論和幼兒教育階段的專業

重視幼兒教育階段的師資素質已是世界趨勢，幼兒教育階段師資培育課程以普通課程（博雅課程）提供教師有關人文、自然、社會、數學和科技以及多元文化方面的素養，教育專業課程則是兼顧一般教育理論和幼兒教育階段專業理論，而大幅度提升的實踐課程比例，則是為了能夠落實理論和實踐的結合，培育能提供豐富適宜的教育情境和優質師生互動的教育品質。因為幼兒（兒童）的身心發展具有延續性，以本研究所列實施5歲義務教育的國家（美國、英國、法國、荷蘭）為例，其幼兒教育階段和小學教育階段的師資培育，皆為合流培育，或是在專業課程中兼顧一般教育理論，以及幼教教育階段的專業，此種幼小教師聯合培育師資的方式，不僅可以消弭幼兒園和小學低年級之間的課程銜接差距，也能延續幼兒教育和小學教育階段兒童身心發展的延續性和完整性，可以提供未來我國實施5歲義務教育政策中，調整師資培育方式的參考。

第四節　臺灣幼兒教育義務化主要問題與解決策略運用

　　本研究旨在了解實施5歲義務教育在提升幼兒教育質量上會遭遇的問題，並提出問題的解決對策。研究資料蒐集方式以臺灣北中南東四區及幼教利害關係人的焦點座談和問卷調查爲主，期望藉由焦點座談蒐集學者專家對實施5歲義務教育深入的想法，以問卷調查蒐集一般大眾對實施5歲義務教育廣泛的意見。以下說明研究發現，以及結論與建議：

一、研究發現

　　實施5歲幼兒義務教育應以提升幼兒教育質量爲前提，且應全國同步實施。由公立幼兒園爲主招收5歲幼兒，每班配置二位教師，同時加入優質的私立幼兒園。在此情境下可能遭遇的困難包括：法制面問題、教室空間需求、師資條件、教育經費、課程與學習，以及私立幼兒園招生等的問題。

(一) 法制層面問題

　　我國幼兒教育發展至今尚未列入學制，經調查發現有84.5%的填答者認爲5歲幼兒教育可成爲正式學制的一部分，可見在法制面上仍**有突破的空間與修改相關法令的必要。**

(二) 教保服務品質認定問題

　　實施5歲幼兒義務教育的公、私立幼兒園，基本要件應通過基礎評鑑，並提供一定水準以上的教保服務品質。**因此建構客觀的教保服務品質指標，進而作爲提供實施5歲幼兒義務教育幼兒園的篩選依據。**

(三) 教室空間短少問題

106學年資料推估：公幼可容納約15萬名幼兒；而6歲至未滿6歲以及6歲以上幼兒，實際就讀公幼及私幼的幼兒約為21萬人。可見公幼可容納幼兒數尚不足6萬名，每班以30名計，**估計約短少2千個班級教室。**

(四) 師資條件問題

經調查有85.1%的填答者認為實施5歲幼兒義務教育，**每一個班級應配置兩位教師負責幼兒的教育及照顧。**

(五) 教育經費問題

實施5歲幼兒義務教育增加的經費分為增加園舍所需經費、增加教師所需經費，以及「就讀公幼平均每生的教育經費」三部分說明：

1. 增加園舍所需29億元的經費

依據教育部（2017）「擴大幼兒教保公共化計畫」補助新設園開辦費的計算基準：公立新設園每園（一班）偏鄉地區以180萬元計，每增一班最高再補助70萬元；一般地區以150萬元計，每增一班最高再補助60萬元，增設盥洗室（含廁所）每班再額外補助40萬元。

假設2,000個班級均設在一般地區，其中50%為新設幼兒園加上補助盥洗室費用（1,000班×〔150萬+40萬〕），50%為新增班級加上補助盥洗室費用（1,000班×〔60萬+40萬〕），**經費約需要新臺幣29億元。**

2. 增加教師每年所需經費約計71億

若以學士級教師敘薪，每增加一位教師，其年薪加保費須支出新臺幣約65萬元。若增加1.1萬名學士級的幼兒教師，一年約計需要增加新臺幣約計71億元。

3. 大班就讀公幼約計需要280億的教育經費

依據105學年度就讀公幼平均每生教育經費（14萬元）推估，20萬名幼兒需要的教育經費約為新臺幣280億元。**若以上述校舍空間**

（教室）、教室費用及大班幼兒教育經費等，約計新臺幣380億元。

(六) 學習時間的安排

依據《幼兒園教保服務實施準則》第4條：幼兒園教保活動課程之實施時間為上午8時至下午4時；但國小低年級僅週二為全日課程，其餘時間為半天，經問卷調查有55.5%的填答者認為實施5歲幼兒義務教育，應比照國小低年級進行半天的教保活動課程，惟若真實施半天課程會衍生出下午幼兒托育問題。

(七) 私立幼兒園的招生問題

實施5歲幼兒義務教育，受衝擊最大者為私幼的招生問題。若公幼招收5歲幼兒，私幼提供2歲至未滿5歲幼兒教保服務，估計私幼會短收約計4萬人左右，約占私幼幼兒就學總人數的11%。

二、結論與建議

(一) 法制層面問題及解決策略

邀請專家研究修法的可能性與可行性，可比照《高級中等教育法》提供12年國民基本教育法源的模式，修訂《國民教育法》條文，賦予5歲幼兒義務教育的法源，使5歲幼兒義務教育能真正落實。

(二) 教保服務品質認定問題及解決策略

為篩選教保服務品質有一定水準以上的幼兒園，作為實施5歲幼兒義務教育的場所，**應邀請教保領域的學者專家建構客觀性的教保服務品質系統指標**，以認定幼兒園教保服務品質。

(三) 教室空間問題及解決策略

實施5歲幼兒義務教育的空間約不足2,000班。解決方案包括：
1. 經問卷調查有69.6%的填答者同意將都會地區國中、小學班級

人數編足，並將多出的空間，提供實施5歲幼兒義務教育使用。

2. 經調查有51.6%的填答者認為可以**委託績優幼兒園協助辦理**。

3. **盤點政府機關的使用空間，並將多餘、可用空間進行新建或改建**，以供5歲幼兒義務教育使用。

(四) 師資條件問題及解決策略

每一個班級應配置二位教師，預估缺少1.1萬名幼兒教師。解決的方式為逐年增聘正式教師，目前服務於公幼的教保員，有75.3%的填答者同意應輔導編制內的教保員考取正式教師，或轉任行政工作。

(五) 教育經費問題及解決策略

實施5歲幼兒義務教育增加的經費，其中有69.8%的填答者認為政府應補足幼教階段經費偏低的問題；另外有79.1%的填答者同意應整合目前學前教育的各種補助；亦有51.6%的填答者同意政府可提高國外人士來臺灣觀光的稅金，作為推動5歲幼兒義務教育經費使用。

(六) 學習時間安排及下午托育問題的解決

幼兒園學習時間比照小學低年級上半天課程，下午的托育問題可依據《教育部國民及學前教育署補助公立幼兒園及非營利幼兒園辦理課後留園服務作業要點》第4點規定：「實施符合幼兒身心發展，並兼顧生活教育的教保活動。」如此可以讓家長安心工作，也可以避免幼兒在不同機構（例如：安親班、才藝班）轉換的情形。

(七) 私立幼兒園招生問題及解決策略

若由公立幼兒園實施5歲幼兒義務教育，估計私立幼兒園會短收幼兒就學總人數的11%。經問卷調查有55.6%的填答者同意增加5歲以下幼兒就學補助，可解私立幼兒園的招生問題。經推估4歲至未滿5歲幼兒就學率約82%；3歲至未滿4歲幼兒就學率約50%；2歲至未滿3歲幼兒就學率約15%，若能提高不同年齡幼兒的就學率，將有助於私

立幼兒園的招生問題。

另外，也可解決私立幼兒園《幼兒教育及照顧法》第17條規範：幼兒園有5歲至入國民小學前幼兒之班級，其配置每班應有一人以上為幼兒園教師，然而現況卻招聘不到幼教師的窘境。綜上結論與建議，表12-10可提供我國實施5歲義務教育政策之參考：

表12-10　臺灣實施5歲幼兒教育義務化的問題及其解決策略

問題	解決策略
法制問題	1. 在《國民教育法》增設條例，提供5歲幼兒義務化的法源依據；亦即抽離《幼兒教育及照顧法》的範疇，確立「K教育」的定位。
	2. 完成「K教育」法制面的修正，以利5歲幼兒義務教育的執行，使後續教育經費的編列、班級人員的配置、招生對象的界定等有清楚的法律規範，以強化推動5歲幼兒義務教育的政策。
教保服務品質的確認	1. 幼兒學習時間規劃與收托時間安排須同時考量，幼兒學習時間依據《幼兒教育及照顧法》，收托時間為上午8點至下午4點。
	2. 保障偏遠地區2-4歲幼兒的就學需求和權利。
教室空間問題	1. 《國民教育法》增加「K教育」條例，提供空間規範的法源依據。
	2. 各區域閒置空間，包括：公立學校閒置空間和優質私幼的納入等，依據法源，由上而下的政策推行，盤點空間並進行改建。
師資條件問題	1. 在《國民教育法》增列「K教育條例」以提供法源依據，提供充足的教師員二名額編制。
	2. 基於幼兒教育義務化「K教育」的特性，除法源中規範師資資格外，並協助公立幼兒園教保員的職涯轉銜。
	3. 可在幼教系或教育系加入K教育定位的課程學分，通過教師檢定考試，以利幼小兩階段的銜接。

（續）

問題	解決策略
教育經費問題	1. 「K教育」經費須由中央統籌且充足的提高幼兒教育經費的比例。
	2. 粗估：(1)增加校舍約需要29億元；(2)每班二師所需經費約計72億元；(3)大班幼兒約計20萬名，經費每生以14萬元計，共需要280億元；(4)三項共計約需要380億元左右。
	3. 整合目前學前教育補助種類，以利教育經費統籌運用，整合各縣市政府各行其是的托育補助，分為5歲「K教育」義務教育補助，2-4歲學前教育補助，以及0-2歲的托育補助。
課程與學習時間	1. 根據「幼兒園教保服務實施準則」第4條：教保活動課程實施時間為上午8點至下午4點。
	2. 課後安排托育服務或興趣分組的活動課程。
私立幼兒園招生問題	1. 增加5歲以下幼兒的就學補助，提升2-4歲幼兒就學率。
	2. 建構教保服務品質系統指標，遴選優質私立幼兒園參與5歲教育義務化的行列。
	3. 提供家長多元的選擇，並確保5歲義務教育的辦學品質。
	4. 「K教育」（5歲）與學前教育（2至4歲）的幼兒教育採不同的規範和評鑑標準；二者的專責機構課以區隔或採分工合作方式。

參 考 書 目

一、中文部分

方永泉（2006）。J. Huizinga「遊戲人」的觀念在教育美學上的啟迪。中等教育，57(4)，26-45。

方德隆、張宏育（2011）。前期中等教育階段核心素養之建構。研習資訊，4(28)，25-36。

王子銘（2005）。現代美學基本範式研究。山東：齊魯書社。

王如哲、魯先華、劉秀曦、林怡君、郭姿蘭（2011）。我國教育公平指標之建構。教育政策論壇，14(4)，1-33。

王建台（2003）。臺灣原住民的傳統體育研究——以布農族為對象。臺北：行政院體育委員會。

王淑俐（1993）。怎樣教書不生氣。臺北：師大書苑。

王鎮華（2006）。道不遠人，德在人心。臺北：德簡書院文教基金會。

王麗雲（2018）。實施五歲幼兒義務化的理由。載於郭生玉「五歲幼兒教育義務化——國教向下延伸」民調發表座談會「評論」（2017年3月18日）。臺北：黃昆輝教授教育基金會委託專案。

尹萍譯（2002）。J. Naisbitt & P. Aburdence原著，2000年大趨勢。臺北：天下。

江裕真譯（2007）。大前研一著，M型社會。臺北：商周。

行政院教改會（1995）。教育改革諮議總結報告書。臺北：教育部。

行政院經濟建設委員會（2008）。主要先進國家早期兒童照顧與教育政策的發展趨向。2010年10月1日，擷取自http://www.cepd.gov.tw/m1.aspx?sNo=0010091&key=&ex=+&ic=&cd=

自由時報（2018）。法國明年起三歲義務教育，馬克宏：改善難以接受的差距（2018年3月28日）。自由時報，取自http://news.ltn.com.tw/news/world/breakingnews/2379458

何玉群（2004）。慈心小學公辦民營之路。扎根與蛻變：尋華德福教育在臺灣行動的足跡。宜蘭：人智學教育基金會。

何飛鵬（2007）。自慢。臺北：商周。

余民寧（2003）。多元智力理論教學評量的省思。教育研究月刊，110，57-67。

吳清山（2003）。國民教育階段辦理非學校型態實驗教育之挑戰與策略。北縣教育，45，18-26。

吳清山（2004）。學校組織再造與經營發展。載於「學校行政研究」。臺北：高教。

吳毓瑩、蔡敏玲、蘇彩足、王珮玲、吳君黎、李俊達（2016）。國民教育向下延伸一年新學制探究。教育部國民及學前教育署委託專案報告。臺北：國立臺北教育大學。

李建興、盧美貴、謝美慧、孫良誠（2009）。五歲幼兒免費入學政策一年可行模式及其因應策略分析研究報告。教育部委託研究報告（98-006898）。臺北：財團法人國家政策研究基金會。

李崇建、甘耀明（2004）。沒有圍牆的學校：體制外的學習天空。臺北：寶瓶文化。

李雅婷（2002）。課程美學探究取向的理論與實踐之研究——以國小藝術統整課程之教育批評為例。未出版之博士論文，臺北：國立臺灣師範大學教育研究所。

李新民、陳密桃、張玉蓮（2004）。職前幼兒教師成功智能量表編製。測驗學刊，51(2)，285-309。

李瑞玲、黃慧真、張美惠譯（1998）。Goleman, D.著，*EQ（II）*：工作 *EQ（Working with Emotion Intelligence）*。臺北：時報文化。

李翠英（2008）。國民中學教師情緒管理、工作壓力、師生衝突與因應策略之研究。未出版之碩士論文，彰化：國立彰化師範大學教育研究所。

李澤厚（2001）。美學四講。臺北：三民書局。

沈姍姍（1997）。自「借取」與「依賴」觀點探討臺灣教育發展的外來影響。國科會研究報告，NSC 86-2417-H-134-001。

沈姍姍（2000）。國際比較教育學。臺北：正中。

周祝瑛（2008）。臺灣教育怎麼辦。臺北：心理。

周祝瑛、張稚美（2001）。多元智能理論在臺灣中小學之實驗。全球教育展望，12，23-30。

林玫君（2015）。美感領域。載於「**幼兒園教保活動課程大綱的理念與
發展**」。臺北：心理。

林火旺（譯）（1998）。John Rawls著，**羅爾斯正義論**。臺北：臺灣書
店。

林紋菁（2010）。**幼稚園教師情緒管理與教學效能關係之研究──以雲
林縣地區為例**。未出版之碩士論文，嘉義：國立嘉義大學幼兒教育研
究所。

林輝煌（1994）。**費德勒權變領導理論在農業生產組織之應用──臺中
縣清水鎮共同經營班之個案分析**。臺中：國立中興大學農業經濟研究
所碩士論文。

洪詠善（2013）。**藝術為本的教師專業發展**。臺北：國家教育研究院。

洪雯柔（2002）。**全球化與本土化辯證中的比較教育研究**。未出版之博
士論文，南投：國立暨南大學比較教育研究所。

洪裕宏（2008）。界定與選擇國民核心素養：概念參考架構與理論基礎
研究：總計畫。**行政院國家科學委員會專題研究計畫成果報告（NSC
95-2511-S-010-001**）。臺北：國立陽明大學神經科學研究所。

胡台麗（2003）。**文化展演與臺灣原住民**。臺北：聯經。

孫良誠（2016）。**幼兒教育品質及其政策分析**。臺北：五南。

張文質（2008）。**教育是慢的藝術**。上海：華東師大。

張英鵬（2003）。多元智慧理論本土化的發展與實證研究分析。**屏師特
殊教育**，5，26-33。

教育部（2005）。**五歲幼兒納入國民教育正規體制實施計畫**。臺北：作
者。

教育部（2008）。**扶持五歲幼兒教育計畫**。取自http://www.ece.moe.edu.
tw/under5plan.html

教育部（2011）。**幼兒教育及照顧法**。臺北：教育部。線上檢索日期：
2012年6月12日。網址：http://law.moj.gov.tw/LawClass/LawAll.
aspx?PCode=H0070031

曹翠英（2002）。五歲幼兒免費入學政策一年之探討。**教師天地**，119，
21-26。

陳伯璋（2001）。**新世紀課程改革的省思與挑戰**。臺北：師大書苑。

陳伯璋（2005）。從課程改革省思課程研究典範的新取向。**當代教育研究**，13(1)。

陳伯璋（2009）。融通教育方法的美學走向。載於黃昆輝、楊深坑主編，賈馥茗「**教育學體系研究**」。臺北：五南。

陳伯璋（2010）。臺灣國民核心素養與中小學課程發展之關係。**課程研究**，2(5)，1-25。

陳伯璋、張盈堃（2008）。課程美學研究的批判與實踐。**行政院國家科學委員會專題研究成果報告（報告編號：NSC96-2413-H434-001-MY2）**。

陳伯璋、張新仁、蔡清田、潘慧玲（2007）。全方位的國民核心素養之教育研究。**行政院國家科學委員會專題研究計畫報告（NSC 95-2511-S-003-001）**。

陳伯璋、盧美貴（2009）。「慢」與「美」共舞的課程──幼兒園新課綱「美感」內涵領域探源。**兒童與教育研究**，5，1-22。臺南：國立臺南大學。

陳李綢（1998）。臺灣師大學生生活適應之調查研究。**中國測驗學會測驗年刊**，45，338。

陳倬民（2009）。**慢‧學──打開潘朵拉的教育魔法盒**。臺北：高等教育。

陳聖謨（2013）。國民核心素養與小學課程發展。**課程研究**，8(1)，41-63。

陳慶瑞（1986）。**費德勒權變領導理論適用性之研究──以我國國民小學為例**。高雄：國立高雄師範大學教育研究所碩士論文。

陳慶瑞（1993）。**費德勒權變領導理論研究──理論分析與擴展**。臺北：國立政治大學教育研究所博士學位論文。

曾國俊、張維倩（2009）。臺灣理念學校相關論述之探討。載於「**2009理念學校的發展與省思研討會手冊**」，1-21。

馮朝霖（2006）。另類教育與二十一世紀改革的趨勢。**研習資訊**，23(3)，5-12。

黃月美（2008）。當「童年」意象遇上後殖民批判──理解幼教課程形構及其可能性。**臺灣教育**，654，10-17。

294

黃以敬（2002）。公辦民營，新竹大坪國小開先鋒：由民間團體負責課程設計及招生作業教將速訂出行政通則。自由時報。

黃昆輝教授教育基金會（2018年3月18日）。**五歲幼兒教育義務化民意調查新聞稿**。取自http://www.hkh-edu.com/news2018/news03_18.html。

黃武雄（2003）。**學校在窗外**。新北：左岸文化。

楊文貴、游琇雯（2009）。臺灣理念學校發展與現況之探討。載於「**2009理念學校的發展與省思研討會手冊**」，23-54。臺北。

歐用生、陳伯璋、周淑卿、范信賢（2009）。美學取向課程與教學之理論建構與應用期末報告。**國家教育研究院研究計畫（報告編號：NAER-98-12-H-2-02-00-2-02）**。臺北：國家教育研究院。

蔡秀玲、楊智馨（2007）。**情緒管理**。臺北：揚智文化。

蔡春美（2002）。國教向下延伸應以提升幼教品質為前提。**師說**，164(10)，4-9。

蔡清田（2012）。**課程發展與設計的關鍵DNA——核心素養**。臺北：五南。

蔡清田（2013）。「素養」的構念與構念重建。**教育研究月刊**，233，109-120。

蔣勳（2006）。**天地有大美**。臺北：遠流。

盧美貴（2006）。多元智能課程本土化發展與建構。**吳鳳學報**，14，1-19。

盧美貴、江麗莉、楊淑朱（1999）。教育指標系統整合型研究計畫，子計畫二：幼兒教育指標（Ｉ）。**行政院國科會專題計畫（NCS87-2411-H-133-003-F16）**。

盧美貴、黃月美（2014）。大學課室翻轉的美學研究。**科技部專題研究計畫（MOST103-2410-H-468-012-MY2）**。

盧美貴、張孝筠、孫良誠（2012）。**幼兒教育公平指標實踐研究——以扶持五歲幼兒教育計畫為例**。國家教育研究院委託計畫。臺北：國家教育研究院。

盧美貴、孫良誠、黃月美（2019）。**幼兒教育義務化主要問題及其解決對策研究**。臺北：黃昆輝教授教育基金會。

薛曉華譯（2002）。**學習自由的國度：另類理念學校在美國的實踐**。臺北：高教。

薛詢譯（2008）。Carl Honore原著，**慢的教育**。臺北：大塊文化。

鍾宜興、蕭芳華（2006）。**國民教育向下延伸之可行方向分析**。教育部委託研究報告。南投：國立暨南國際大學比較教育學系。

鍾添騰（2009）。**課程美學探究方法之研究**。臺北：國立臺北教育大學課程與教學研究所博士論文。未出版。

簡淑眞、簡楚瑛、廖鳳瑞、林育瑋（2003）。幼兒教育：回歸幼教本質、落實幼教專業化。論文發表於「**2003教育發展的新方向——爲教改開處方教改報告書研討會**」。臺北：國立臺灣師範大學教育學院。

顏湘如譯（2005）。Honore C.原著，**慢活**。臺北：大塊文化

羅虞村（1999）。**領導理論研究**。臺北：文景書局。

蘇啟楨（2002）。學前教育與多元智能：我所關心的幾個問題。載於「**國際學前教育研討會文集**」。香港：晶晶教育。

蕭富元（2011）。芬蘭教育世界第一的祕密。天下雜誌，384。臺北：2011年5月6日，30(1)，113-147。

二、英文部分

Aiken, L. R. (1980). Content validity and reliability of single items or questionnaires. *Educational and Psychological Measurement*, *40*, 955-959.

Austin, G. R. (1976). *Early childhood education: An international perspective*. NY: Academic Press.

Avis, J. (2009). *Education, Policy and Social Justice*. London: Continuum.

Bajgar, J., Ciarrochi, J., & Lane, R. (2005). Development of the levels of emotional awareness scale for children (EJ941889). *British Journal of Developmental Psychology*, *23*(4), 569-586.

Broekhof, K. (2006). *Preschool education in the Netherlands*. Utrecht: Sardes Educational Service, by moving professors' lectures online.

The Washington Post.

Cabinet Office (2006). *Stern Review on the Economics of Climate Change*. London: HM Treasury.

Carr, D. (2003). *Making Sense of Education*. London: Routledge.

Davies, M., Stankov, L., & Roberts, R. D. (1998). Emotional intelligence: In search of an elusive construct. *Journal of Personality and Social Psychology, 75*, 989-1015.

Demeuse, M., Crahay, M., & Monseur, C. (2002). Efficiency and Equity in Education and Learning in Industrialized Democracies. In Hutmacher, W, Cochrane, D. & Bottani, N. (2002) (Eds), *In Pursuit of Equity in Education*. London: Kluwer Academic Publishers.

Eisner, E. (Ed.). (1976). *The arts, human development and education*. Berkeley, CA: McCutchan.

Eisner, E. W. (2002). From Episteme to Phronesis to Artistry in the Study and Improvement of Teaching. *Teaching and Teacher Education, 18*(4), 375-85.

Ersay, E. (2007). *Preschool teachers' emotional experience traits, awareness of their own emotions and their emotional socialization practices*. Unpublished doctoral dissertation, The Pennsylvania State University, Pennsylvania.

Espinoza, O. (2007). Solving the equity-equality conceptual dilemma: A new model for analysis of the education process. *Educational Research, 49*(4), 343-363.

Fiedler, F. E. & Garcia, J. E. (1987). *New Approaches to Effective Leadership: Cognitive Resources and Organizational Performance*. New York: Wiley.

Fiedler, F. E., Chemers, M. M., & Mahar, L. (1977). *Improving Leadership Effectiveness: The Leader Match Concept*. NY: John Wiley and Son.

Field, S., Kuczera, M., & Pont, B. (2007). *No more failures: Ten steps to equity in education*. Paris, France: Organization for Economic Cooperation and Development.

Gardner, H. (2006). *The development and education of the mind: the se-lected works of Howard Gardner*. London and New York: Routledge.

Hair, J. F., Black, W. C., Babin, B. J., & Anderson, R. E. (2010). *Multi-variate data analysis: A global perspective*. London: Pearson.

Harvard College (2006). *Project Spectrum*. Retrieved December 01, 2006, Web site: http://pzweb.harvard.edu/Research/Spectrum.htm

Holt, M. (2002). It's Time to Start the Slow School Movement. *Phi Delta Kappan, 84*(4): 264-271. doi:10.1177/003172170208400404

Jessop, B. (2002). *The Future of the Capitalist State*. London: Polity Press.

Jimenez, M. (1995). *La critique-Crise de l'art ou concensus culturel?* Paris: Klincksieck.

Kaplan, F. B. (2002). *Educating the emotions: Emotional intelligence training for early childhood teachers and caregivers*. Unpublished doctoral dissertation, University of Cardinal Stritch, Wisconsin.

Koole, S. L. (2009). The psychology of emotion regulation: An integra-tive review. *Cognition and Emotion, 23*(1), 4-41.

Lewin, K. (1936). *Principle of Topological Psychology*. New York: Mc-graw-Hill.

Lewin, K. (1951). *Field Theory in Social Science*. New York: Harper and Row.

Luthans. F. (1973). The Contingency Theory of Management: A Path out of the Jungle. *Business Horizons, 16*(3), 67-72.

Mackelem, G. L. (2008). *Practitioner's guide to emotion regulation in school–aged children*. Manchester, MA: Springer Science.

Marcuse, H. (1972/2001). *Studies in Critical Philosophy*. trans by J. de Bres. London: NLB.

Mayer, J. D. & Salovey, P. (1997). The intelligence of emotional intelli-gence. *Intelligence, 17*(4), 433-442.

McDermott, M., Daspit, T., & Dodd, K. (2004). Exploring "Theatre as

Pedagogy:" Silences, Stories, and Sketches of Oppression. In R. A. Gaztambide-Fernández & J. T. Sears (Eds.), *Curriculum Work as a Public Moral Enterprise: After the Renaissance*. Boulder, CO: Rowman & Littlefield.

McMillan, M. (1995). *Education through the imagination*. Bristol, UK: Thoemmes Press.

Ministerie van Onderwijs, Cultuur en Wetenschap (2009). *Primair onderwijs 2009-2010: Gids voor ouders en verzorgers*. Den Haag: Author.

Ministry of Education (2008). *Education Evolution: National Report of Argentina*. Ministry of Education.

Morris, C. A. S. (2010). *Emotionally competent caregiving: Relations among teacher-child interaction patterns, teachers' beliefs about emotions, and children's emotional competence*. Unpublished doctoral dissertation, University of George Mason, Virginia.

Muscará, F. (2013). Problems and challenges of educational policies in Latin America: The Argentina viewpoint. *New Approach in Educational Research*, 2(2). 109-116. DOI: 10.7821/naer.2.2.109-116

Nash, R. F. (1989). *The rights of nature: A history of environmental ethics*. Madison, WI: University of Wisconsin Press.

Nemiroff, G. H. (1992). *Reconstructing education: Toward a pedagogy of critical New Left Books*. New York: Bergin & Garvey.

Niesyn, M. E. (2009). Strategies for success- evidence-based instructional practices for students with emotional and behavioral disorders. *Preventing School Failure*, 53(4), 227-233.

OECD (2000). *Education at a Glance: OECD Indicators*. Paris, France: Author.

OECD (2005). *Education at a Glance: OECD Indicators*. Retrieved July 31, 2012, from http://www.oecd-ilibrary.org/education/education-at-a-glance-2005_eag-1998en

OECD (2006). *Starting strong II: Early childhood education and care*. Retrieved August 18, 2010, from http://www.oecd.org/document/63/0, 3343, en ,_2649_39263231_37416703_1_1_1_1,00.html

OECD (2006). *Starting strong II: Early childhood education and care*. Retrieved from http://www.oecd.org/document/63/0,3343, en,2649_39263231_37416703_1_1_1

OECD (2009). *OEDC Education Statistics*. Paris: OECD.

OECD (2009). *Typology of childcare and early education services*. Retrieved from http://www.oecd.org/dataoecd/45/28/41927983.pdf.

OECD (2011). *OECD Economic Surveys Japan*. Retrieved July 31, 2011, from http://www.oecd.org/fr/economie/etudeseconomiquespar-pays/47651425.pdf

OECD (2012). *Education at a Glance*. Paris: OECD.

OECD (2014). *Education at a Glance 2014: Country Note United States*. Retrieved from http://www.oecd.org/unitedstates/United%20States-EAG2014-Country-Note.pdf

OECD (2015). *Starting Strong IV: Monitoring Quality in Early*. Paris: OECD.

OECD (2017). *Starting Strong: Key OECD indicators on early childhood education and care*. Paris: OECD.

Paterson, L. (2003). The three educational ideologies of the British Labour party, 1997-2001. *Oxford Review of Education, 29*(2), 165-186.

Pinar, W. F., Reynolds, W. M., Slattery, P., & Taubman, P. M. (1995). *Understanding curriculum: An introduction to the study of historical and contemporary curriculum discourses*. New York, NY: Peter Lang.

Power, S. & Whitty, G. (1999). New Labour's education policy: first, second or third way? *Journal of Education Policy, 14*(5), 535-546.

Qualifications and Curriculum Development Agency (2011). *Welcome to the national curriculum online*. Retrieved from http://curriculum.qcda.gov.uk/index.aspx

Rabineau, K. M. (2004). *Parent and teacher socialization of emotions and preschoolers' emotion regulation development*. Unpublished doctoral dissertation, The University of North Carolina at Greensboro, North Carolina.

Rauscher, E. (2015). Effects of Early U.S. Compulsory Schooling Laws on Educational Assortative Mating: The Importance of Context. *Demography, 52*, 1219-1242. DOI 10.1007/s13524-015-0402-5.

Rawls, J. (1971). *A Theory of Justice.* Cambridge, England: Harvard University Press.

Rawls, J. (2001). *Justice as Fairness: A Restatement.* MA: Harvard University Press.

Rebecca, A. (1999). Emotional intelligence in organizations: A conceptualization. *Social & General Psychology Monographs, 125*, 209-224.

Rychen, D. S. (2004). Key competencies for all: An overarching conceptual frame of reference. In D. S. Rychen & A. Tiana (Eds.), *Developing Key Competencies in Education*, 5-34. Paris: UNESCO.

Rychen, D. S. & Salganik, L. H. (Eds.) (2003). *Key competencies for a successful life and a well-functioning society.* Cambridge, MA: Hogrefe & Huber Publishers.

Schein, E. H. (2004). *Organizational culture and leadership.* San Francisco: Jossey-Bass.

Schwab, J. (1969). The practical: A language for curriculum. *School Review, 78*(1), 1-23.

Sears, J. T. (2004). The curriculum worker as public moral intellectual. In R. A. Gaztambide-Fernandez & J. T. Sears (Eds.), *Curriculum work as a public moral enterprise*, 1-13. New York: Rowan & Littlefield.

Sinner, A., Leggo, C., Irwin, R., Gouzouasis, P., & Grauer, K. (2006). Arts based educational research dissertations: Reviewing the practices of new scholars. *Canadian Journal of Education/Revue Canadienne De l'éducation, 29*(4), 1223-1270. Retrieved from https://journals.sfu.ca/cje/index.php/cje-rce/article/view/2939

Spring, J. (2009). *Globalization of Education.* London: Routledge.

Steven, M. N. & Koch, L. (2011). In the mood for science: A discussion of emotion management in a pharmacogenomics research encounter in Denmark. *Social Science & Medicine, 72,* 781-788.

Stewart, D. W., Shamdasani, P. N., & Rook, D. W. (2007). *Focus groups: Theory and practice* (2nd ed.). Thousand Oaks, CA: Sage.

Thompson, R. A. (1994). Emotion Regulation: A Theme in Search of a Definition. In N. A. Fox (Ed.), *Monographs of the Society for Research in Child Development, 59,* 25-52. Chicago.

U.S. Department of Education (1989). *America 2000: An Education Strategy.* Retrieved on September 24, 2010, from http://www.eric. ed.gov/ERICWebPortal/custom/portlets/recordDetails/detailmini. jsp?_nfpb=true&_&ERICExtSearch_SearchValue_0=ED332380&ER ICExtSearch_SearchType_0=no&accno=ED332380

U.S. Department of Education (2002). *No Child Left Behind.* Retrieved September 24, 2010, from http://www.ed.gov/policy/elsec/leg/ esea02/index.html

U.S. Department of Education (2005). *Education in the United States: A brief overview.* U.S. Department of Education. https://www2.ed.gov/ about/offices/list/ous/international/edus/index.html

UNESCO (2017). *Accountability in education: Meeting our commitments.* Retrieved from http://unesdoc.unesco.org/images/0025/002593 /259338e.pdf

Weinert, F. E. (2001). Concept of competence: A conceptual clarification. In D. S. Rychen & L. H. Salganik (Eds.), *Defining and selecting key competencies,* 45-65. Hogrefe & Huber Publishers.

Willis, P. (2000). *The Ethnographic Imagination.* Cambridge: Polity Press.

Williams, R. J. (1967). *You are extraordinary.* New York, YN: Random House.

Yukl, G. A. (1981). *Leadership in Organization.* Englewood Cliffs, New Jersey: Prentice-Hall.

國家圖書館出版品預行編目資料

幼兒教育：政策與課程革新／陳伯璋，盧美貴，孫良誠，黃月美著. -- 初版. -- 臺北市：五南圖書出版股份有限公司, 2022.01
　面；　公分
ISBN 978-626-317-477-1 (平裝)

1.幼兒教育　2.幼稚園

523.2　　　　　　　　　　110021334

114W

幼兒教育——政策與課程革新

總 主 編 ― 盧美貴

作　　者 ― 陳伯璋、盧美貴、孫良誠、黃月美

發 行 人 ― 楊榮川

總 經 理 ― 楊士清

總 編 輯 ― 楊秀麗

副總編輯 ― 黃文瓊

責任編輯 ― 黃淑真、李敏華

封面設計 ― 王麗娟

出 版 者 ― 五南圖書出版股份有限公司

地　　址：106台北市大安區和平東路二段339號4樓

電　　話：(02)2705-5066　　傳　　真：(02)2706-6100

網　　址：https://www.wunan.com.tw

電子郵件：wunan@wunan.com.tw

劃撥帳號：01068953

戶　　名：五南圖書出版股份有限公司

法律顧問　林勝安律師事務所　林勝安律師

出版日期　2022年1月初版一刷

定　　價　新臺幣420元

經典永恆・名著常在

五十週年的獻禮——經典名著文庫

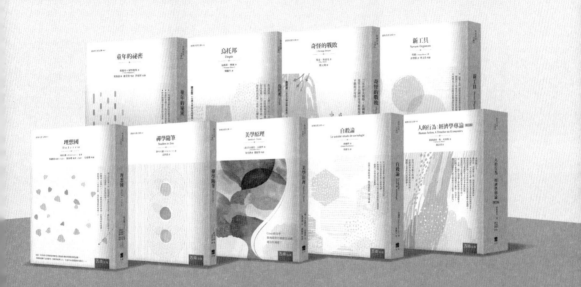

五南，五十年了，半個世紀，人生旅程的一大半，走過來了。

思索著，邁向百年的未來歷程，能為知識界、文化學術界作些什麼？

在速食文化的生態下，有什麼值得讓人雋永品味的？

歷代經典・當今名著，經過時間的洗禮，千錘百鍊，流傳至今，光芒耀人；

不僅使我們能領悟前人的智慧，同時也增深加廣我們思考的深度與視野。

我們決心投入巨資，有計畫的系統梳選，成立「經典名著文庫」，

希望收入古今中外思想性的、充滿睿智與獨見的經典、名著。

這是一項理想性的、永續性的巨大出版工程。

不在意讀者的眾寡，只考慮它的學術價值，力求完整展現先哲思想的軌跡；

為知識界開啟一片智慧之窗，營造一座百花綻放的世界文明公園，

任君遨遊、取菁吸蜜、嘉惠學子！